Informatik — Fachberichte

Band 208: J. Retti, K. Leidlmair (Hrsg.), 5. Österreichische Artificial-Intelligence-Tagung, Igls/Tirol, März 1989. Proceedings. XI, 452 Seiten. 1989.

Band 209: U.W. Lipeck, Dynamische Integrität von Datenbanken. VIII, 140 Seiten. 1989.

Band 210: K. Drosten, Termersetzungssysteme. IX, 152 Seiten. 1989.

Band 211: H.W. Meuer (Hrsg.), SUPERCOMPUTER '89. Mannheim, Juni 1989. Proceedings, 1989. VIII, 171 Seiten. 1989.

Band 212: W.-M. Lippe (Hrsg.), Software-Entwicklung. Fachtagung, Marburg, Juni 1989. Proceedings. IX, 290 Seiten. 1989.

Band 213: I. Walter, Datenbankgestützte Repräsentation und Extraktion von Episodenbeschreibungen aus Bildfolgen. VIII, 243 Seiten. 1989.

Band 214: W. Görke, H. Sörensen (Hrsg.), Fehlertolerierende Rechensysteme / Fault-Tolerant Computing Systems. 4. Internationale GI/ITG/GMA-Fachtagung, Baden-Baden, September 1989. Proceedings. XI, 390 Seiten. 1989.

Band 215: M. Bidjan-Irani, Qualität und Testbarkeit hochintegrierter Schaltungen. IX, 169 Seiten. 1989.

Band 216: D. Metzing (Hrsg.), GWAI-89. 13th German Workshop on Artificial Intelligence. Eringerfeld, September 1989. Proceedings. XII, 485 Seiten. 1989.

Band 217: M. Zieher, Kopplung von Rechnernetzen. XII, 218 Seiten. 1989.

Band 218: G. Stiege, J. S. Lie (Hrsg.), Messung, Modellierung und Bewertung von Rechensystemen und Netzen. 5. GI/ITG-Fachtagung, Braunschweig, September 1989. Proceedings. IX, 342 Seiten. 1989.

Band 219: H. Burkhardt, K. H. Höhne, B. Neumann (Hrsg.), Mustererkennung 1989. 11. DAGM-Symposium, Hamburg, Oktober 1989. Proceedings. XIX, 575 Seiten. 1989

Band 220: F. Stetter, W. Brauer (Hrsg.), Informatik und Schule 1989: Zukunftsperspektiven der Informatik für Schule und Ausbildung. GI-Fachtagung, München, November 1989. Proceedings. XI, 359 Seiten. 1989.

Band 221: H. Schelhowe (Hrsg.), Frauenwelt – Computerräume. GI-Fachtagung, Bremen, September 1989. Proceedings. XV, 284 Seiten. 1989.

Band 222: M. Paul (Hrsg.), GI-19. Jahrestagung I. München, Oktober 1989. Proceedings. XVI, 717 Seiten. 1989.

Band 223: M. Paul (Hrsg.), GI-19. Jahrestagung II. München, Oktober 1989. Proceedings. XVI, 719 Seiten. 1989.

Band 224: U. Voges, Software-Diversität und ihre Modellierung. VIII, 211 Seiten. 1989

Band 225: W. Stoll, Test von OSI-Protokollen. IX, 205 Seiten. 1989.

Band 226: F. Mattern, Verteilte Basisalgorithmen. IX, 285 Seiten. 1989.

Band 227: W. Brauer, C. Freksa (Hrsg.), Wissensbasierte Systeme. 3. Internationaler GI-Kongreß, München, Oktober 1989. Proceedings. X, 544 Seiten. 1989.

Band 228: A. Jaeschke, W. Geiger, B. Page (Hrsg.), Informatik im Umweltschutz. 4. Symposium, Karlsruhe, November 1989. Proceedings. XII, 452 Seiten. 1989.

Band 229: W. Coy, L. Bonsiepen, Erfahrung und Berechnung. Kritik der Expertensystemtechnik. VII, 209 Seiten. 1989.

Band 230: A. Bode, R. Dierstein, M. Göbel, A. Jaeschke (Hrsg.), Visualisierung von Umweltdaten in Supercomputersystemen. Karlsruhe, November 1989. Proceedings. XII, 116 Seiten. 1990.

Band 231: R. Henn, K. Stieger (Hrsg.), PEARL 89 – Workshop über Realzeitsysteme. 10. Fachtagung, Boppard, Dezember 1989. Proceedings. X, 243 Seiten. 1989.

Band 232: R. Loogen, Parallele Implementierung funktionaler Programmiersprachen. IX, 385 Seiten. 1990.

Band 233: S. Jablonski, Datenverwaltung in verteilten Systemen. XIII, 336 Seiten. 1990.

Band 234: A. Pfitzmann, Diensteintegrierende Kommunikationsnetze mit teilnehmerüberprüfbarem Datenschutz. XII, 343 Seiten. 1990.

Band 235: C. Feder, Ausnahmebehandlung in objektorientierten Programmiersprachen. IX, 250 Seiten. 1990.

Band 236: J. Stoll, Fehlertoleranz in verteilten Realzeitsystemen. IX, 200 Seiten. 1990.

Band 237: R. Grebe (Hrsg.), Parallele Datenverarbeitung mit dem Transputer. Aachen, September 1989. Proceedings. VIII, 241 Seiten. 1990.

Band 238: B. Endres-Niggemeyer, T. Hermann, A. Kobsa, D. Rösner (Hrsg.), Interaktion und Kommunikation mit dem Computer. Ulm, März 1989. Proceedings. VIII, 175 Seiten. 1990.

Band 239: K. Kansy, P. Wißkirchen (Hrsg.), Graphik und KI. Königswinter, April 1990. Proceedings. VII, 125 Seiten. 1990.

Band 240: D. Tavangarian, Flagorientierte Assoziativspeicher und -prozessoren. XII. 193 Seiten. 1990.

Band 241: A. Schill, Migrationssteuerung und Konfigurationsverwaltung für verteilte objektorientierte Anwendungen. IX, 174 Seiten. 1990.

Band 242: D. Wybranietz, Multicast-Kommunikation in verteilten Systemen. VIII, 191 Seiten. 1990.

Band 243: U. Hahn, Lexikalisch verteiltes Text-Parsing. X, 263 Seiten. 1990.

Band 244: B. R. Kämmerer, Sprecherunabhängigkeit und Sprecheradaption. VIII, 110 Seiten. 1990.

Band 245: C. Freksa, C. Habel (Hrsg.), Repräsentation und Verarbeitung räumlichen Wissens. VIII, 353 Seiten. 1990.

Band 246: Th. Bräunl, Massiv parallele Programmierung mit dem Parallaxis-Modell. XII, 168 Seiten. 1990

Band 247: H. Krumm, Funktionelle Analyse von Kommunikationsprotokollen. IX, 122 Seiten. 1990.

Band 248: G. Moerkotte, Inkonsistenzen in deduktiven Datenbanken. VIII, 141 Seiten. 1990.

Band 249: P. A. Gloor, N. A. Streitz (Hrsg.), Hypertext und Hypermedia. IX, 302 Seiten. 1990.

Band 250: H. W. Meuer (Hrsg.), SUPERCOMPUTER '90. Mannheim, Juni 1990. Proceedings. VIII, 209 Seiten. 1990.

Band 251: H. Marburger (Hrsg.), GWAI-90. 14th German Workshop on Artificial Intelligence. Eringerfeld, September 1990. Proceedings. X, 333 Seiten. 1990.

Band 252: G. Dorffner (Hrsg.), Konnektionismus in Artificial Intelligence und Kognitionsforschung. 6. Österreichische Artificial-Intelligence-Tagung (KONNAI), Salzburg, September 1990. Proceedings. VIII, 246 Seiten. 1990.

Band 253: W. Ameling (Hrsg.), ASST'90. 7. Aachener Symposium für Signaltheorie. Aachen, September 1990. Proceedings. XI, 332 Seiten. 1990.

Band 254: R. E. Großkopf (Hrsg.), Mustererkennung 1990. 12. DAGM-Symposium, Oberkochen-Aalen, September 1990. Proceedings. XXI, 686 Seiten. 1990.

Band 255: B. Reusch, (Hrsg.), Rechnergestützter Entwurf und Architektur mikroelektronischer Systeme. GME/GI/ITG-Fachtagung, Dortmund, Oktober 1990. Proceedings. X, 298 Seiten. 1990.

Band 256: W. Pillmann, A. Jaeschke (Hrsg.), Informatik für den Umweltschutz. 5. Symposium, Wien, September 1990. Proceedings. XV, 864 Seiten. 1990.

Band 257: A. Reuter (Hrsg.), GI-20. Jahrestagung I. Stuttgart, Oktober 1990. Proceedings. XVIII, 602 Seiten. 1990.

Band 258: A. Reuter (Hrsg.), GI-20. Jahrestagung II. Stuttgart, Oktober 1990. Proceedings. XVIII, 602 Seiten. 1990.

Band 259: H.-J. Friemel, G. Müller-Schönberger, A. Schütt (Hrsg.), Forum '90 Wissenschaft und Technik. Trier, Oktober 1990. Proceedings. XI, 532 Seiten. 1990.

Band 260: B. J. Frommherz, Ein Roboteraktionsplanungssystem. XI, 134 Seiten. 1990.

Informatik-Fachberichte 312

Herausgeber: W. Brauer
im Auftrag der Gesellschaft für Informatik (GI)

Gabriele Blankenagel

Intervall-Indexstrukturen in Datenbanksystemen

Springer-Verlag

Berlin Heidelberg New York London Paris
Tokyo Hong Kong Barcelona Budapest

Autorin

Gabriele Blankenagel
Kommunalverband Ruhrgebiet
Kronprinzenstraße 35, Postfach 10 32 64
W-4300 Essen 1

CR Subject Classification (1991): H.3.1, H.2.8, I.3.5

ISBN-13: 978-3-540-55591-9   e-ISBN-13: 978-3-642-77590-1
DOI: 10.1007/ 978-3-642-77590-1

Satz: Reproduktionsfertige Vorlage vom Autor/Herausgeber
33/3140-543210 – Gedruckt auf säurefreiem Papier

Vorwort

In der vorliegenden Arbeit werden drei Intervall-Indexstrukturen zur Unterstützung von Suchen auf Zeitintervallen und ausgedehnten geometrischen Objekten in Nicht-Standard-Datenbanksystemen, z.B. in temporalen und geometrischen Datenbanksystemen, vorgestellt. Daneben werden interne und externe Algorithmen zur Lösung eines speziellen geometrischen Problems, des Points-in-Regions Problems, angegeben, das als geometrische Join-Operation in geometrischen Datenbanksystemen auftritt.

Zunächst werden interne Algorithmen, Algorithmen mit sublinearem internen Speicherplatzbedarf im Vergleich zur Größe der Eingabe und externe Algorithmen mit konstantem internen Speicherplatzbedarf zur Lösung des Points-in-Regions Problems entwickelt: Gegeben sei eine Menge von Punkten und eine Menge von Gebieten (disjunkten Polygonen) in der Ebene; ordne jedem Punkt das Gebiet zu, das ihn enthält. Die in der Plane-Sweep Technik und der Divide-And-Conquer Technik entwickelten Algorithmen werden in bezug auf Zeit- und Speicherplatzbedarf analysiert. Anhand dieser internen, sublinearen und externen Algorithmen wird zum ersten Mal ein systematischer Vergleich von Plane-Sweep und Divide-And-Conquer vorgenommen.

Der Schwerpunkt dieser Arbeit liegt in der Entwicklung verschiedener Intervall-Indexstrukturen. Den Ausgangspunkt der Überlegungen bildeten drei worst-case effiziente (interne) Strukturen aus der algorithmischen Geometrie: der Priority Search Tree, der Segment Tree und der Interval Tree. Mit der Entwicklung eines externen Priority Search Tree (XP-Baum), eines externen Segment Tree (EST) und eines externen Interval Tree (EIT) wird gezeigt, wie man die den internen Strukturen zugrundeliegenden Prinzipien in angemessener Weise auf Hintergrundspeicher übertragen kann. - Der XP-Baum verwaltet über einem Gitter definierte zweidimensionale Punkte und unterstützt "Halbbereichs"-Suchen (Suchen mit einem an einem Gitterrand verankerten Rechteck); Bereichs-Suchen können durchgeführt werden. Nach einer Transformation von Intervallen in zweidimensionale Punkte unterstützt der XP-Baum Punkteinschluß- und Intervallschnitt-Suchen auf Intervallen; alle anderen interessanten Suchen auf Intervallen können durchgeführt werden. Weil der XP-Baum nicht dynamisch balancierbar ist, werden mit dem EST und dem EIT zwei dynamisch balancierbare Intervall-Indexstrukturen präsentiert. Beide stellen eine Menge von über einem Raster definierten Intervallen beliebiger Dichte - ohne Transformation - als eindimensionale ausgedehnte Objekte dar. Der EST ist auf die effiziente Unterstützung von Punkteinschluß-Suchen spezialisiert, wodurch sein Speicherplatzbedarf, im Gegensatz zum XP-Baum und zum EIT, mehr als linear werden kann. Der EST ermöglicht, externe Strukturen hierarchisch zu schachteln. Weil der EST nur Punkteinschluß-Suchen unterstützt, wird mit dem EIT eine dynamische Struktur vorgestellt, die neben Punkteinschluß- auch Intervallschnitt-Suchen unterstützt; alle anderen interessanten Suchen auf Intervallen können durchgeführt werden. - Die Intervall-Indexstrukturen werden zunächst beschrieben, bevor sie miteinander verglichen und als Indexstrukturen für Intervalle als eindimensionale ausgedehnte Objekte im Kontext von Indexstrukturen für zwei- und mehrdimensionale ausgedehnte Objekte diskutiert werden.

An dieser Stelle möchte ich mich bei allen bedanken, die mir bei meiner Tätigkeit als wissenschaftliche Mitarbeiterin am Fachbereich Informatik der Universität Dortmund und am Fachbereich Mathematik und Informatik der FernUniversität Hagen geholfen und mich während der Entstehung dieser Arbeit ermutigt haben. Mein besonderer Dank gilt meinem Betreuer Herrn Prof. Dr. Ralf Hartmut Güting, insbesondere für die Zeit, die er mit dem Lesen und Korrigieren früherer Versionen von Kapiteln dieser Dissertation verbracht hat, und für die daraus entstandenen wertvollen Anregungen. Herrn Prof. Dr. Hans-Werner Six danke ich für die Übernahme des Zweitgutachtens.

Inhaltsverzeichnis

1. Einleitung

Datenbanksysteme wurden in der Vergangenheit vorwiegend für spezielle betriebswirtschaftliche Anwendungen, sogenannte "Standard" Anwendungen, entwickelt und viele Jahre erfolgreich eingesetzt. In den letzten Jahren hat sich das Interesse dagegen in wachsendem Maße auf die Datenbankunterstützung technisch wissenschaftlicher Anwendungen, sogenannter "Nicht-Standard" Anwendungen konzentriert, für die herkömmliche Datenbanksysteme, beispielsweise hinsichtlich der Datenmodelle und der Effizienz, ungeeignet sind. Zu diesen *Nicht-Standard-Datenbanksystemen* zählen z.B. temporale Datenbanksysteme und geometrische Datenbanksysteme.

Ein grundlegendes Problem mit Anwendungen in vielen Bereichen ist die Verwaltung von großen, dynamischen Mengen von *Intervallen*. Im Rahmen der *algorithmischen Geometrie (computational geometry* [Sha78; Me84, PrS85]) hat man hierzu worst-case effiziente Hauptspeicherstrukturen entwickelt; sie werden als Werkzeuge zur Implementierung von Lösungen vieler verschiedener Probleme verwendet, wie etwa der Implementierung von Plane-Sweep Algorithmen auf Mengen von Rechtecken [Sam88, Sam89, OttWi90].

Für die Leistungsfähigkeit von Datenbanksystemen ist die Unterstützung des Zugriffs auf Daten durch Indexstrukturen von zentraler Bedeutung. Weil die Untersuchung von externen Strukturen zur Verwaltung von Intervallen zwei sehr aktuelle Forschungsgebiete im Bereich von Nicht-Standard-Datenbanksystemen miteinander verbindet, nämlich die Verwaltung zeitlicher und ausgedehnter geometrischer Daten, konzentrieren wir uns in dieser Arbeit auf die Entwicklung von *Intervall-Indexstrukturen*. Ihr Hauptanwendungsgebiet liegt in der Darstellung von *Zeitintervallen* und in der Verwendung von Intervallen zur *Indexierung von Mengen ausgedehnter geometrischer Objekte* (z.B. Gebiete) in einer oder mehreren Dimensionen.

Zeitintervalle spielen in *temporalen* Datenbanken eine wichtige Rolle [SnA85]. Unter *temporalen Datenbanken im weiteren Sinne* kann man mit Navathe und Ahmed [NaA89] allgemein Datenbanken verstehen, die das zeitabhängige Verhalten von Informationen zum Zweck der Archivierung und des Wiederauffindens darstellen. In der Terminologie von Snodgrass und Ahn [SnA85] werden konventionelle Datenbanken als *Snapshot Databases* bezeichnet - sie modellieren die dynamische "Welt" zu einem einzigen Zeitpunkt. Eine *Rollback Database* verwaltet zu jedem Objekt in der Datenbank sein *Transaktions-Intervall*, also die Zeiten, zu denen es in die Datenbank eingetragen und aus ihr entfernt wurde. Offensichtlich ist es hierdurch möglich, zu Datenbankzuständen zu beliebigen Zeitpunkten in der Vergangenheit zurückzukehren. Im Unterschied dazu werden in einer *Historical Database* die Daten mit einem *Gültigkeits-Intervall* versehen, das angibt, zu welcher Zeit die Daten einen gültigen Zustand der realen Welt beschreiben. Datenbanken, die beide Arten von Zeitintervallen verwalten, werden als *Temporal Databases* bezeichnet. Der Unterschied zwischen Transaktions- und Gültigkeits-Intervallen in temporalen Datenbanken sei anhand eines kleinen Beispiels verdeutlicht. Dazu werde in einem Unternehmen eine Relation über Mitarbeiter verwaltet:

| Mitarbeiter | Name | Gültigkeits-Zeit | | Transaktions-Zeit | | ... |
		von	bis	Anfang	Ende	
	A	1-83	12-88	1-83	∞	...
	B	1-84	12-88	1-84	7-86	...
	C	1-85	∞	1-85	∞	...
	D	1-86	12-87	1-86	∞	...
	B	1-86	12-88	7-86	∞	...

Wir betrachten zwei Anfragen, die in TQuel [Sn87], einer auf Quel [HelSW75] basierenden temporalen Datenbank-Anfragesprache, formuliert sind. TQuel verwendet temporale Attribute auf impliziten Zeitattributen für Transaktions- und Gültigkeits-Intervalle. In der ersten Anfrage werden alle Mitarbeiter gesucht, die am 1. Januar 1988 im Unternehmen beschäftigt waren. Somit handelt es sich um eine historische Anfrage, die sich auf Gültigkeits-Intervalle bezieht.

<u>range of</u> m <u>is</u> Mitarbeiter
<u>retrieve into</u> JanMit (Name = m.Name)
   <u>when</u> m <u>overlap</u> <u>begin of</u> "Januar 1988"

Hierbei wird "Januar 1988" als temporale Konstante betrachtet, die das entsprechende Zeitintervall bezeichnet. Das Ergebnis ist {A, B, C}. Die nächste Anfrage bezieht sich auch auf die Transaktions-Zeit. Sie sucht nach allen Anfang Januar 1984 beschäftigten Mitarbeitern, die der Datenbank im Jahre 1985 bekannt waren. Hierdurch werden Korrekturen, die nach 1985 durchgeführt wurden, ignoriert. Das Ergebnis ist {A, B}.

<u>range of</u> m <u>is</u> Mitarbeiter
<u>retrieve into</u> JanMit (Name = m.Name)
   <u>when</u> m <u>overlap</u> <u>begin of</u> "Januar 1984"
   <u>as of</u> <u>begin of</u> "1985" <u>through</u> <u>end of</u> "1985"

Die effiziente Ausführung von Suchen auf Gültigkeits- und/oder Transaktions-Intervallen ist offensichtlich von entscheidender Bedeutung für die Implementierung temporaler Datenbanken.

Informationen in Datenbanken, die zeitliche Aspekte unterstützen, sind entweder mit Zeitpunkten [ClC87, McKS87, RotS87, ShoK86, Luua87] oder mit Zeitintervallen [AhnS88, BhG89, ClT85, NaA89, Tan87] als Zeitstempel versehen. Navathe und Ahmed weisen bei der Vorstellung eines temporalen relationalen Modells und einer entsprechenden Anfragesprache in [NaA89] darauf hin, daß ein allgemeiner und flexibler Modellansatz sowohl Zeitpunkte als auch Zeitintervalle modellieren sollte, wobei Zeitpunkte als Spezialfall von Zeitintervallen aufgefaßt werden. Auch die anderen Autoren, die Zeitintervalle betrachten, erweitern das klassische relationale Modell: einige betrachten nur Transaktions-Intervalle und erweitern es deshalb um Transaktions-Intervalle [BhG89], andere erweitern es nur um Gültigkeits-Intervalle [ClT85, Tan87]. Trotz intensiver Forschung auf dem Gebiet temporaler Datenbanken im weiteren Sinne [McK86] wurde immer wieder beklagt, daß bisher wenig zur Implementierung und zur Zugriffsunterstützung veröffentlicht wurde [Ahn86, AhnS88, Luua87, RotS87, ShoK86]. Diese Veröffentlichungen beziehen sich fast nur auf mit Zeitpunkten markierte Informationen [Luua87, RotS87, ShoK86]. Ahn und Snodgrass [AhnS88] beschäftigen sich dagegen mit einer Unterstützung des effizienten Zugriffs auf mit Zeitintervallen markierte Informationen. Aktuelle und alte Daten werden getrennt voneinander dargestellt. Die Autoren stellen verschiedene Darstellungstechniken für alte Daten vor und wollen Suchen durch Indexe unterstützen, die Transaktions- und/oder Gültigkeits-Intervalle als *zusätzliche* Information enthalten. Elmasri, Wuu und Kim [ElWK90] beschreiben eine Zugriffsstruktur für Zeitintervalle, in der alle Zeitintervalle an (allen auftretenden) Anfangs- und Endpunkten in Teilintervalle zerlegt und anhand jedes dieser Teilintervalle verwaltet werden. Dieses Prinzip führt zu einer *sehr großen Fragmentierung* von Zeitintervallen, was zu großen Problemen hinsichtlich des Speicherplatzbedarfs und der Effizienz von Updates und Suchen führen kann.

Zeitintervalle werden auch in der Künstlichen Intelligenz im Bereich der temporalen Logik [Al83, KoS86] untersucht. Treten große Mengen von Intervallen auf, deren Endpunkte durch konkrete Zeitpunkte definiert sind, können externe Strukturen zur Darstellung von Intervallmengen, im folgenden auch *Intervall-strukturen* genannt, derartige Systeme zur Ermittlung zeitlicher Zusammenhänge unterstützen. - Auch auf anderen Gebieten, wie z.B. im Bereich der Büroinformationssysteme [BarP85], werden Zeitintervalle in die Forschung einbezogen.

In *geometrischen Datenbanksystemen* ist es notwendig, räumlich ausgedehnte Objekte darzustellen, in der Regel in zwei oder mehreren Dimensionen, wie etwa Gebiete von Ländern in der Geographie, Rechtecke im VLSI-Entwurf oder die Konturen von Körpern im CAD-Entwurf. Während der Zellbaum [GünB89] ausgedehnte Objekte, die keine Intervalle sind, direkt verwaltet, werden ausgedehnte Objekte üblicherweise angenähert anhand ihrer *Bounding Box* dargestellt, die sich jeweils durch ein kleinstes umschließendes Intervall - eine "eindimensionale Bounding Box" - pro Dimension charakterisieren läßt. In den letzten Jahren hat es hierzu umfangreiche Forschungsaktivitäten gegeben. Viele bisher bekannte externe Strukturen und Verfahren zur Verwaltung großer Mengen ausgedehnter geometrischer Objekte [HiN83, Hi85, SiW88, Fre89a; Tam82a, TamS82; MaHN84, Oo87; OhS90; Gut84, Gr89, BecKSS90, HuSW90, FaSR87, SelRF87; Fra81, FraB89; HenSW89, Hen90; OrM88, Or89; KrS88a, KrSSS89, See89, SeeK90] gehen auf Strukturen zur Darstellung von Mengen mehrdimensionaler Punkte zurück [NiHS84; HuSW88a, HuSW88b; Ben75, Ben79a; Tam82b; Bu83, Fre89b; FiB74; GütK80, GütK81, Kr82, OuS81; OrM84; LomS87; Oto86, KrS86, KrS88b, KrS89]. Im Gegensatz hierzu schlagen wir die Verwendung von Intervallstrukturen vor. Intervallstrukturen können auf vielfältige Weise als Indexstrukturen für ausgedehnte Objekte eingesetzt werden. Einerseits können sie als eindimensionaler Index für mehrdimensionale ausgedehnte Objekte verwendet werden. Wir denken, daß dies für viele Anwendungen ausreicht. Andererseits können sie, parallel oder geschachtelt kombiniert mit höchstens einer Intervallstruktur pro Dimension, als mehrdimensionaler Index eingesetzt werden. Bei einer parallelen Kombination werden bis zu k eindimensionale Indexe parallel verwendet, wobei jeder eine andere Dimension einer k-dimensionalen Bounding Box ausgedehnter Objekte indiziert. In hierarchisch geschachtelten Strukturen werden k-dimensionale Bounding Boxes direkt durch ein Intervall pro Schachtelungsebene dargestellt.

Das Konzept für den Entwurf geometrischer Datenbanksysteme, auf das wir uns in dieser Arbeit beziehen, ist die *geo-relationale Algebra* [Güt88, Güt89], die formale Grundlage und Anfragesprache von *geo-relationalen Datenbanksystemen*. Die geo-relationale Algebra ist im wesentlichen eine Erweiterung der relationalen Algebra um geometrische Datentypen und Operatoren. *Geometrische Probleme* lassen sich in *Suchprobleme* und *Mengenprobleme* klassifizieren. Bei einem Suchproblem werden in einer gegebenen Menge von Objekten alle diejenigen Objekte ermittelt, die zu einem gegebenen (Such-) Objekt in einer interessierenden Beziehung stehen. Dazu ist die Objektmenge so zu organisieren und abzuspeichern, daß Suchen mit einem Suchobjekt effizient durchgeführt werden können. Bei einem Mengenproblem wird von einer gegebenen Objektmenge eine interessierende Eigenschaft berechnet. Select-Operationen entsprechen gerade Suchproblemen, Join-Operationen entsprechen Mengenproblemen. Bei der Implementierung derartiger Systeme sind geometrische Indexstrukturen unverzichtbar, weil sie geometrische Select-Operationen unterstützen.

In diesem Zusammenhang lassen sich in temporalen und geometrischen Datenbanksystemen gemeinsame grundlegende Aufgaben erkennen, nämlich die Unterstützung effizienter temporaler und geometrischer Selektionen mit Hilfe von Intervall-Indexstrukturen. Intervall-Indexstrukturen können ebenfalls, analog zu Indexstrukturen in herkömmlichen Datenbanksystemen, zur Unterstützung von temporalen [SchS90] und geometrischen [BlG90a] Join-Operationen eingesetzt werden. Geometrische Join-Operationen bzw. Mengenprobleme in geometrischen Datenbanksystemen lassen sich auch direkt durch geometrische Algorithmen lösen. In der algorithmischen Geometrie hat man unter der Annahme, daß alle benötigten Daten im Hauptspeicher Platz finden, effiziente interne geometrische Algorithmen entwickelt und analysiert. Um sie in geometrischen Datenbanksystemen einsetzen zu können, ist es notwendig, systematisch *externe*

Varianten dieser geometrischen Algorithmen zu entwickeln, die nur mit konstantem oder wenigstens sublinearem internen Speicherplatz in bezug auf die Größe der Eingabe auskommen. Hierzu gibt es im Bereich der algorithmischen Geometrie erst wenige Veröffentlichungen [SzW83, EdG86, OttWo86, GütS87]. Während Szygmansky und van Wyk [SzW83], Ottmann und Wood [OttWo86] sowie Edelsbrunner und Guibas [EdG86] speicherplatzeffiziente Plane-Sweep Techniken untersuchten, präsentierten Güting und Schilling [GütS87] eine speicherplatzeffiziente Divide-And-Conquer Variante.

In dieser Arbeit stellen wir drei Intervall-Indexstrukturen zur Lösung von Suchproblemen (und Mengenproblemen) in temporalen und geometrischen Datenbanksystemen vor. Daneben geben wir für ein spezielles geometrisches Mengenproblem interne und externe Algorithmen zur direkten Lösung an, die auf *Plane-Sweep* und *Divide-And-Conquer*, den beiden wichtigsten Standard-Techniken zur Behandlung von Mengenproblemen in der algorithmischen Geometrie, beruhen.

Wir entwickeln, analysieren und vergleichen interne Algorithmen, Algorithmen mit sublinearem internen Speicherplatzbedarf im Vergleich zur Größe der Eingabe ("sublineare" Algorithmen) und externe Algorithmen mit konstantem internen Speicherplatzbedarf zur Lösung des "Points-in-Regions Mengenproblems", eines speziellen geometrischen Mengenproblems - es entspricht dem "Inside"-Join der geo-relationalen Algebra [Güt88] (siehe Kapitel 2.1). Das *Points-in-Regions* Problem ist folgendermaßen definiert:

"Gegeben sei eine Menge von Punkten in der Ebene und eine Menge von Gebieten (disjunkten Polygonen) in der Ebene; ermittle zu jedem Punkt das Gebiet, in dem er liegt."

In der algorithmischen Geometrie ist hauptsächlich die (interne) Suchvariante dieses Points-in-Regions Problems (als *planar subdivision searching*, *locating a point in a planar subdivision*, etc.) untersucht worden. Es gibt eine lange Geschichte verbesserter Lösungen für dieses Problem. Die erste zeit- und speicherplatzoptimale Lösung wurde von Lipton und Tarjan [LipT77] vorgestellt. Weil die von Lipton und Tarjan entwickelte Lösung sehr kompliziert ist, hat sich die nachfolgende Forschung darauf konzentriert, praktikablere Lösungen zu erreichen. Inzwischen sind optimale Lösungen von Kirkpatrick [Ki83], Edelsbrunner u.a. [EdGS86], Cole [Col86], Sarnack und Tarjan [SarT86] und Tamminen und Sulonen [Tam82a, TamS82] bekannt. Dem Points-in-Regions Problem als Mengenproblem wurde dagegen kaum Aufmerksamkeit gewidmet, vielleicht weil es eine sehr einfache Plane-Sweep Lösung gibt, die niemand veröffentlichen wollte. Ein nah verwandtes Problem wurde von Preparata [Pr79] betrachtet, nämlich das Problem, eine Menge von Gebieten so aufzubereiten, daß anschließend für eine Menge von Punkten gemeinsam ermittelt werden kann, in welchem Gebiet ein Punkt liegt.

In dieser Arbeit entwickeln wir effiziente interne und externe Lösungen des Points-in-Regions Problems, die auf der Plane-Sweep Technik und der Divide-And-Conquer Technik beruhen. Güting und Schilling [GütS87] haben gezeigt, daß man für das Rechteckschnitt-Mengenproblem mit der Divide-And-Conquer Technik eine effiziente sublineare und externe Lösung erreichen kann. Deshalb entwickeln wir, obwohl für das Points-in-Regions Problem ein einfacher und optimaler interner Plane-Sweep Algorithmus existiert, auch einen internen Divide-And-Conquer Algorithmus zur Lösung dieses Problems, den wir zur einer sublinearen und externen Lösung weiterentwickeln. Schließlich vergleichen wir Plane-Sweep und Divide-And-Conquer anhand der vorgestellten Lösungen des Points-in-Regions Mengenproblems.

Den Ausgangspunkt für die Entwicklung unserer Intervallstrukturen bilden worst-case effiziente interne Intervallstrukturen aus der algorithmischen Geometrie: der *Priority Search Tree* [McC82, McC85], der *Segment Tree* [Ben77] und der *Interval Tree* [Ed80, Ed83]. Diese drei Strukturen, sowie den *Range Tree* [Ben79b], kann man als Bausteine zur Bildung hierarchisch geschachtelter Strukturen zur Verwaltung großer Mengen ausgedehnter mehrdimensionaler Objekte verwenden. Auf diesen internen Strukturen lassen sich zahlreiche geometrische Suchen effizient durchführen [EdM81, Güt84]. Mit der Entwicklung eines *externen Priority Search Tree (XP-Baum)*, eines *externen Segment Tree (EST)* und eines *externen Interval Tree (EIT)* zeigen wir in dieser Arbeit, wie man die diesen Strukturen zugrundeliegenden Prinzipien in angemessener Weise auf Hintergrundspeicher übertragen kann, um einfache und praktikable Strukturen zu erhalten, die nicht unbedingt worst-case effizient sein müssen wie ihre internen Gegenstücke (siehe auch [Ott86]). Diese externen Strukturen erlauben ebenfalls die Bildung hierarchisch geschachtelter Strukturen.

Mit dem XP-Baum stellen wir eine Struktur vor, die über einem zweidimensionalen Gitter definierte Punkte darstellt. Intervalle werden nach einer Transformation in zweidimensionale Punkte verwaltet. Als Indexstruktur über zweidimensionalen Punkten unterstützt der XP-Baum *Halbbereichs-Suchen*, die mit einem an einem Gitterrand verankerten Rechteck nach allen darin enthaltenen Punkten suchen; *Bereichs-Suchen* mit einem rechteckigen Suchbereich in beliebiger Lage können durchgeführt werden. Nach einer Klassifikation von Seeger [KrS88a, KrSSS89, See89, SeeK90] läßt sich der XP-Baum als eine Indexstruktur über Punkten auffassen, die auf einer disjunkten, atomaren und vollständigen Aufteilung des zugrundeliegenden Gebietes (hier: des Gitters) beruht. Als Indexstruktur über Intervallen unterstützt der XP-Baum zwei im Bereich temporaler und geometrischer Datenbanksysteme in der Literatur häufig erwähnte und praktisch wichtige Suchen: die *Punkteinschluß-Suche*, die mit einem Suchwert nach allen diesen Wert einschließenden Intervallen sucht, und die *Intervallschnitt-Suche*, die alle von einem Suchintervall geschnittenen Intervalle ermittelt. Daneben können alle anderen interessanten Suchen auf Intervallen durchgeführt werden. Der XP-Baum ist nicht dynamisch balancierbar. Deshalb stellen wir mit dem EST und dem EIT zwei voll dynamische externe Strukturen vor, deren Balance also unter Updates aufrechterhalten wird. Beide stellen jeweils eine Menge von über einem Raster definierten Intervallen - ohne Transformation - als eindimensionale ausgedehnte Objekte dar. Der EST ist auf die effiziente Unterstützung von Punkteinschluß-Suchen spezialisiert, wodurch sein Speicherplatzbedarf, im Unterschied zu den beiden anderen Strukturen, mehr als linear im Vergleich zur Größe der Eingabe werden kann. Seine Bedeutung liegt insbesondere darin, daß er als einzige der drei Strukturen auf inneren Stufen von hierarchisch geschachtelten Strukturen eingesetzt werden kann, wodurch er die Konstruktion derartiger Strukturen erst ermöglicht. Weil der EST nur Punkteinschluß-Suchen unterstützt, stellen wir mit dem EIT eine dynamische Struktur vor, die neben Punkteinschluß-Suchen auch Intervallschnitt-Suchen unterstützt - alle Suchen, die auf dem XP-Baum als Indexstruktur über Intervallen durchgeführt werden können, können ebenfalls auf dem EIT durchgeführt werden.

Intervalle lassen sich als einfachste (eindimensionale) Bounding Boxes für ausgedehnte Objekte auffassen. Zur Darstellung kann man eine k-dimensionale Bounding Box einerseits in einen 2k-dimensionalen Punkt transformieren, so daß man die Bounding Boxes direkt in einer Struktur für mehrdimensionale Punkte verwalten kann, wie z.B. dem Grid File [HiN83, Hi85], dem Buddy-Hashbaum [See89, SeeK90] oder dem LSD-Baum [HenSW89, Hen90]. Hierbei gehen allerdings räumliche Nachbarschaften verloren, und Punkteinschluß-Suchen sind nicht mehr auf einen Pfad in der Struktur beschränkt. Andererseits wurden spezielle Strukturen entwickelt, die Bounding Boxes direkt als ausgedehnte Objekte darstellen. In einigen dieser Strukturen, wie dem R^+-Baum [FaSR87, SelRF87] oder der Struktur, die in [MaHN84] beschrieben ist, kann eine vielfache Darstellung der geometrischen Daten der Bounding Boxes notwendig werden. Derartige Strukturen unterstützen gewissermaßen eine spezielle Art von Suchen, die Punkteinschluß-

Suchen, optimal - Seeger [See89] kam ebenfalls zu dieser Feststellung. Diese Mehrfachdarstellung kann, insbesondere beim Auftreten einer hohen *Dichte* (Anzahl von Objekten, die einen Punkt der Ebene überdecken), nicht nur hinsichtlich ihrer Höhe und des damit verbundenen Speicherplatzbedarfes zu Problemen führen, sondern auch hinsichtlich der Effizienz von Updates und Suchen. Bei Strukturen, die nach einem von Six und Widmayer vorgestellten Mehrschichten-Prinzip [SiW88; See89] aus Strukturen zur Verwaltung von Punkten aufgebaut sind, wird aus diesem Grund eine mehrfache Darstellung von Objekten möglichst vermieden. In anderen Strukturen, wie z.B. dem R-Baum [Gut84], seiner in [Gr89] vorgestellten Variante und dem R*-Baum [BecKSS90], dem GBD-Baum [OhS90], den in [Oo87] und [Fre89a] vorgestellten Strukturen sowie dem Fieldtree [FraB89] wird jede Bounding Box in jedem Fall genau einmal dargestellt, so daß der Speicherplatzbedarf linear ist im Vergleich zur Anzahl dargestellter Objekte. Allerdings kann in diesen Strukturen nicht mehr garantiert werden, daß Punkteinschluß-Suchen auf einen Pfad in der als Index für die dargestellten Objekte fungierenden Baumstruktur beschränkt sind.

Mit dem XP-Baum, dem EST und dem EIT haben wir jeweils einen eindimensionalen Vertreter der ersten, der zweiten und der letzten der genannten Gruppen entwickelt: Der XP-Baum ist offensichtlich in die erste der hier angegebenen Gruppen von Strukturen einzuordnen, da er Intervalle nach einer Transformation in zweidimensionale Punkte verwaltet. Der EST mit seiner Spezialisierung auf die gute Unterstützung von Punkteinschluß-Suchen, die Mehrfachdarstellungen von Intervallen in Kauf nimmt, zählt zur zweiten Gruppe, während der EIT mit linearem Speicherplatzbedarf im Vergleich zur Anzahl dargestellter Objekte in die letztgenannte Gruppe eingeordnet werden kann. Wir möchten hervorheben, daß der EST und der EIT im Unterschied zu vielen anderen externen Strukturen zur Darstellung von Mengen zwei- und mehrdimensionaler ausgedehnter Objekte - und damit auch im Unterschied zu eindimensionalen Varianten dieser Strukturen, die Intervalle verwalten - keine Probleme bei der Darstellung von Intervallmengen beliebiger Dichte haben. Außerdem hat der EIT, wie auch der EST, im Unterschied zu vielen zwei- und mehrdimensionalen Vertretern, und deren eindimensionalen Varianten, in der letztgenannten Gruppe die Eigenschaft, daß sich Punkteinschluß-Suchen immer auf einen Pfad in der als Index für die dargestellten Intervalle fungierenden Baumstruktur beschränken.

Eindimensionale Punkte werden in allen drei Strukturen als Spezialfall von Intervallen aufgefaßt, so daß sie deshalb, auch zusammen mit allgemeinen Intervallen, in jeder dieser Strukturen ohne Schwierigkeiten dargestellt werden können. Das erscheint insbesondere im temporalen Bereich für Anwendungen interessant zu sein, in denen neben Zeitintervallen auch Zeitpunkte dargestellt werden müssen.

Der von uns gewählte Ansatz - externe Strukturen auf der Grundlage von worst-case effizienten internen Strukturen aus der algorithmischen Geometrie zu entwickeln - ist bisher wenig verbreitet. Icking, Klein und Ottmann haben ebenfalls externe Priority Search Trees untersucht [IcKO88]: Für den statischen Fall, bei dem eine Struktur für eine fest vorgegebene Objektmenge aufzubauen ist, stellen sie eine optimale Lösung vor. Sie sehen es aber als unmöglich an, effiziente Balancieroperationen zur Aufrechterhaltung einer optimalen Suchkomplexität durchzuführen. Für den dynamischen Fall, bei dem sich die darzustellende Objektmenge durch Einfügen oder Entfernen von Objekten verändert, stellen sie eine von B-Bäumen und verallgemeinerten Rot-Schwarz Bäumen [GuiS78] abgeleitete Struktur vor. Die von uns entwickelten XP-Bäume basieren auf einem anderen Konstruktionsprinzip (siehe Kapitel 4). In einem anderen Kontext haben Overmars, Smid, de Berg und van Krefeld [Sm89, OvSBK90, SmO90] externe Hierarchien von Range Trees untersucht. Externe Segment Trees und externe Interval Trees wurden bisher noch nicht betrachtet: Mit dem EST und dem EIT stellen wir zum ersten Mal externe Strukturen vor, die speziell mit dem Ziel der effizienten Unterstützung von Suchen auf großen Mengen von Intervallen entwickelt wurden.

Diese Arbeit ist folgendermaßen gegliedert: In Kapitel 2 fassen wir Grundlagen zusammen. Neben einigen Definitionen und Bezeichnungen wird das zugrundeliegende Speicher- und Berechnungsmodell skizziert. Anschließend werden die Konzepte der internen Strukturen des Priority Search Tree, des Segment Tree und des Interval Tree wiederholt, die den von uns entwickelten Strukturen zugrunde liegen. Im 3. Kapitel entwickeln wir Algorithmen zur Lösung eines geometrischen Mengenproblems: Es werden interne, sublineare und externe Lösungen des Points-in-Regions Mengenproblems in der Plane-Sweep Technik und der Divide-And-Conquer Technik vorgestellt, analysiert und systematisch miteinander verglichen. In den folgenden drei Kapiteln stellen wir jeweils eine der drei von uns entwickelten externen Strukturen zur Unterstützung von Suchen auf großen Mengen von Intervallen vor. Der XP-Baum wird als erste der drei Intervall-Indexstrukturen in Kapitel 4 beschrieben, wobei auch die Ergebnisse experimenteller Untersuchungen dargestellt werden. Anschließend wird der EST in Kapitel 5 präsentiert und analysiert, bevor der EIT in Kapitel 6 vorgestellt wird. In Kapitel 7 werden diese Strukturen miteinander verglichen. Anschließend klassifizieren wir in Kapitel 8 Indexstrukturen für ausgedehnte geometrische Objekte, um die von uns entwickelten Indexstrukturen für Intervalle, aufgefaßt als eindimensionale ausgedehnte geometrische Objekte, in diese Klassifikation einzuordnen und in diesem Kontext zu diskutieren. Abschließend fassen wir in Kapitel 9 die wichtigsten Ergebnisse unserer Arbeit zusammen und zeigen Anwendungen für die entwickelten externen Algorithmen und für die Intervall-Indexstrukturen auf; wir versuchen dabei, ihre Bedeutung einzuschätzen und weisen daneben auf einige offene Punkte hin.

2. Grundlagen

In diesem Kapitel fassen wir einige Grundlagen zusammen. Nach der Einführung einiger globaler Definitionen und Bezeichnungen erläutert der Abschnitt 2.1, wie das Points-In-Regions Mengenproblem im Kontext von Datenbanken auftritt; es folgen einige Vorbemerkungen zum Points-in-Regions Mengenproblem. In Abschnitt 2.2 wird das Speicher- und Berechnungsmodell skizziert, das wir bei der Untersuchung der internen und externen Algorithmen sowie der internen und externen Datenstrukturen zugrunde legen. In den Abschnitten 2.3 bis 2.5 wiederholen wir die Konzepte der internen Strukturen des Priority Search Tree, des Segment Tree und des Interval Tree, weil sie die Grundlage der von uns entwickelten Strukturen des externen Priority Search Tree, des externen Segment Tree und des externen Interval Tree bilden.

Ein *Punkt p* in der Ebene wird anhand eines Tripels p = (id, x, y) dargestellt, wobei id einen eindeutigen Identifikator (im Datenbankkontext z.B. einen Tupel-Identifikator) bezeichnet und das Koordinatenpaar (x, y) die Position des Punktes in der durch x- und y-Dimension charakterisierten Ebene definiert. Bei einem über einem Gitter G = [0..N] × [0..N] definierten Punkt p liegen die Koordinaten auf dem Gitter G, d.h. x, y $\in$ {0, 1,..., N}. Ein über einem Raster X = [0..N) definiertes *Intervall i* wird anhand eines Tripels i = (id, l, r) dargestellt, wobei id wieder einen eindeutigen Identifikator bezeichnet und l und r den linken und rechten in X liegenden Endpunkt des Intervalls [l, r) charakterisieren, d.h. l, r $\in$ {0, 1,..., N}.

Für Bäume werden folgende Bezeichnungen verwendet: Sei *v* ein *Knoten* in einem beliebigen Baum T. Mit dem *Teilbaum von v* bezeichnen wir den Teilbaum in T, der die Wurzel v besitzt. In einem binären Baum T sei der linke Sohnknoten eines (Vater-) Knotens v mit *v.left*, der rechte Sohnknoten mit *v.right* bezeichnet. Ein *Pfad* in einem Baum T vom Knoten v_1 zum Knoten v_k ist eine Folge von Knoten $v_1,..., v_k$, in denen v_i der Vaterknoten von v_{i+1}, $1 \leq i < k$, ist. Die *Länge eines Pfades* in einem Baum T ist definiert als die Anzahl von Knoten auf diesem Pfad; die *Höhe* wird definiert als die Länge des längsten Pfades in T.

2.1. Das Points-in-Regions Mengenproblem

Das *Points-in-Regions Mengenproblem (PiR-Problem)* läßt sich folgendermaßen formulieren:

> *Gegeben sei eine Menge POINTS von Punkten und eine Menge REGIONS von Gebieten (disjunkten Polygonen) in der Ebene; ermittle alle Paare (p, r) mit p $\in$ POINTS und r $\in$ REGIONS, wobei p innerhalb von r liegt.*

Einleitend sei kurz erläutert, wie dieses Problem im Kontext von geo-relationalen Datenbanken auftritt (siehe auch Kapitel 1). Die geo-relationale Algebra [Güt88], formale Grundlage und Anfragesprache von geo-relationalen Datenbanksystemen, ist im wesentlichen eine um geometrische Datentypen und Operatoren erweiterte relationale Algebra. In einem konkreten Algebraentwurf sind als geometrische Datentypen Punkte, Linien (eine Linie besteht aus einer Folge von Liniensegmenten) und polygonale Gebiete erlaubt. Eine Relation der Datenbank kann neben Attributen der Standardtypen NUM, STR und BOOL für Zahlen, Zeichenketten und boolesche Werte Attribute der Typen POINT, LINE, PGON und AREA besitzen. Der Unterschied zwischen PGON und AREA liegt darin, daß die in einer Spalte einer Relation als Attributwerte auftretenden Polygone sich schneiden dürfen (PGON) oder disjunkt sein müssen (AREA).

In einer geometrischen Datenbank kann man Relationen zur Darstellung von Städten und Ländern deshalb folgendermaßen definieren:

Städte	SName	Zentrum	SEinwohner	
	STR	POINT	NUM	

Länder	LName	Gebiet	LEinwohner	Sprache
	STR	AREA	NUM	STR

Außerdem enthält die Algebra geometrische Operatoren, die auf spezielle geometrische Objekttypen angewendet werden können. Die Funktionalität des **inside** Operators beinhaltet den Fall:

POINT × AREA → BOOL

Derartige Operatoren können in Selektions- oder Join-Bedingungen verwendet werden. Der folgende Ausdruck der Algebra ermittelt zu jeder Stadt das Land, in dem sie liegt:

Städte Länder |×| [Zentrum **inside** Gebiet]

Der Join-Operator wird in Postfix-Notation auf die beiden Relationen als Operanden angewendet. Jedes Tupel der Ergebnisrelation enthält ein komplettes Tupel der Stadt und des Landes, bei denen das Gebiet des Landes das Zentrum der Stadt enthält. - Offensichtlich entspricht dieser *Inside-Join* genau dem oben definierten Points-in-Regions Mengenproblem.

Bei den Operanden des Joins muß es sich nicht unbedingt um extern dargestellte Relationen handeln; es kann sich auch, wie in dem folgenden Ausdruck, um Zwischenergebnisse handeln:

Städte σ[SEinwohner>500000] Länder σ[Sprache="Englisch"] |×| [Zentrum **inside** Gebiet]

Hierbei wird zuerst die Selektion auf die Operanden angewendet. Deshalb kann der Points-in-Regions Algorithmus nicht voraussetzen, daß die Menge der Punkte oder die Menge der Gebiete in externen Filestrukturen dargestellt sind, so daß das Problem durch wiederholtes Suchen auf einer dieser Strukturen gelöst werden kann. Außerdem kann man nicht davon ausgehen, wie es in der algorithmischen Geometrie oft getan wird, daß die Gebiete die Ebene vollständig überdecken.

Zunächst sei das Points-in-Regions Mengenproblem (PiR-Problem) genauer spezifiziert. Die Eingabe für einen Algorithmus zur Lösung eines PiR-Problems bildet eine Menge *POINTS* von Punkten und eine Menge *REGIONS* von disjunkten polygonalen Gebieten in der Ebene. Ein Paar (POINTS, REGIONS) sei als eine *Ausprägung* des PiR-Problems bezeichnet. Ein polygonales Gebiet ist ein einfaches Polygon, d.h. es enthält keine Löcher und seine Grenzen sind kreuzungsfrei.[1] Gebiete sind geschlossen, d.h. Punkte auf den Grenzen werden einem Gebiet zugeordnet. Weil benachbarte Gebiete damit gemeinsame Grenzpunkte besitzen können, sind sie nicht in einem mengen-theoretischen Sinne, sondern im Sinne "regularisierter Schnitte" disjunkt [Ti80]. Als weitere Schlußfolgerung kann man nicht davon ausgehen, daß ein Punkt der Menge POINTS in höchstens einem Gebiet der Menge REGIONS liegt; stattdessen kann ein Punkt mehreren Gebieten zugeordnet werden, wenn mehrere Gebiete einen gemeinsamen Grenzpunkt besitzen. Da jedem Punkt p und jedem Gebiet r ein eindeutiger Identifikator zugeordnet ist, besteht die Ausgabe der Algorithmen einfach in der Menge aller Paare (p.id, r.id), wobei der Punkt p innerhalb des Gebietes r liegt.

---

[1] Mit einigen geringfügigen Modifikationen können die in Kapitel 3 vorgestellten Algorithmen auf den Fall unendlicher Gebiete, deren Grenzen unbegrenzte Strahlen enthalten, verallgemeinert werden.

Ein Punkt p ist wieder durch ein Tripel $p = (id, x, y)$ gegeben. Ein Gebiet r sei ursprünglich als ein Paar $r = (id, <e_1,..., e_m>)$ gegeben, wobei $<e_1,..., e_m>$ die Folge der begrenzenden Kanten in einer festgelegten Reihenfolge, z.B. im Uhrzeigersinn, bezeichnet. Wir nehmen an, daß die Menge der Gebiete in einem Vorbereitungsschritt in linearer Zeit in eine Menge von Kanten transformiert wird, wobei jede Kante in der Form $e = (id, x_1, y_1, x_r, y_r, side)$ dargestellt wird. Hierbei gibt id wieder den Identifikator des Gebietes an, zu dem die Kante gehört. Normalerweise ist eine Kante durch einen linken Endpunkt mit dem Koordinatenpaar (x_1, y_1) und einen rechten Endpunkt mit dem Koordinatenpaar (x_r, y_r) definiert. Side ist ein boolscher Wert aus der Menge {über, unter} und zeigt an, auf welcher Seite der Kante das zugehörige Gebiet liegt. Für den Fall vertikaler Kanten beschreibe (x_1, y_1) den unteren Endpunkt, den wir auch weiterhin als "linken Endpunkt" bezeichnen, und "über" entspricht einem links von der Kante liegenden Gebiet. - Damit erhalten die Algorithmen zur Lösung des PiR-Problems als Eingabe eine Punktmenge POINTS und eine Menge *EDGES* von Kanten. EDGES wird als die *Kantendarstellung* der Menge REGIONS von Gebieten bezeichnet. Die in Kapitel 3 angegebenen Algorithmen transformieren ihre Eingabe in eine Menge von Punkten, wobei jede Kante aus der Menge EDGES zweifach dargestellt wird, einmal anhand ihres linken und einmal anhand ihres rechten Endpunktes. Diese Punktmenge bezeichnen wir als die *Punktdarstellung* einer Ausprägung (POINTS, REGIONS) des PiR-Problems.

Zur Analyse der Komplexität von Algorithmen zur Lösung des PiR-Problems seien abschließend die folgenden Bezeichnungen eingeführt:

$k = $ |POINTS| - die Anzahl von Punkten in POINTS

$m = $ |EDGES| - die Anzahl von Kanten in REGIONS

$n = k + 2m$ - die gesamte Anzahl von Punkten in der Punktdarstellung von (POINTS, REGIONS)

t - die Größe der Ausgabe, d.h. die Anzahl von Punkteinschlüssen (Punkt, Gebiet), die in (POINTS, REGIONS) auftreten

2.2. Zugrundeliegendes Speicher- und Berechnungsmodell

Zur Analyse der internen und externen Algorithmen und Datenstrukturen benötigen wir ein Speicher- und Berechnungsmodell. Für den *Hauptspeicher* legen wir das in [Sha78] beschriebene Modell einer Random Access Machine (RAM) mit reeller Arithmetik zugrunde. Dieses entspricht dem bereits in [AhoHU74] beschriebenen RAM-Modell mit der zusätzlichen Annahme, daß reelle Zahlen mit unbegrenzter Genauigkeit dargestellt werden können. Deshalb können wir auf der Ebene, auf der wir in dieser Arbeit den Entwurf von Algorithmen, beispielsweise in Kapitel 3, beschreiben, die Schwierigkeiten außer acht lassen, die sich dadurch ergeben, daß reelle Zahlen in Computern nur mit beschränkter Genauigkeit dargestellt werden; bei einer Implementierung der Algorithmen müssen diese Effekte natürlich berücksichtigt werden.

Datenstrukturen in nicht vollständig intern ablaufenden Algorithmen und die externen Intervall-Indexstrukturen, die in dieser Arbeit vorgestellt werden, seien im *Hintergrundspeicher (Sekundärspeicher)* auf einer Folge von *Seiten* fester Größe dargestellt. Die Größe einer Seite ist durch die Transfereinheit zwischen Haupt- und Hintergrundspeicher beschränkt und liegt in den meisten Systemen zwischen 512 Bytes und 8 KByte. Auf eine Seite kann anhand einer eindeutigen Adresse zugegriffen werden. Wir gehen davon aus, daß ein Teil des Hauptspeichers als *interner Seitenpuffer* organisiert ist, der eine feste Anzahl von Seiten des Hintergrundspeichers aufnehmen kann.

Zur Analyse der in dieser Arbeit vorgestellten internen und externen Algorithmen und Datenstrukturen sind unterschiedliche *Komplexitätsmaße* von Interesse. Die Komplexität von internen Algorithmen und Datenstrukturen wird anhand ihres internen Zeit- und Speicherplatzbedarfs beurteilt. Die Komplexität von Algorithmen, die nicht vollständig intern ablaufen, wird anhand ihres internen und externen Zeit- und Speicherplatzbedarfs ermittelt, während die Komplexität der externen Indexstrukturen anhand ihres externen Zeit- und Speicherplatzbedarfs gemessen wird. Unter dem *externen Speicherplatzbedarf* versteht man die gesamte Anzahl von Seiten, die zur Darstellung der externen Struktur benötigt werden. Der *externe Zeitaufwand* wird in der Anzahl externer Zugriffe gemessen, die für das Lesen und Schreiben von Seiten erforderlich werden. Bei der Analyse der externen Indexstrukturen setzen wir voraus, daß die Anzahl darzustellender Objekte wesentlich größer ist als die Seitenkapazität.

Soweit nicht anders angegeben, analysieren wir die in dieser Arbeit angegebenen Algorithmen und Datenstrukturen anhand ihres asymptotischen Zeit- und Speicherplatzbedarfs im schlechtesten Fall, also im *worst case*. Dazu verwenden wir die bekannte O-Notation:

Seien $f : \mathbb{N} \to \mathbb{R}^+$, $g : \mathbb{N} \to \mathbb{R}^+$.

$f(n) = O(g(n)) \iff \exists\, n_0 \in \mathbb{N},\, c \in \mathbb{R}^+ : \forall\, n \geq n_0 \ \ f(n) \leq c \cdot g(n)$

Die in dieser Arbeit auftretenden Logarithmen beziehen sich, soweit nicht anders angegeben, immer auf die Basis 2.

2.3. Der Priority Search Tree

Bei dem hier vorgestellten *semidynamischen Radix Priority Tree*, im folgenden auch *Priority Tree* genannt, handelt es sich um die einfachste Form eines internen Priority Search Tree, die dem in Kapitel 4 vorgestellten XP-Baum zugrundeliegt.

Die von McCreight [McC82, McC85] entwickelte Struktur ermöglicht die Speicherung einer semidynamischen Menge P von über einem Gitter $G = [0..N) \times [0..N)$ definierten Koordinatenpaaren, deren erste Koordinaten paarweise verschieden sind. Im folgenden nehmen wir an, daß alle Koordinatenpaare über einem Gitter G definiert sind und bezeichnen ihre erste Koordinate als x-Koordinate, die zweite als y-Koordinate.

Ein Priority Tree T über einem Gitter G ist ein binärer Baum minimaler Höhe, dessen Blättern die "atomaren" x-Intervalle $[0, 1)$, $[1, 2)$, ... , $[N-1, N)$ zugeordnet sind und dessen inneren Knoten das Intervall zugeordnet ist, das sich aus der Vereinigung der Intervalle der Sohnknoten ergibt. Ein Knoten v enthält dasjenige Koordinatenpaar $(x, y) \in P$, das die (o.B.d.A.) größte y-Koordinate aller Koordinatenpaare besitzt, deren x-Koordinate in v's x-Intervall liegt, außer wenn dieses Paar bereits auf dem Pfad von der Wurzel zum Knoten v dargestellt wurde. Damit stellt jeder Teilbaum in bezug auf die x-Koordinaten einen Suchbaum, in bezug auf die y-Koordinaten einen Heap dar.

Um ein Koordinatenpaar $(x, y) \in P$ in einen Priority Tree T einzufügen, verfolgt man einen Pfad von der Wurzel bis zu dem Blatt, dessen Intervall x enthält. Es wird in dem ersten Knoten v gespeichert, dem kein Koordinatenpaar mit einer größeren y-Koordinate zugeordnet ist; beinhaltet der Knoten v bereits ein Koordinatenpaar, wird dieses anstelle des ursprünglichen Koordinatenpaars weiter eingefügt.

Ein Priority Tree unterstützt Suchen mit einem *"Halbbereich"* $(x_l,\ x_r,\ y_b)$, wobei nach allen Koordinatenpaaren gesucht wird, deren x-Koordinate innerhalb des Intervalls $[x_l, x_r)$ liegt und deren y-Koordinate größer als y_b ist. Eine Halbbereichs-Suche entspricht also einer Bereichs-Suche mit dem Suchrechteck $(x_l,\ x_r,\ y_b,\ N)$. Diese dreiseitigen Bereichs-Suchen können auch zu zweiseitigen Bereichs-Suchen werden, wenn der linke oder rechte Endpunkt des Suchintervalls, x_l oder x_r, 0 bzw. N wird. Für $y_b = 0$ ergibt sich eine eindimensionale Bereichs-Suche in bezug auf die x-Dimension.

Eine Suche mit einem rechteckigen Suchbereich $q = (x_l,\ x_r,\ y_b,\ N)$ auf einem Priority Tree mit der Wurzel v läßt sich folgendermaßen skizzieren:

```
query (v, q) =

        if v <> nil
        then  if v.y ≥ yb
                then  if xl ≤ v.x < xr then   report (v.x, v.y) fi;
                      if xl < v.middle then   query (v.left, q) fi;
                      if xr > v.middle then   query (v.right, q) fi;
                fi
        fi
end query.
```

Hier bezeichnen v.x und v.y die x- und y-Koordinate des in v dargestellten Koordinatenpaares, v.left und v.right den linken und rechten Sohnknoten von v und v.middle den Mittelwert des v zugeordneten Intervalls; *report* gibt das in Parametern angegebene Koordinatenpaar aus.

Zusammengefaßt erlaubt ein Priority Tree T über dem Gitter G der Größe N das Einfügen (und Entfernen) von n ($n \leq N$) Koordinatenpaaren mit paarweise verschiedenen x-Koordinaten in $O(n \log N)$ Zeit und mit einem Speicherplatzbedarf von $O(N)$; bei einem partiellen Aufbau, bei dem nur die Knoten existieren, in denen Koordinatenpaare dargestellt sind, reduziert sich der Speicherplatzbedarf auf $O(n)$. Die t Koordinatenpaare in T, die in einem Halbbereich liegen, können in $O(\log N + t)$ Zeit ermittelt werden.

2.4. Der Segment Tree

Der von Bentley [Ben77] entwickelte *Segment Tree* ist ebenfalls eine semidynamische Datenstruktur, welche die Darstellung einer Menge I von über einem Raster $X = [0..N]$ definierten Intervallen, bei denen jeder Endpunkt eines Intervalls aus X ist, erlaubt. Ein Segment Tree T über X ist ein binärer Baum minimaler Höhe, dessen Blättern die "atomaren" Intervalle [0, 1), [1, 2), ... , [N-1, N) zugeordnet sind und dessen inneren Knoten das Intervall zugeordnet ist, das sich aus der Vereinigung der Intervalle der Sohnknoten ergibt. Jedem Knoten v ist eine, zu Beginn leere, Menge *COVER (v)* von Intervallen zugeordnet. Ein Intervall i über X wird in T dargestellt, indem es in die COVER-Mengen einer Teilmenge *CN(i)* von Knoten, den "kanonisch überdeckten Knoten", eingetragen wird, die definiert ist als

$$v \in CN(i) \Leftrightarrow v.\text{interval} \subseteq i \wedge \neg v.\text{father}.\text{interval} \subseteq i\ .$$

Weil ein Intervall höchstens $O(\log N)$ Einträge im Segment Tree erzeugt (höchstens zwei auf jeder Ebene des Baumes), kann das Einfügen eines Intervalls i in $O(\log N)$ Zeit durchgeführt werden, wenn die COVER-Mengen als verkettete Listen organisiert sind. Wenn zusätzlich alle zu einem Intervall i gehörenden

Einträge in den COVER-Mengen miteinander verkettet sind, erfordert auch das Entfernen eines Intervalls i nur einen Zeitaufwand von O(log N).

Ein Segment Tree unterstützt *Punkteinschluß-Suchen*. Bei einer Punkteinschluß-Suche werden in O(log N + t) Zeit alle t in T dargestellten Intervalle ermittelt, die einen Suchwert q beinhalten. Hierbei werden alle die COVER-Mengen der Knoten ausgegeben, die auf dem Pfad von der Wurzel bis zu dem Blatt liegen, das q enthält. Abb. 2-1 zeigt eine Punkteinschluß-Suche mit einem Suchwert q auf einem Segment Tree, der 4 Intervalle darstellt.

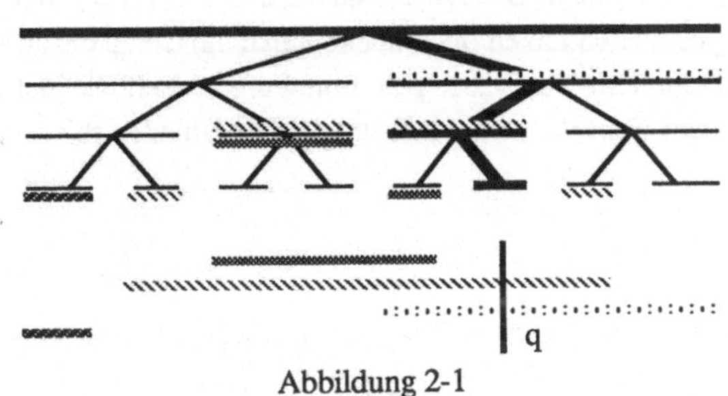

Abbildung 2-1

Ein Segment Tree, der n Intervalle darstellt, besitzt im allgemeinen einen Speicherplatzbedarf von O(N + n log N), weil der gesamte Baum aus O(N) Knoten besteht und jedes Intervall in O(log N) COVER-Mengen einen Eintrag erzeugt. Bei einem partiellen Aufbau, bei dem nur Pfade mit nicht-leeren COVER-Mengen existieren, reduziert sich der Speicherplatzbedarf auf O(n log N).

Wie bereits erwähnt, ermöglicht der Segment Tree den Aufbau geschachtelter Strukturen zur Darstellung von mehrdimensionalen geometrischen Objekten. In diesem Fall sind die COVER-Mengen selbst wieder als Baumstrukturen organisiert, z.B. als Segment Trees, Range Trees, Interval Trees oder Priority Search Trees. Ein Segment-Segment Tree (d.h. ein Segment Tree, dessen COVER-Mengen wieder als Segment Trees dargestellt sind) kann beispielsweise zur Darstellung einer Menge von Rechtecken anhand ihrer x- und y-Intervalle verwendet werden. Natürlich existiert keine Beschränkung auf zweidimensionale geometrische Objekte und zweistufige hierarchisch geschachtelte Strukturen. Segment Trees (und Range Trees) eignen sich speziell dafür, innere Stufen derartiger Hierarchien zu bilden.

2.5. Der Interval Tree

Der auf Edelsbrunner [Ed80, Ed83] zurückzuführende *Interval Tree* (vergleiche auch den hierzu äquivalenten "Tile Tree" von McCreight [McC80]) ist, wie auch der Segment Tree, eine semidynamische Datenstruktur zur Darstellung einer Menge I von Intervallen, deren Endpunkte über einem Raster X = [0..N) definiert sind. Ein Interval Tree T über X kann als zweistufige Baumstruktur aufgefaßt werden. Die *erste Stufe* besteht aus einem binären Suchbaum minimaler Höhe über der Menge X' = {x_0', x_1',..., x_N'} mit x_i': = (i + (i+1)) / 2 der Mittelpunkte der "atomaren" Intervalle [i, i+1) für $0 \leq i < N$, d.h. die Werte von X' sind in den inneren Knoten und den Blättern gespeichert und werden als *Stab-Werte* der jeweiligen Knoten bezeichnet. Jedem Knoten v dieser ersten Stufe ist eine Menge STAB(v) von Intervallen zugeordnet. Ein Intervall i wird in genau eine dieser Mengen eingefügt: Es wird in die Menge STAB(v) des Knotens v eingetragen, dessen Stab-Wert in i enthalten ist und der dem Wurzelknoten am nächsten liegt. Die Stab-Menge STAB(v) eines Knotens v ist als ein balancierter binärer Suchbaum der *zweiten Stufe* über den

Intervallendpunkten organisiert, in dessen doppelt verketteter Liste der Blätter alle Intervalle in STAB(v) anhand ihrer aufsteigend geordneten linken und rechten Endpunkte gespeichert sind. Jeder Knoten v der ersten Stufe enthält einen Verweis auf die Wurzel, einen Verweis auf den Anfang und einen Verweis auf das Ende der Liste der Blätter des ihm zugeordneten Suchbaums der zweiten Stufe.

Ein Interval Tree T unterstützt nicht nur *Punkteinschluß-Suchen*, sondern auch *Intervallschnitt-Suchen*. Während eine Punkteinschluß-Suche nach allen in T dargestellten Intervallen sucht, die einen gegebenen Suchwert einschließen, ermittelt eine Intervallschnitt-Suche alle Intervalle in T, die von einem gegebenen Suchintervall geschnitten werden. Beide Suchen nutzen die Eigenschaft der Mengen STAB(v), daß für jeden Knoten v die aufsteigend geordneten linken Intervallendpunkte links und die aufsteigend geordneten rechten Intervallendpunkte rechts vom Stab-Wert v.x liegen. Eine Punkteinschluß-Suche mit einem Suchwert q auf einem Interval Tree T mit dem Wurzelknoten v läßt sich folgendermaßen skizzieren:

pe-query (v, q) =

        if $q < v.x$
        then Durchlaufe die doppelt verkettete Endpunktliste von v von links, und gib alle q
                  enthaltenden Intervalle aus;
                  if v ist kein Blatt **then** *pe-query (v.left, q)* **fi**
        else **if** $q > v.x$
                then Durchlaufe die doppelt verkettete Endpunktliste von v von rechts, und gib alle
                          q enthaltenden Intervalle aus;
                        if v ist kein Blatt **then** *pe-query (v.right, q)* **fi**
                else $\{q = v.x\}$
                      Durchlaufe die doppelt verkettete Endpunktliste von v von links oder rechts,
                      und gib alle Intervalle aus;
                fi
        fi
    end pe-query.

Analog läßt sich eine Intervallschnitt-Suche mit einem Suchintervall $q = [q_l, q_r)$ auf einem Interval Tree T mit dem Wurzelknoten v skizzieren:

is-query (v, q) =

        if $q_r < v.x$
        then Durchlaufe die doppelt verkettete Endpunktliste von v von links, und gib alle q
                  schneidenden Intervalle aus;
                  if v ist kein Blatt **then** *is-query (v.left, q)* **fi**
        else **if** $q_l > v.x$
                then Durchlaufe die doppelt verkettete Endpunktliste von v von rechts, und gib alle
                          q schneidenden Intervalle aus;
                        if v ist kein Blatt **then** *is-query (v.right, q)* **fi**
                else $\{q_l \leq v.x \leq q_r\}$
                      Durchlaufe die doppelt verkettete Endpunktliste von links oder rechts, und
                      gib alle Intervalle aus;
                      is-query (v.left, q);
                      is-query (v.right, q);
                fi
        fi
    end is-query.

Wenn man den Suchbaum erster Stufe so kontrahiert, daß er nur noch Knoten v mit nicht-leeren Intervallmengen STAB(v) enthält, erlaubt ein Interval Tree T über dem Raster X der Größe N das Einfügen (und Entfernen) von n Intervallen in O(n log N) Zeit bei einem Speicherplatzbedarf von O(n), da jedes Intervall nur konstanten Speicherplatz benötigt. Die t Intervalle, die einen Suchwert enthalten, lassen sich in O(log N + t) Zeit ermitteln, ebenso wie die t Intervalle, die ein Suchintervall schneiden.

Wenn der Suchbaum erster Stufe nicht kontrahiert wird, liegt der Speicherplatzbedarf bei O(N + n). Um die Zeitschranke für Intervallschnitt-Suchen auch in diesem Fall zu garantieren, schlagen wir in Abschnitt 6.8 eine sehr einfache Modifikation des Interval Tree und der auf ihm durchgeführten Intervallschnitt-Suche vor.

3. Interne und externe Lösungen des Points-in-Regions Mengenproblems

Das *Points-in-Regions Mengenproblem (PiR-Problem)* sei folgendermaßen formuliert:

> *Gegeben sei eine Menge POINTS von Punkten und eine Menge REGIONS von Gebieten (disjunkten Polygonen) in der Ebene; ermittle alle Paare (p, r) mit p ∈ POINTS und r ∈ REGIONS, wobei p innerhalb von r liegt.*

Zur Lösung dieses Problems werden interne Algorithmen, Algorithmen mit sublinearem internen Speicherplatz im Vergleich zur Größe der Eingabe und externe Algorithmen mit konstantem internen Speicherplatzbedarf in der Plane-Sweep Technik und der Divide-And-Conquer Technik entwickelt, vorgestellt und analysiert, bevor für diese Lösungen des PiR-Problems ein systematischer Vergleich von Plane-Sweep und Divide-And-Conquer vorgenommen wird. - Die Ergebnisse dieses Kapitels wurden bereits in [BlG90a] veröffentlicht.

3.1. Interne Lösungen

3.1.1. Plane-Sweep Lösung

Plane-Sweep ist eine Technik in der algorithmischen Geometrie, die ein k-dimensionales Mengenproblem auf ein (k-1)-dimensionales Suchproblem reduziert. Die Grundidee beim *Plane-Sweep in der Ebene (PS)*, auch als *Line-Sweep* oder als *Scan-Line Prinzip* bezeichnet [ShaH76, NeS79, SzW83, OttWi90], besteht darin, eine o.B.d.A. vertikale Gerade von links nach rechts über die Ebene zu bewegen und dabei die dynamisch wechselnden Schnitte der *Sweep-Line* mit der Menge der geometrischen Objekte zu verfolgen (siehe auch [Me84, PrS85]). In unserem Fall ist es leicht einzusehen, daß sich der Schnitt der Sweep-Line mit der Menge der Gebiete durch eine (möglicherweise leere) Menge disjunkter y-Intervalle charakterisieren läßt (siehe Abb. 3-1 (a)).

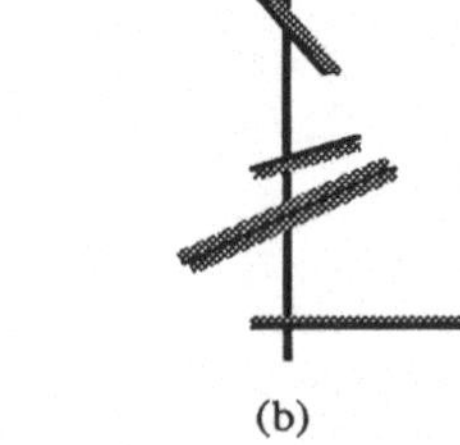

(a)   (b)

Abbildung 3-1

Wie in Abb. 3-1 (b) dargestellt, kann man die Menge der Gebiete, die die Sweep-Line zu einem Zeitpunkt schneidet, in einer nach y-Koordinaten geordneten Folge von Kanten darstellen. Die Idee zur Lösung des PiR-Problems besteht darin, daß man während der "Bewegung" der Sweep-Line dynamisch eine nach y-Koordinaten geordnete Folge von Kanten aufrechterhält. Trifft die Sweep-Line dabei auf einen Suchpunkt, erfolgt eine Suche mit dessen y-Koordinate auf dieser Folge von Kanten, um festzustellen, ob der Punkt innerhalb eines Gebietes liegt. Ist das der Fall, wird ein Paar, bestehend aus dem Identifikator des Punktes und dem Identifikator des Gebietes, ausgegeben.

Der in Abb. 3-2 angegebene Algorithmus präzisiert die Beschreibung dieser Lösung:

Algorithmus *PS-I* (interne Plane-Sweep Lösung)

Eingabe: Eine Menge POINTS von Punkten und eine Menge EDGES von Kanten, wobei EDGES die Kantendarstellung einer Menge REGIONS von disjunkten polygonalen Gebieten repräsentiert.

Ausgabe: Die Menge {(p.id, r.id) | p ∈ POINTS, r ∈ REGIONS, wobei p innerhalb von r liegt}.

Methode:
1. Stelle jede Kante aus EDGES zweimal dar, einmal anhand ihres linken und einmal anhand ihres rechten Endpunktes, und bezeichne die sich ergebenden Punktmengen mit PL bzw. PR. Erzeuge die *Punktdarstellung P* des Problems*, indem die Menge POINTS ∪ PL ∪ PR lexikographisch nach x- und y-Koordinaten, d.h. zunächst nach x-Koordinaten und bei gleichen x-Koordinaten nach y-Koordinaten, sortiert wird. Sei Q die, zu Beginn leere, Menge von Kanten, die die Sweep-Line schneidet.

2. Durchlaufe P*. Trifft man auf
      (a) den linken Endpunkt einer Kante e: $Q := Q \cup \{e\}$
      (b) den rechten Endpunkt einer Kante e: $Q := Q - \{e\}$
      (c) einen Punkt p ∈ POINTS:
          Führe auf Q eine Suche mit p durch. Wenn p innerhalb eines Gebietes r liegt, gib das Paar (p.id, r.id) aus.

end PS-I.

Abbildung 3-2

Analyse: Schritt 1 des Algorithmus' erfordert wegen der Sortierung offensichtlich einen Zeitaufwand von O(n log n) - zur Definition der Bezeichnungen siehe Kapitel 2.1. In Schritt 2 kann die sortierte Menge Q von Kanten in einem balancierten binären Suchbaum dargestellt werden. (Ein Blatt stellt eine Kante dar, ein innerer Knoten repräsentiert als Hilfslinie o.B.d.A. die oberste Kante im linken Teilbaum. Der Test zwischen einem Suchpunkt und einer Hilfslinie eines inneren Knotens wird folgendermaßen durchgeführt: Liegt der Punkt unter (über) der Linie, wird die Suche im linken (rechten) Suchbaum so lange fortgesetzt, bis man ein Blatt erreicht.) Das Einfügen und das Löschen einer Kante in diesem Suchbaum erfordert O(log m) Zeit, die Suche mit einem Suchpunkt verursacht einen Zeitaufwand von O((log m) + t'), wobei t' die Anzahl der Gebiete angibt, die den Punkt enthalten. Insgesamt erfordert der Schritt 2 also einen Zeitaufwand von O(n (log m) + t). - Der Speicherplatzbedarf liegt bei O(n), weil wir davon ausgehen, daß die Eingabemengen vollständig im Hauptspeicher gehalten werden können und die Sortierung in Schritt 1 intern erfolgt. Abgesehen hiervon liegt der "eigentliche" Speicherplatzbedarf für den Plane-Sweep zur Darstellung der Sweep-Line Datenstruktur bei O(m). Zusammengefaßt ergibt sich:

Satz 3.1: Für eine Menge von k Punkten und eine Menge von disjunkten polygonalen Gebieten mit insgesamt m Kanten löst der Algorithmus *PS-I* das PiR-Problem mit einem Zeitaufwand von O(n (log n) + t) und mit einem Speicherplatzbedarf von O(n), wobei n = k + 2m ist und t die Anzahl gefundener Ergebnispaare bezeichnet.

Um vertikale Kanten und Punkte zu behandeln, die genau auf der Grenze von einem oder mehreren Gebieten liegen, sind wenige kleine Modifikationen nötig, die an dieser Stelle nicht weiter behandelt werden.

3.1.2. Divide-And-Conquer Lösung

Die *Divide-And-Conquer Technik* reduziert ein k-dimensionales Mengenproblem auf ein (k-1)-dimensionales Mengenproblem. Ganz allgemein lassen sich Problemlösungen mit der Divide-And-Conquer Technik in drei Schritte untergliedern: In einem ersten Schritt *(Divide)* wird das Problem in zwei (möglichst gleich große) Teilmengen zerlegt, für deren Lösung man in einem zweiten Schritt *(Conquer)* den gleichen Algorithmus rekursiv benutzt. In einem dritten Schritt *(Merge)* werden die Lösungen der einzelnen Teilprobleme zu einer Lösung des Gesamtproblems kombiniert.

Wir erweitern hier die in [GütW84, Güt84, Güt86] für *planares Divide-And-Conquer (DAC)* entwickelten Techniken, um eine DAC-Lösung für das PiR-Problem zu erhalten. Im folgenden skizzieren wir zunächst die Idee dieser Lösung, bevor wir sie präziser beschreiben und schließlich ihre Implementierung, zusammen mit einer Analyse der Komplexität, angeben.

Idee

Wie bei der PS-Lösung wird die Eingabe zunächst in die lexikographisch nach x- und y-Koordinaten sortierte Punktdarstellung transformiert. Auf diese sortierte Folge von Punkten wird dann der Divide-And-Conquer angewendet. Dabei wird diese Folge so lange rekursiv in immer kürzere Teilfolgen aufgespalten, bis alle *x-Gruppen* (x-Gruppen sind Punktmengen mit derselben x-Koordinate) isoliert sind. Natürlich kann eine x-Gruppe auch nur einen Punkt enthalten. Jeder x-Gruppe wird ihre x-Ausdehnung als *x-Bereich* zugeordnet: Dazu wird die Ebene in vertikale Streifen unterteilt, wobei jeweils eine vertikale Linie zwischen zwei x-Gruppen liegt (siehe Abb. 3-3). Für jede x-Gruppe werden die folgenden Mengen ermittelt:

L,   die Menge der Kanten, welche die x-Gruppe nach links verlassen,

R,   die Menge der Kanten, welche die x-Gruppe nach rechts verlassen und

Q,   die Menge der Suchpunkte in der x-Gruppe, wobei jeder Suchpunkt die nächste über ihm liegende Kante als Zusatzinformation erhält (soweit sie existiert).

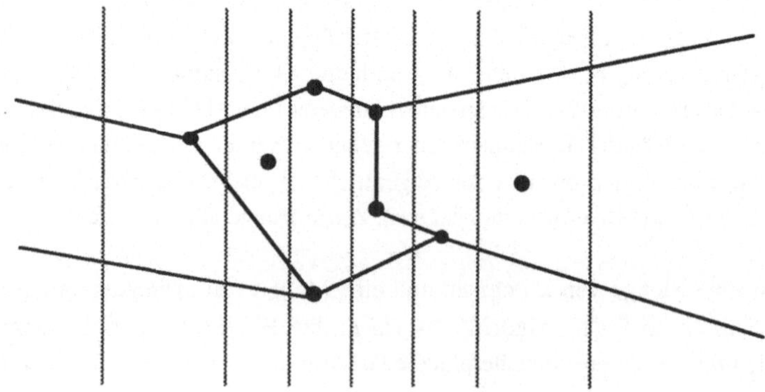

Nach einer ersten Phase, in der die beschriebene top-down Aufteilung durchgeführt wird, erfolgt in einer zweiten Phase ein bottom-up Mischen. Im allgemeinen werden in jedem einzelnen Misch-Schritt zwei in benachbarten x-Bereichen liegende Punktmengen S_1 und S_2 (siehe Abb. 3-4) zu einer in einem einzigen x-Bereich liegenden Punktmenge S verschmolzen.

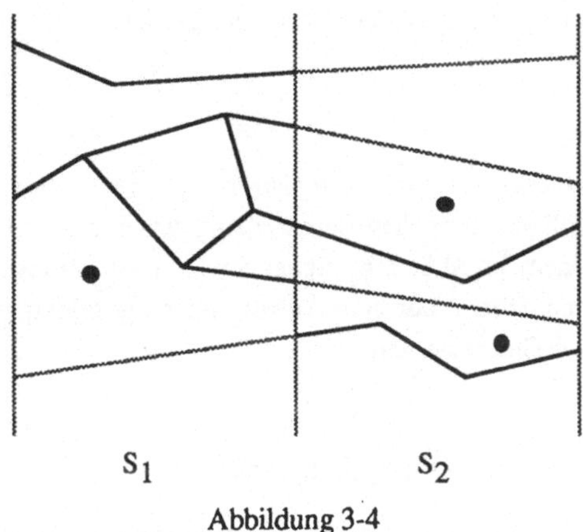

Abbildung 3-4

Jeder Eingabemenge S_i sind die Mengen L_i, R_i und Q_i zugeordnet (i = 1, 2). Im Misch-Schritt werden die Mengen L, R und Q für die gesamte Menge S berechnet. L, die Menge der Kanten, die den x-Bereich von S nach links verlassen, ergibt sich einfach aus der Vereinigung von L_1 mit den Kanten aus L_2, die nicht in S_1 enden. R wird in analoger Weise aus den Mengen R_1 und R_2 gebildet. Die Menge Q der Suchpunkte in S ergibt sich aus Vereinigung der beiden "aktualisierten" Mengen Q_1 und Q_2. Die eigentliche Arbeit, die im Misch-Schritt zur Lösung des PiR-Problems geleistet wird, besteht in der Aktualisierung der Zusatzinformation der Punkte in Q. Ausgehend von der Annahme, daß zu einem Punkt q in Q_1 die nächste über q liegende, *in S_1 dargestellte* Kante zuvor bestimmt und q als Zusatzinformation hinzugefügt wurde, sind wir nun an der nächsten über q liegenden Kante interessiert, die *in S dargestellt* ist. Eine "Aktualisierung" von q's Zusatzinformation kann allerdings nur durch eine Kante verursacht werden, die zwar in S_2, nicht aber in S_1 repräsentiert ist, also durch eine Kante, die S_1 vollständig durchquert. Weil diese Kanten weder einander noch Kanten in S_1 schneiden, bilden sie eine einfache y-sortierte Folge innerhalb des x-Bereichs von S_1. Abb. 3-5 zeigt eine solche Folge zusammen mit Suchpunkten aus Q_1.

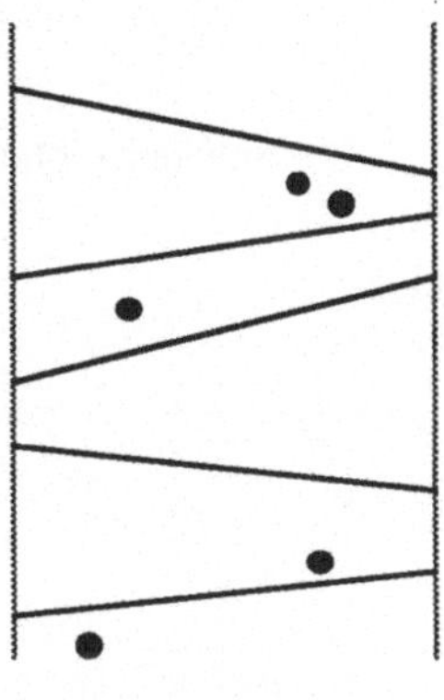

Abbildung 3-5

Deshalb wird im Misch-Schritt für jeden Punkt q in Q_1 die erste über q liegende Kante in dieser y-sortierten Folge bestimmt. Wenn diese näher an q liegt als die bisher in der Zusatzinformation dargestellte Kante, wird diese durch die neu ermittelte Kante ersetzt. Für Q_2 werden selbstverständlich symmetrische Aktionen ausgeführt. Nach dem letzten Misch-Schritt liefert der Algorithmus eine Menge Q, deren Suchpunkten die jeweils nächste darüberliegende Kante im gesamten betrachteten Bereich zugeordnet ist; die Kantendarstellung enthält den zugehörigen Identifikator des gesuchten Gebietes.

Algorithmus

Der folgende Algorithmus stellt eine formalere Beschreibung der oben angegeben Idee dar. Der Algorithmus besteht aus zwei Teilen: einem in Abb. 3-6 angegebenen Algorithmus *DAC-I* und einem rekursiven Algorithmus *pointloc,* für den *DAC-I* nur eine Aufrufumgebung bildet; *pointloc* benutzt einige weitere Unter-Prozeduren, die später definiert werden.

Algorithmus *DAC-I* (interne Divide-And-Conquer Lösung)

Eingabe: Eine Menge POINTS von Punkten und eine Menge EDGES von Kanten, wobei EDGES die Kantendarstellung der Menge REGIONS von disjunkten polygonalen Gebieten repräsentiert.

Ausgabe: Die Menge {(p.id, r.id) I p ∈ POINTS, r ∈ REGIONS, wobei p innerhalb von r liegt}.

Methode:
1. Wie in PS-I wird jede Kante aus EDGES zweimal dargestellt, einmal anhand ihres linken und einmal anhand ihres rechten Endpunktes, die sich ergebenden Punktmengen werden mit PL bzw. PR bezeichnet. Sei S = POINTS ∪ PL ∪ PR;

2. *pointloc* (S, [-∞, +∞], L, R, Q);
   {Der in Abb. 3-7 beschriebene rekursive Algorithmus *pointloc* gibt die Mengen L, R und Q zurück, wobei nur Q in DAC-I verwendet wird. Zur Definition von Q siehe Beschreibung von *pointloc*}

3. **for each** (p, e) ∈ Q
   do **if** e ≠ λ **and** e.side = unter **then** Gib das Paar (p.id, e.id) aus **fi**
     {λ ist in *pointloc* definiert, siehe Abb. 3-7}
   od

end DAC-I.

Abbildung 3-6

Algorithmus *pointloc* (S, [x$_l$, x$_r$], L, R, Q)

Eingabe: S - eine Menge von Punkten. Jeder Punkt ist entweder ein Suchpunkt aus POINTS oder der linke oder rechte Endpunkt einer Kante aus EDGES.

[x$_l$, x$_r$] - ein x-Intervall, das die x-Koordinaten aller Punkte in S beinhaltet.

Ausgabe: L - eine Menge von Kanten. L enthält alle Kanten, die in S *nur* anhand ihres rechten Endpunktes repräsentiert sind, die also den vertikalen Streifen [x$_l$, x$_r$] nach links verlassen.

R - eine Menge von Kanten, analog zu L definiert (die Kanten in R verlassen den vertikalen Streifen [x$_l$, x$_r$] nach rechts).

Q - eine Teilmenge von POINTS $\times$ (EDGES $\cup$ {λ}). Jedes Element aus Q ist also ein Paar, das aus einem Suchpunkt und einer Kante besteht. Für den Fall, daß die Kante nicht existiert, wird die zweite Komponente des Paares mit λ bezeichnet. Q enthält also genau ein Paar für jeden Punkt q aus POINTS $\cap$ S, der nicht auf einer Kante aus S liegt. Die zweite Komponente jedes Paares gibt die nächste über q liegende Kante aus S an, wenn diese existiert, andernfalls λ.

Methode:

Fall 1:   Alle Punkte in S besitzen dieselbe x-Koordinate.

onedim (S, L, R, Q)

Fall 2:   In S existieren Punkte mit unterschiedlichen x-Koordinaten.

Divide: Wähle eine x-Koordinate x$_m$, die verschieden von allen in S auftretenden x-Koordinaten ist, so daß S durch x$_m$ in zwei möglichst gleich große Teilmengen S$_1$ und S$_2$ aufgeteilt wird (d.h. daß die Differenz der Kardinalitäten von S$_1$ und S$_2$ minimal wird);

Conquer: *pointloc (S$_1$, [x$_l$, x$_m$], L$_1$, R$_1$, Q$_1$);*
pointloc (S$_2$, [x$_m$, x$_r$], L$_2$, R$_2$, Q$_2$);

Merge: *update (Q$_1$, span (L$_2$, [x$_l$, x$_m$]), Q$_1$′);*
update (Q$_2$, span (R$_1$, [x$_m$, x$_r$]), Q$_2$′);
Q := Q$_1$′ $\cup$ Q$_2$′;
L := L$_1$ $\cup$ span (L$_2$, [x$_l$, x$_m$]);
R := span (R$_1$, [x$_m$, x$_r$]) $\cup$ R$_2$

end pointloc.

Abbildung 3-7

Diese Beschreibung verwendet die Unter-Prozeduren *onedim*, *span* und *update*. *Onedim* ermittelt für eine Menge von Punkten mit gleicher x-Koordinate die Mengen L, R und Q - *onedim* löst also ein eindimensionales Mengenproblem, weil alle Punkte auf derselben vertikalen Linie liegen (siehe Abb. 3-8).

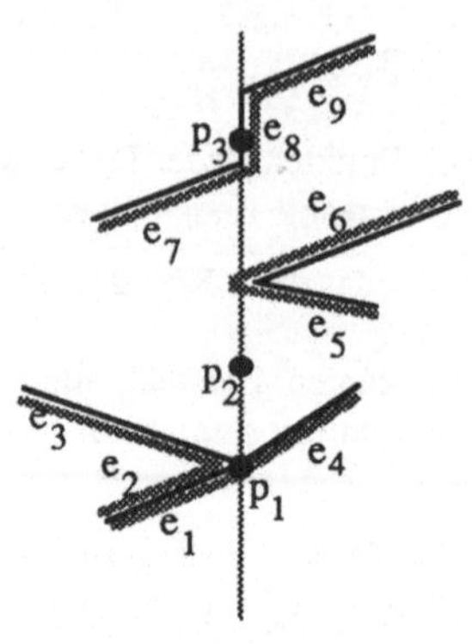

Abbildung 3-8

In diesem Beispiel liefert *onedim* die Mengen L = {e_1, e_2, e_3, e_7}, R = {e_4, e_5, e_6, e_9} und Q = {(p_2, e_5)}. Außerdem werden für die Punkte p_1 und p_3 die "umgebenden" Gebiete direkt ausgegeben, für p_1 sind das die den Kanten e_1, e_2, e_3 und e_4 zugeordneten Gebiete, und für p_3 das der Kante e_8 zugeordnete Gebiet.

Für ein Menge E von Liniensegmenten (Kanten) in der Ebene und für ein x-Intervall [x_1, x_2] ermittelt *span (E, [x_1, x_2])* die Teilmenge von E, die den durch [x_1, x_2] charakterisierten vertikalen Streifen vollständig durchqueren; formaler ausgedrückt

$$span\ (E,\ [x_1,\ x_2]) := \{\ e \in E\ |\ [x_1,\ x_2]\ \text{ist eine Teilmenge von e's x-Projektion}\}.$$

Für eine Menge Q von Suchpunkten mit Zusatzinformation und für eine Menge E von Kanten, liefert *update (Q, E, Q')* eine Menge Q', die im wesentlichen die Punkte aus Q mit der im Hinblick auf die Kantenmenge E aktualisierten Zusatzinformation beinhaltet. Wenn ein Punkt q in Q auf einer Kante in E liegt, werden die ein oder zwei angrenzenden Gebiete sofort als solche Gebiete ausgegeben, die q enthalten. Die nicht auf einer Kante liegenden Punkte werden in Q' zurückgegeben, wobei Q' definiert ist als

$$Q' := \{\ (q,\ e')\ |\ (q,\ e) \in Q,\ q\ \text{liegt nicht auf einer Kante aus E und}$$

$$e' := \begin{cases} succ\ (q,\ E) & \text{für } e = \lambda \\ succ\ (q,\ E \cup \{e\}) & \text{für } e \neq \lambda \end{cases} \},$$

wobei *succ (q, E)* die nächste Kante in E oberhalb von q liefert, falls diese existiert, und andernfalls λ. Somit ermittelt *span (L_2, [x_l, x_m])* gerade die Menge von Kanten, die den in Abb. 3-5 dargestellten vertikalen Streifen vollständig durchqueren, und *update (Q_1, span (L_2, [x_l, x_m]), Q_1')* aktualisiert die Zusatzinformationen der Punkte in Q_1 im Hinblick auf diese Kanten.

Implementierung und Analyse

Der Algorithmus wurde unter Verwendung von Mengen und von Operationen auf Mengen beschrieben; zur Analyse seiner Komplexität müssen die Repräsentation dieser Mengen und die Algorithmen für die Operationen festgelegt werden. Wir nehmen an, daß die Eingabemengen POINTS und EDGES als Listen gegeben sind und daß Schritt 1 des Algorithmus' *DAC-I* ein Array liefert, das die Elemente der Menge S in einer erweiterten lexikographischen Ordnung (nach x-Koordinaten, bei identischen x-Koordinaten zusätzlich nach y-Koordinaten und einer geeigneten Ordnung auf Punkten mit identischen x- und y-Koordinaten) enthält. Jede Teilmenge von S, die als Parameter bei den rekursiven Aufrufen des Algorithmus *pointloc* auftritt, kann als Teilbereich dieses Array's repräsentiert werden. Die Ausgabemengen L, R und Q des Algorithmus' *pointloc* seien als y-sortierte Listen dargestellt (d.h. die Punkte in Q sind anhand ihrer y-Koordinaten geordnet, die Kanten in L und R werden in der Reihenfolge ihres Schnitts mit der linken bzw. rechten Grenze des durch $[x_l, x_r]$ charakterisierten vertikalen Streifens angeordnet).

Zur Definition der Größen k, m, n und t siehe Abschnitt 2.1. Daneben bezeichnen T(s) und SP(s) den Zeitaufwand bzw. den Speicherplatzbedarf des Algorithmus' *pointloc*, wenn dieser auf eine Menge S mit s Elementen angewendet wird.

Lemma 3.2: Der Algorithmus *DAC-I* erfordert einen Zeitaufwand von T(n) + O(n log n) und besitzt einen Speicherplatzbedarf von SP(n) + O(n).

Beweis: Wegen der Sortierung erfordert Schritt 1 einen Zeitaufwand von O(n log n) und Schritt 3 einen Zeitaufwand von O(k) = O(n). Der Speicherplatzbedarf in den Schritten 1 und 3 ist nur linear. $\Box$

Um *pointloc* zu analysieren, untersuchen wir zunächst die Komplexität der einzelnen verwendeten Teilalgorithmen. *Onedim*, angewendet auf eine Menge S mit s Elementen, verursacht einen Zeitaufwand von O(s + t'), wenn direkt t' Punkteinschlüsse ausgegeben werden (im wesentlichen durchläuft *onedim* die Punkte in S von unten nach oben). - Der *Divide*-Schritt kann folgendermaßen implementiert werden: Wenn S durch das Teilarray A[c .. g] repräsentiert ist, wird das Mittelelement A[e] zwischen c und g ausgewählt. Die x-Koordinate von A[e] sei mit x_0 bezeichnet. Dann werden die Elemente links von A[e] bis zum ersten Element A[d] durchlaufen, dessen x-Koordinate kleiner als x_0 ist. Analog wird A[f] als das erste Element rechts von A[e] bestimmt, dessen x-Koordinate größer als x_0 ist. Die Teilung wird entweder rechts von A[d] oder links von A[f] durchgeführt, abhängig davon, welche Aufteilung balancierter ist. Sei nun x_m die mittlere x-Koordinate zwischen x_0 und der x-Koordinate von A[d] bzw. A[f]. Somit kann der *Divide*-Schritt mit einem Zeitaufwand von O(s) (unter Verwendung einer binärer Suche links und rechts von A[e] sogar mit einem Zeitaufwand von O(log s)) durchgeführt werden.

Für eine Menge E von Kanten kann die Menge *span (E, …)* in O(|E|) Zeit ermittelt werden, wenn die Ein- und Ausgabemengen als y-sortierte Listen dargestellt sind, indem man die Eingabeliste durchläuft und überflüssige Elemente entfernt. Auch die Vereinigungsoperation (Verschmelzen zweier geordneter Listen) erfordert nur linearen Zeitaufwand. Um die Operation *update (Q, E, Q')* effizient ausführen zu können, werden die Elemente der y-sortierten Liste, die E darstellt, ohne Veränderung der Reihenfolge in ein Array übertragen, wozu wieder nur linearer Zeitaufwand erforderlich ist. Für jedes Element q in Q wird auf diesem Array eine binäre Suche in O(log |E|) Zeit durchgeführt, um die erste Kante oberhalb von q zu bestimmen. Deshalb erfordert die Operation *update (Q, E, Q')* einen Zeitaufwand von O(|Q| log |E|).

Lemma 3.3: Der Algorithmus *pointloc*, der im Schritt 2 des Algorithmus' *DAC-I* aufgerufen wird, erfordert einen Zeitaufwand von O(nh + t + kh·(log m)), wobei h die Tiefe der Rekursion angibt, und besitzt einen Speicherplatzbedarf von O(n).

Beweis: Wir betrachten den rekursiven Aufrufbaum von *pointloc*, wie in Abb. 3-9 gezeigt. Ein Blatt dieses Baums, mit einer Zahl "u" markiert, stellt den terminierenden Zweig von *pointloc* (Fall 1) dar, in dem eine Gruppe von u Punkten mit gleicher x-Koordinate mit dem Teilalgorithmus *onedim* behandelt wird. Ein innerer Knoten stellt den Fall 2 mit dem *Divide-* und *Merge-*Schritt dar, wobei die rekursiven Aufrufe des *Conquer-*Schrittes durch die beiden Teilbäume repräsentiert werden. Ein innerer Knoten ist mit einer Zahl markiert, welche die Größe des Teilbaums mit diesem Knoten als Wurzel angibt (die *Größe* entspricht der Summe der Größen der Blätter).

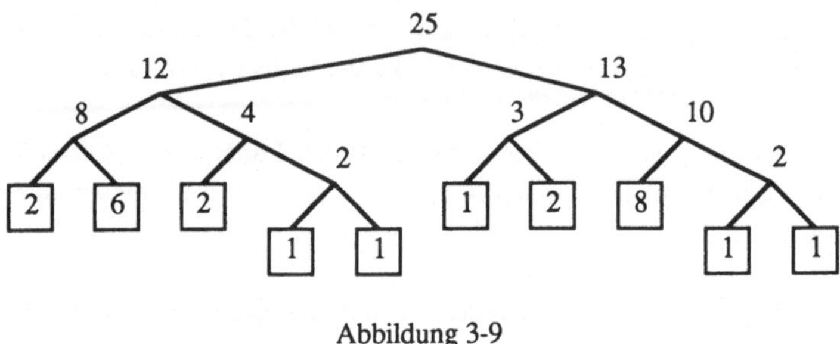

Abbildung 3-9

Wir ermitteln den durch *pointloc* verursachten Aufwand in drei voneinander getrennten Teilen:
 (1)   Der Aufwand, der in den Blättern durch Aufrufe von *onedim* entsteht.
 (2)   Der Aufwand, der an inneren Knoten (*Divide* und *Merge*) entsteht mit Ausnahme des Aufwands, der durch die Aufrufe von *update* entsteht.
 (3)   Der Aufwand, der durch Aufrufe von *update* entsteht.

Zu (1): Alle Punkte der Eingabemenge S sind auf die Blätter verteilt, so daß die Summe der Größen aller Blätter bei n liegt. *Onedim* benötigt lineare Zeit im Vergleich zur Größe der Eingabe und zusätzlich Zeit, die proportional zur Anzahl t der ausgegebenen Punkteinschlüsse ist. Damit entsteht insgesamt für Teil (1) ein Zeitaufwand von O(n + t).

Zu (2): Der Aufwand, der in Teil (2) an einem inneren Knoten entsteht, ist linear in der Größe des entsprechenden Teilbaums (alle Operationen, bis auf *update*, erfordern lineare Zeit). Ein Blatt der Größe u verursacht in jedem Teilbaum, in dem es enthalten ist, einen Aufwand von O(u) - mit anderen Worten entsteht also pro Blatt O(u) Aufwand an jedem Knoten, der ein Vorfahre dieses Blattes ist. Weil h definitionsgemäß die Rekursionstiefe bezeichnet, entsteht pro Blatt ein Aufwand von O(uh) und weil die Summe der Blattgrößen O(n) ergibt, entsteht für Teil (2) insgesamt ein Aufwand von O(nh).

Zu (3): Jeder Suchpunkt (ein Element von POINTS) tritt in einem Blatt auf und verursacht höchstens eine *update*-Operation für jeden Knoten auf dem Pfad zu diesem Blatt, was zu einem Aufwand von O(log m) führt, so daß sich der gesamte Aufwand für Teil (3) als O(kh·(log m)) ergibt.

Eine Zusammenfassung dieser Einzelergebnisse führt zu dem in Lemma 3.3 angegebenen Zeitaufwand. Der Speicherplatzbedarf ist offensichtlich, da alle Datenstrukturen nur linearen Speicherplatz benötigen. □

Lemma 3.4: Die Höhe h des Aufrufbaums für die rekursiven Aufrufe des Algorithmus' *pointloc*, der in Schritt 2 des Algorithmus' *DAC-I* aufgerufen wird, beträgt O(log n).

Beweis: Diese Beziehung würde offensichtlich dann gelten, wenn der *Divide-*Schritt immer eine gleichmäßige, also eine balancierte Aufteilung liefern würde. Weil möglicherweise große x-Gruppen existieren können, die bei einer Teilung nicht gespalten werden dürfen, können einige Aufteilungen recht unbalanciert sein. Daß die Höhe des rekursiven Aufrufbaums trotzdem noch O(log n) ist, kann man folgendermaßen einsehen: Man betrachte die Aufteilung, die an einem beliebigen inneren Knoten v des

Rekursionsbaums auf einer Menge S der Größe s vorgenommen wird. B bezeichne die x-Gruppe, welche die mittlere Position von S beinhaltet, und A und C seien die Punktmengen links bzw. rechts von B. Um die Analyse übersichtlicher zu gestalten, unterscheiden wir zwei Fälle:

(i)   Mindestens eine der Mengen A und C enthält mindestens (1/3 s) Elemente

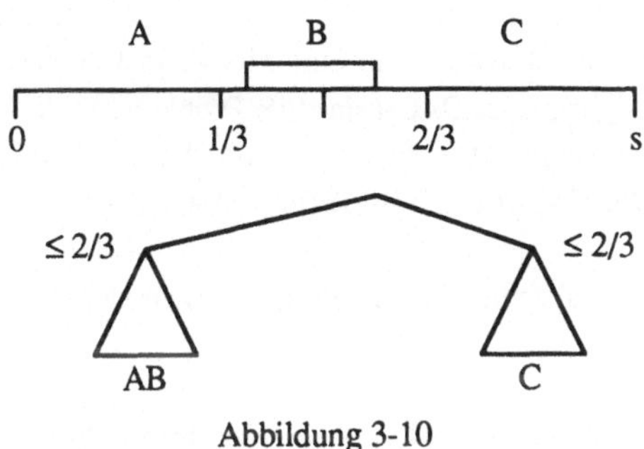

Abbildung 3-10

In diesem Fall ist die Größe jedes der entstehenden Teile durch (2/3 s) beschränkt (siehe Abb. 3-10)

(ii)   Beide Mengen A und C besitzen weniger als (1/3 s) Elemente.

In diesem Fall führt die Aufteilung zu einer Teilmenge mit mehr und zu einer Teilmenge mit weniger als (1/3 s) Elementen. O.B.d.A. seien das die beiden Teilmengen AB und C. Weil B notwenigerweise mehr als (1/3 s) Elemente enthält und A weniger, wird bei der nächsten Teilung B isoliert, wie in Abb. 3-11 (a) gezeigt.

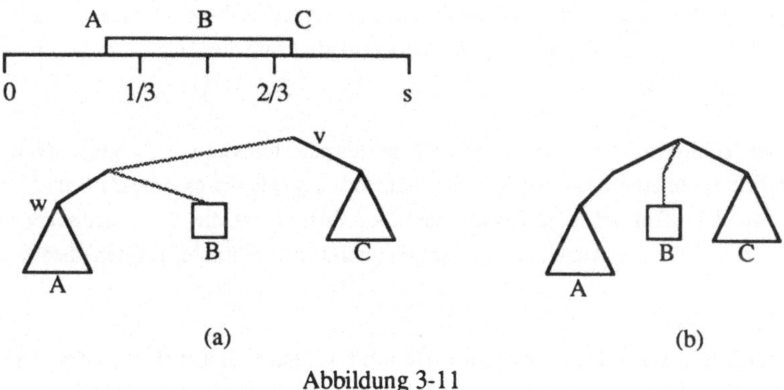

Abbildung 3-11

In Abb. 3-11 ist eine Kante von einem Knoten zum Sohnknoten schwarz dargestellt, wenn der Teilbaum dieses Sohnes höchstens eine Größe von 2/3 der Größe des Teilbaums des Vaters besitzt, ansonsten ist die Kante grau dargestellt. Wenn alle Kanten schwarz wären, wäre die Höhe des Rekursionsbaums logarithmisch, denn dann würde sich auf dem Pfad von der Wurzel zu einem beliebigen Blatt in jedem Schritt die Größe des betrachteten Teilbaums auf 2/3 der vorherigen Größe reduzieren, wozu nur ($\log_{(3/2)}$ n) Schritte erforderlich sind. Wir behaupten, daß der Baum in Abb. 3-11 (b) zu dem Baum in Abb. 3-11 (a) äquivalent ist, denn wenn man sich von v nach w bewegt, wird die Größe des Teilbaums in zwei Schritten auf 1/3 der ursprünglichen Größe reduziert, so daß sogar ein kleinerer Teilbaum entsteht als wenn man in jedem einzelnen Schritt eine Reduktion auf 2/3 der jeweiligen Größe durchführt. - Hieraus folgt, daß auf jedem Pfad in dem Baum alle Kanten, mit Ausnahme der letzten beiden Kanten vor dem Blatt, als "zuverlässig" angesehen werden können. Damit ist die Länge jedes Pfades durch $(\log_{(3/2)} n) + 2$ beschränkt. $\square$

Satz 3.5: Für eine Menge von k Punkten und eine Menge von disjunkten polygonalen Gebieten mit insgesamt m Kanten löst der Algorithmus *DAC-I* das PiR-Problem in $O(n \cdot (\log^2 n) + t)$ Zeit und mit einem Speicherplatzbedarf von $O(n)$, wobei $n = k + 2m$ ist und t die Anzahl gefundener Ergebnispaare bezeichnet (der Zeitaufwand ist genauer $O(n \cdot (\log n) + k \cdot (\log n) \cdot (\log m) + t)$).

Beweis: Der Beweis ergibt sich als einfache Folgerung aus Lemma 3.2 bis Lemma 3.4. $\square$

3.2. Interne Algorithmen mit sublinearem Speicherplatzbedarf

Wir modifizieren und erweitern die im vorigen Abschnitt entwickelten Algorithmen, so daß sie weniger als linearen Speicherplatz im Vergleich zur Größe der Eingabe oder sogar nur konstanten internen Speicherplatz benötigen. In diesem Abschnitt untersuchen wir einen speziellen Fall, den wir als *kreuzungs-beschränkt* bezeichnen. In bestimmten Anwendungen weiß man, daß eine beliebige vertikale Linie in der Ebene von höchstens b Objekten einer gegebenen Menge von geometrischen Objekten geschnitten (bzw. gekreuzt) wird. Beim VLSI-Entwurf hat man beispielsweise beobachtet, daß oft die "Quadratwurzel-Regel" gilt, d.h. daß in einer Menge von n Objekten eine beliebige vertikale Linie höchstens etwa $\sqrt{n}$ Objekte schneidet [OttWo86]. Auf diese Weise ergibt sich $b = \sqrt{n}$. Damit erhebt sich die Frage, ob man aufgrund dieser Kenntnis speicherplatz-effizientere Algorithmen entwickeln kann oder ob man die Analyse der vorgestellten Algorithmen verbessern kann.

Wir definieren eine Ausprägung des PiR-Problems als *kreuzungs-beschränkt mit dem Parameter b*, wenn eine Konstante b existiert, so daß für jede beliebige vertikale Linie die Anzahl der geschnittenen Kanten und Suchpunkte höchstens b ist.

Zur Analyse der "sublinearen" und der externen Algorithmen sind vier verschiedene Komplexitätsmaße von Interesse, nämlich der interne Zeit- und Speicherplatzbedarf sowie der externe Zeit- und Speicherplatzbedarf (siehe Abschnitt 2.2). Ein weiterer Parameter einer Lösung ist die Seitengröße beziehungsweise die Seitenkapazität c, welche die Anzahl von Objektdarstellungen (Punkte, Kanten) bezeichnet, die auf eine Seite passen.

Der PS- wie der DAC-Algorithmus transformieren ihre Eingabe zunächst in eine einzige x-sortierte Liste von Punkten. Wir nehmen an, daß diese Vorbereitung vorher unter Zuhilfenahme eines externen Sortieralgorithmus' erfolgt. Hierfür wird intern $O(n \log n)$ Zeit und $O(1)$ Speicherplatz benötigt, extern $O((n/c) \cdot \log n)$ Zeit und $O(n/c)$ Speicherplatz, zusammengefaßt als $(O(n \log n), O((n/c) \cdot \log n))$ Zeit und $(O(1), O(n/c))$ Speicherplatz. Dieser Vorbereitungsschritt liefert eine x-sortierte Folge von Punkten auf einer Folge von Seiten, einer *p-Sequenz*, die mit P** bezeichnet sei. Im weiteren werden wir diesen Vorbereitungsschritt und seine Kosten außer acht lassen.

Bei gegebenem P** kann man sehr leicht überprüfen, ob das vorliegende PiR-Problem kreuzungsbeschränkt ist, indem man P** einmal durchläuft und die maximale Anzahl der die Sweep-Line schneidenden Objekte aufrechterhält. Hierfür wird nur $(O(n), n/c)$ Zeit und $(O(1), n/c)$ Speicherplatz benötigt.

Für den Fall, daß das PiR-Problem kreuzungs-beschränkt ist, durchläuft man mit dem internen PS-Algorithmus die Seiten von P** und die Punkte auf jeder Seite sequentiell und erhält dabei eine interne Datenstruktur der Größe $O(b)$ aufrecht. Dazu benötigt man $(O(n \cdot (\log b) + t), n/c)$ Zeit und $(O(b), n/c)$ Speicherplatz.

Der DAC-Algorithmus wird so modifiziert, daß er prinzipiell folgendermaßen abläuft: Wieder wird die Folge der Punkte in P** sequentiell durchlaufen, in diesem Fall allerdings in einer Folge von voneinander getrennten *Schritten*. In jedem Schritt werden die nächsten b Punkte von P** in ein internes Array gelesen, das die Menge S repräsentiert. Wenn der b-te gelesene Punkt zu einer unvollständigen x-Gruppe gehört, wird das Lesen so lange fortgesetzt, bis die x-Gruppe vollständig eingelesen ist. Die im i-ten Schritt eingelesenen Menge von Punkten sei mit S_i bezeichnet. Auf die Menge S_i wird der interne Algorithmus *pointloc* aus dem Abschnitt 3.1.1 angewendet, der die Ergebnismengen L_i', R_i' und Q_i' liefert. Anschließend wird der Merge-Schritt des Algorithmus' *pointloc* noch einmal auf das Ergebnis der Schritte 1 ... i-1, die Mengen L_{i-1}, R_{i-1} und Q_{i-1}, und das Ergebnis des i-ten Schritts, die Mengen L_i', R_i' und Q_i', angewendet, was die neuen Mengen L_i, R_i und Q_i ergibt.

Einige Beobachtungen erlauben es, dieses grundlegende Prinzip zu vereinfachen. Man betrachte die Menge Q_i von Suchpunkten mit Zusatzinformationen, die im i-ten Schritt konstruiert wird. Nach Definition besitzt jeder Punkt in Q_i eine Zusatzinformation über die nächste über ihm liegende Kante, die in $S_1 \cup \ldots \cup S_i$ dargestellt ist. Weil aber links von $S_1 \cup \ldots \cup S_i$ keine Punkte liegen, besitzt jeder Punkt als Zusatzinformation bereits die in bezug auf die ganze Menge P** nächste über ihm liegende Kante. Deshalb kann das durch Q_i definierte Paar (Punkte, Gebiet) sofort ausgegeben werden. Weil außerdem Q_i nicht mehr mit L_{i+1} verglichen werden muß, sind L_{i+1} und alle übrigen Mengen L_j überflüssig. Aus diesem Grund werden nach Abschluß des i-ten Schrittes nur noch die Mengen R_i für den Merge-Schritt im (i+1)-sten Schritt aufbewahrt. Der Algorithmus kann damit wie in Abb. 3-12 beschrieben werden.

Eine Analyse dieses Algorithmus' zeigt, daß in jedem Schritt höchstens 2b der n Punkte verarbeitet werden (weil b eine obere Schranke für die Größe einer x-Gruppe darstellt) und daß $O(n/b)$ Schritte durchgeführt werden. Jeder Schritt enthält einen Aufruf von *pointloc*, der bei t' ausgegebenen Punkteinschlüssen $O(b \cdot (\log^2 b) + t')$ Zeit erfordert, und eine *update*-Operation, deren Ausführung $O(b \log b)$ Zeit erfordert. Bei t gefundenen Ergebnispaaren entsteht damit insgesamt ein Zeitaufwand von $O(n \cdot (\log^2 b) + t)$. Der Speicherplatzbedarf innerhalb eines Schrittes liegt bei $O(b)$. Die Größe der Liste, die die Menge R (der nach rechts noch weiter ausgedehnten Kanten) zwischen den Schritten aufbewahrt, liegt wegen der Einschränkung auf den kreuzungs-beschränkten Fall ebenfalls bei $O(b)$. Damit ergibt sich insgesamt:

Satz 3.6: Für eine Menge von k Punkten und eine Menge von disjunkten polygonalen Gebieten mit insgesamt m Kanten löst der Algorithmus *DAC-S* das PiR-Problem mit einem Zeitaufwand von $(O(n \cdot (\log^2 b) + t), n/c)$ und mit einem Speicherplatzbedarf von $(O(b), n/c)$, wobei n = k + 2m ist, t die Anzahl gefundener Ergebnispaare und c die Seitenkapazität bezeichnet.

Algorithmus *DAC-S* (sublineare Divide-And-Conquer Lösung)

Eingabe: Eine Folge P** von Seiten, die die x-sortierte Punktdarstellung einer Ausprägung (POINTS, REGIONS) des PiR-Problems enthält.

Ausgabe: Die Menge {(p.id, r.id) | p ∈ POINTS, r ∈ REGIONS, wobei p innerhalb von r liegt}.

Methode:
1. S_1 := die ersten b Punkte von P** und gegebenenfalls einige zusätzliche Punkte, um die letzte x-Gruppe zu vervollständigen;

   x_1 := eine x-Koordinate zwischen dem letzten Punkt von S_1 und dem nächsten Punkt;

   pointloc (S_1, [-∞, x_1], L_1, R_1, Q_1); report (Q_1); i := 2;

2. **while** P** enthält noch Punkte

  do S_i := die nächsten b Punkte von P** und gegebenenfalls einige zusätzliche Punkte, um die letzte x-Gruppe zu vervollständigen, oder die letzten Punkte in P**;

    x_i := eine x-Koordinate zwischen dem letzten Punkt von S_i und dem nächsten Punkt;

    pointloc (S_i, [x_{i-1}, x_i], L_i', R_i', Q_i');
    update (Q_i', span (R_{i-1}, [x_{i-1}, x_i]), Q_i); report (Q_i);
    R_i := *span (R_{i-1}, [x_{i-1}, x_i])* ∪ R_i';
    i := i + 1

  od
end DAC-S.

Hier gibt *report* die in der Parametermenge definierten Punkteinschlüsse aus (wie im Schritt 3 von DAC-I).

Abbildung 3-12

3.3. Externe Lösungen

In diesem Abschnitt untersuchen wir *externe Varianten* der zuvor beschriebenen PS- und DAC-Algorithmen zur Lösung des PiR-Problems. Wesentliches Kennzeichen externer Algorithmen ist, daß sie, unabhängig von der Größe der (extern dargestellten) Objektmenge, nur konstanten internen Speicherplatz benötigen. Oft wird ein Teil des Hauptspeichers als interner Seitenpuffer organisiert, der eine feste Anzahl von Seiten des Hintergrundspeichers aufnehmen kann (siehe auch Abschnitt 2.2). Bei einem externen Algorithmus ist das entscheidende Komplexitätskriterium die Anzahl von Lese- und Schreib-Operationen für Seiten auf dem Hintergrundspeicher.

In den vorigen beiden Abschnitten haben wir den Zeitaufwand der Algorithmen für den schlechtesten Fall analysiert. Für die externen Varianten der beiden hier betrachteten Algorithmen erscheint uns die Untersuchung des "wahrscheinlichen" Verhaltens aufschlußreicher zu sein, weil das Verhalten im schlechtesten Fall weit entfernt liegt von dem in praktischen Fällen zu erwartenden Verhalten. Leider ist es uns nicht möglich, eine mathematisch exakte Analyse des Durchschnittsverhaltens anzugeben. Selbst wenn eine solche Analyse durchführbar wäre, hätte sie aufgrund fehlender Informationen über typische in der

Praxis auftretende Datenmengen auf willkürlichen Annahmen beruhen müssen. Deshalb beschränken wir uns auf eine, hoffentlich überzeugende, Analyse des "sehr wahrscheinlichen" Verhaltens der Algorithmen.

Für jeden externen Algorithmus scheint es eine minimale Puffergröße zu geben, die eine recht effiziente Ausführung des Algorithmus' erlaubt (und/oder die Implementierung vereinfacht). Eine Vergrößerung des Puffers kann zwar die Laufzeit verbessern, sie führt aber nicht zu so dramatischen Veränderungen wie eine Verkleinerung des Puffers unter diese minimale Größe.

Im folgenden werden wir die Algorithmen zunächst unter Verwendung dieser minimalen Puffergröße beschreiben und analysieren, bevor wir den Nutzen untersuchen, den die Verwendung eines größeren Puffers mit sich bringen kann. Im folgenden betrachten wir wieder den allgemeinen Fall des PiR-Problems, die einschränkenden Annahmen des vorigen Abschnitts gelten also nicht mehr.

3.3.1. Plane-Sweep Lösung

Die grundlegende Veränderung gegenüber den bisher beschriebenen PS-Lösungen besteht darin, daß man bei der externen PS-Lösung anstatt der internen eine dynamische externe Sweep-Line (File-) Struktur verwenden muß. Hierfür eignet sich ein B-Baum [BayM72, Com79], weil dieser eine geordnete Folge von Kanten unter Einfügungen und Löschungen aufrechterhalten kann und die erforderlichen Suchen während des Plane-Sweeps unterstützt.

Der erwähnte Puffer minimaler Größe muß so groß sein, daß er der aktuell betrachteten Seite von P**, der Wurzelseite des B-Baums und einer der Höhe des B-Baums entsprechenden Anzahl von Seiten Platz bietet.

Zur Abkürzung bezeichne eine L-Operation eine Lese-Operation, eine S-Operation bezeichne eine Schreib-Operation und eine LS-Operation eine Lese- oder Schreiboperation. Wir versuchen, die Anzahl der LS-Operationen abzuschätzen, die bei einer Durchführung des Plane-Sweep's erforderlich werden. Zunächst entstehen $\lceil n/c \rceil$ L-Operationen für das Lesen von P**. Jeder Punkt in P** verursacht ein Einfügen, ein Löschen oder eine Suche auf dem B-Baum. Die genaue Anzahl der hierdurch verursachten LS-Operationen hängt von der Höhe des B-Baums ab. Jeder Punkt, der von der Sweep-Line geschnitten wird, führt normalerweise zu einem Zugriff auf ein anderes Blatt im B-Baum als der vorherige Punkt, weil der Line-Sweep die Punkte in x-Reihenfolge durchläuft, welche unabhängig ist von der y-Reihenfolge, in der die Punkte in der Sweep-Line Struktur dargestellt sind. Deshalb sind mindestens n L-Operationen durchzuführen.

Zu einer detaillierteren Analyse müssen wir die Höhe des B-Baums genauer ermitteln. Wir nehmen an, daß der B-Baum aus Index-Seiten und verketteten Blatt-Seiten besteht, daß es sich also um einen *B*-Baum* [We74] handelt. Jede Blatt-Seite stellt eine Folge von Kanten dar. Jede Kante wird durch die Koeffizienten (a_1, a_2) der Gleichung $y = a_1 x + a_2$ charakterisiert, welche die durch die Kante definierte Gerade charakterisieren, durch einen Identifikator für das zugeordnete Gebiet und ein Bit, das angibt, auf welcher "Seite" der Kante das zugehörige Gebiet liegt. Eine Index-Seite enthält einen Verweis auf eine Seite, gefolgt von einer Folge von Einträgen, wobei jeder Eintrag aus einer durch ihre Koeffizienten dargestellten Geraden und einem weiteren Verweis auf eine Seite besteht. Die Höhe H des B*-Baums hängt ab von

d - der Anzahl von Kantendarstellungen, die auf eine Blatt-Seite passen,
e - der maximalen Anzahl von Einträgen auf einer Index-Seite,
f - der durchschnittlichen Seitenfüllung (sie wird für Blatt- und Index-Seiten als gleich angenommen),
z - der gesamten Anzahl von Kanten in den Blatt-Seiten,

und liegt bei $H = 1 + \lceil \log_{ef} (z/df) \rceil$. Wir wollen diese Formel anhand einiger Beispiele veranschaulichen, die in der Praxis bei einer Seitengröße von 1 KByte und $n = 1\,000\,000$ aufteten können (weil die Größe von z nicht bekannt ist, benutzen wir hierfür die pessimistische Schranke n):

d = 80   (12 Bytes pro Kante, die Koeffizienten werden durch reelle Zahlen mit 4 Bytes dargestellt)
e = 100   (10 Bytes pro Eintrag, wobei ein Verweis durch 2 Bytes dargestellt ist)
f = 0.75

Daraus ergibt sich $H = 1 + \lceil \log_{75} (16667) \rceil = \lceil 3.25 \rceil = 4$. Auf einem derartigen B*-Baum sind 3 L-Operationen zur Durchführung einer Suche mit einem Suchpunkt erforderlich (weil die Wurzelseite immer intern verfügbar ist) und normalerweise 4 LS-Operationen für das Einfügen oder Löschen (weil die Blatt-Seite zurückgeschrieben werden muß). Nur selten sind zur Aufrechterhaltung der Strukturinvarianten des B*-Baums einige weitere LS-Operationen erforderlich. Auf der anderen Seite ist die Annahme, daß z so groß wie n ist, wahrscheinlich zu pessimistisch, und auch die Anzahl der die Sweep-Line schneidenden Kanten ist vermutlich sehr viel geringer. Auf einem sehr kleinen B*-Baum erfordert eine Suche 1 und eine Einfüge- bzw. Lösch-Operation 2 LS-Operationen. Deshalb können wir nur festhalten, daß die erwartete Anzahl der LS-Operationen im allgemeinen zwischen 1 und $\lceil \log_{ef} (n/df) \rceil + 1$ liegt, in unseren Beispielen also zwischen 1 und 4. Damit ergibt sich die gesamte im Plane-Sweep zu erwartende Anzahl von LS-Operationen als

$$\left\lceil \frac{n}{c} \right\rceil + n \cdot \left[1, \left\lceil \log_{e \cdot f} \left(\frac{n}{d \cdot f} \right) \right\rceil + 1 \right],$$

wobei unsere fehlende Information über die Größe der der Sweep-Line zugeordneten Menge durch ein Intervall ausgedrückt ist, das als multiplikativer Faktor für n dient. Die folgende Tabelle 3-1 enthält die Ergebnisse, die beim Auswerten dieser Formel (ohne den Anteil $\lceil n/c \rceil$) für zwei unterschiedliche Werte von n und zwei Seitengrößen auftreten. (Bei einer Seitengröße von 4 KByte wird d = 320 und e = 400 angenommen.) Später vergleichen wir diese Ergebnisse mit den entsprechenden Werten für den DAC-Algorithmus, den wir als nächstes beschreiben.

Anzahl von LS-Op.	$n = 10^6$	$n = 10^9$
Seitengröße 1 KByte	$[10^6, 4 \cdot 10^6]$	$[10^9, 5 \cdot 10^9]$
Seitengröße 4 KByte	$[10^6, 3 \cdot 10^6]$	$[10^9, 4 \cdot 10^9]$

Tabelle 3-1

3.3.2. Divide-And-Conquer Lösung

Der externe DAC-Algorithmus läßt sich in drei Schritte unterteilen: In Schritt 1 wird die in P** dargestellte Folge $p_1...p_n$ von Eingabepunkten in g Gruppen von Punkten $P_1...P_g$ aufgeteilt. Auf jede Gruppe P_i von Punkten wird der interne Algorithmus *pointloc* angewendet, der als Ergebnis ein Tripel $M_i = (L_i, R_i, Q_i)$ von Mengen liefert. Diese Ergebnismengen werden auf den Hintergrundspeicher geschrieben. - In Schritt 2 folgt eine Folge von externen *Merge-Phasen*: In jeder Phase wird eine Folge $M_1...M_h$ von Tripeln in eine Folge $M_1'...M_{\lceil h/2 \rceil}'$ von Tripeln umgewandelt, indem bei ungeradem i M_i und M_{i+1} in $M_{\lceil i/2 \rceil}'$ gemischt werden (bei ungeradem h sei $M_{\lceil h/2 \rceil}':=M_h$). Die Folge $M_1'...M_{\lceil h/2 \rceil}'$ bildet die Eingabe für die nächste Phase. Weil jede Merge-Phase die Anzahl der Tripel halbiert, existieren etwa $(\log_2 g)$ dieser Phasen. Es ist anzumerken, daß das Mischen zweier Tripel M_i und M_{i+1}, als *Merge-Schritt* bezeichnet, extern durchgeführt wird, indem die Eingabemengen vom Hintergrundspeicher gelesen und die Ergebnismengen wieder auf den Hintergrundspeicher geschrieben werden. Die innerhalb eines Merge-Schrittes durchgeführten Aktionen entsprechen denen, die im *Merge*-Schritt des Algorithmus' *pointloc* durchgeführt werden. - Schließlich wird in Schritt 3 die durch die letzte Merge-Phase in Schritt 2 gelieferte Ergebnismenge Q_1 durchlaufen, wobei alle durch Q_1 definierten Punkteinschlüsse ausgegeben werden.

Die Größe von P_i ist grundlegend von der Größe des Hauptspeicherplatzes abhängig, der zur Ausführung von *pointloc* zur Verfügung steht. Die Anzahl der Punkte, die intern verarbeitet werden können, sei mit s bezeichnet. Die Punkte einer Seite von P** könnten beispielsweise eine Gruppe P_i bilden. Eine kleine Komplikation tritt dadurch ein, daß eine x-Gruppe immer als Ganzes behandelt werden sollte und es im voraus keine Einschränkung im Hinblick auf die Größe einer x-Gruppe gibt. Eine Gruppe P_i besteht deshalb aus einer möglichst großen Anzahl von vollständigen x-Gruppen, so daß P_i noch mit *pointloc* verarbeitet werden kann. Wenn eine einzelne x-Gruppe (mit mehr als s Elementen) zu groß ist, bildet sie ihre eigene Gruppe P_i und wird durch einen Algorithmus *onedim-e*, einer externen Version von *onedim*, verarbeitet, der die Punkte sequentiell von P** liest und das Tripel $M_i = (L_i, R_i, Q_i)$ von Ergebnismengen auf den Hintergrundspeicher zurückschreibt. Damit kann Schritt 1 wie folgt beschrieben werden:

```
i := 1;
while P** enthält noch Punkte
do   Lese die nächsten s Punkte von P** oder die letzten Punkte in P**;
     if alle Punkte gehören zu einer einzigen x-Gruppe
     then Bezeichne diese Gruppe als P_i und wende auf sie onedim-e an (das Lesen von P**
          wird fortgesetzt, bis die x-Gruppe vollständig gelesen ist)
     else Bilde P_i aus den bisher gelesenen vollständigen x-Gruppen (d.h. aus allen Punkten
          mit Ausnahme der Punkte einer letzten unvollständigen x-Gruppe);
          Wende pointloc auf P_i an
     fi;
     i := i+1
od;
```

Ein externer Merge-Schritt erhält als Eingabe zwei Tripel von Mengen, M_i und M_{i+1}, und liefert $M_{\lceil i/2 \rceil}'$ als Ergebnis. Für die folgende Diskussion seien diese Eingabemengen mit L_1, R_1 und Q_1 bzw. L_2, R_2 und Q_2 bezeichnet, die Ausgabemengen seien mit L, R und Q bezeichnet (wie in *pointloc*). Zunächst nehmen wir vereinfachend an, daß jede dieser Mengen im Hintergrundspeicher auf einer eigenen p-Sequenz dargestellt ist. Prinzipiell besteht das Mischen aus zwei getrennten Teilschritten:

Teilschritt 1: Transformiere die p-Sequenz R_1 in eine p-Sequenz $R_1' = span\ (R_1, \ldots)$;
Transformiere die p-Sequenz L_2 in eine p-Sequenz $L_2' = span\ (L_2, \ldots)$;

Teilschritt 2: Durchlaufe die 6 p-Sequenzen L_1, R_1', Q_1, L_2', R_2 und Q_2 und konstruiere die p-Sequenzen L, R und Q.

Zusammen realisieren diese beiden Teilschritte alle Operationen im *Merge*-Schritt aus dem Algorithmus *pointloc*. Offensichtlich ist in Teilschritt 1 nur ein einfaches Lesen und Schreiben von p-Sequenzen erforderlich. Dasselbe gilt auch für den Teilschritt 2, soweit die Operationen

$$L := L_1 \cup L_2';$$
$$R := R_1' \cup R_2;$$
$$Q := Q_1' \cup Q_2'$$

betroffen sind. Das einzige interessante Problem besteht in der Implementierung der *update*-Operationen. Hier wird die *update*-Operation auf Punkten in Q_2 beschrieben. Bei dem "parallelen Durchlauf" durch R_1' und Q_2 wird in R_1' ein Zeiger auf die nächste über dem in Q_2 aktuellen Punkt liegende Kante (als die *aktuelle Kante* bezeichnet) aktualisiert. Wenn der nächste Punkt in Q_2 betrachtet wird, bewegt sich dieser Zeiger in R_1' vorwärts oder rückwärts, um wieder die nächste über dem neuen Punkt liegende Kante zu ermitteln. Dabei kann es also auch notwendig sein, ihn in der y-Reihenfolge der Kanten in R_1' rückwärts zu bewegen (siehe Abb. 3-13).

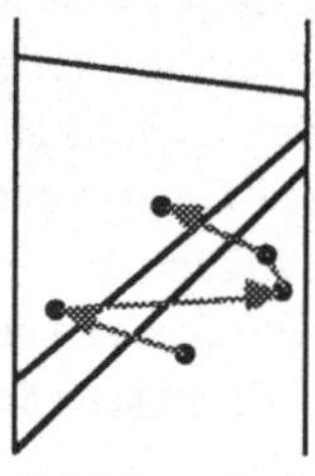

Abbildung 3-13

Eine sequentielle Suche auf der Folge der Kanten ist zwar keine worst-case effiziente Strategie für das interne DAC, für den externen Fall stellt sie aber wahrscheinlich die beste Möglichkeit dar. Das vordringliche Ziel des externen Algorithmus' besteht darin, die Anzahl der LS-Operationen auf Seiten zu minimieren. Wenn in der p-Sequenz, die R_1' darstellt, neben der "aktuellen" Seite (die Seite, die die aktuelle Kante enthält) auch noch die vorherige und die nachfolgende Seite im internen Puffer gehalten wird (siehe Abb. 3-14), ist es sehr unwahrscheinlich, daß beim "nicht ganz sequentiellen Durchlauf" durch R_1' jemals eine zusätzliche LS-Operation auftritt.

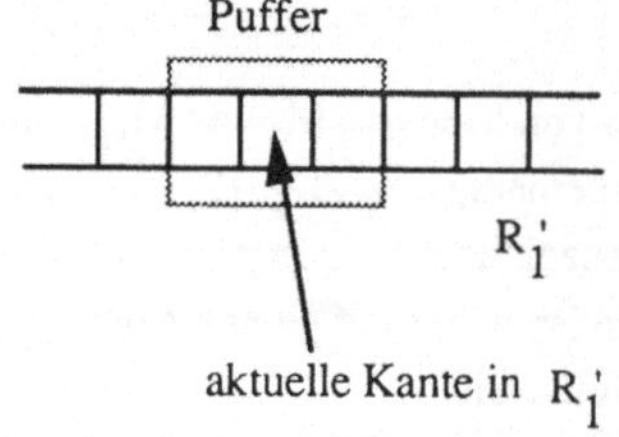

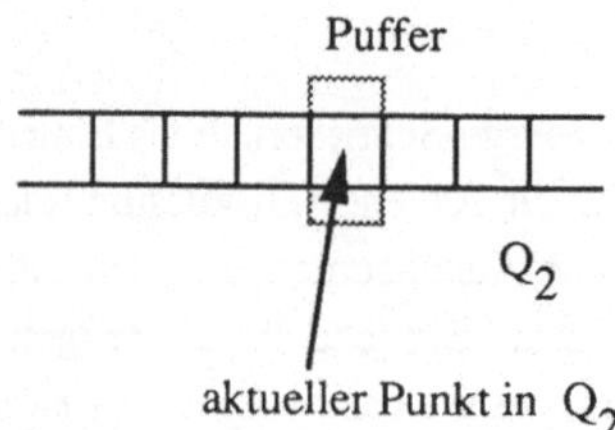

Abbildung 3-14

Schließlich stellen wir nicht, wie zunächst vereinfachend angenommen, jede Menge in einer eigenen p-Sequenz dar, wir kommen mit einer festen Anzahl von p-Sequenzen aus. In einer Merge-Phase stellen L_1^{**}, R_1^{**}, Q_1^{**}, L_2^{**}, R_2^{**} und Q_2^{**} die Eingabe-Sequenzen der Tripel in $M_1...M_h$ dar, d.h. daß z.B. L_1^{**} alle ungerade numerierten Mengen L_1, L_3, L_5, ..., und L_2^{**} alle gerade numerierten Mengen L_2, L_4, L_6, ... beinhaltet. Jede Menge ist wieder als y-sortierte Folge dargestellt, unterschiedliche Mengen werden durch spezielle Markierungen voneinander getrennt. Eine Merge-Phase konstruiert dann als Ausgabe die p-Sequenzen $L_1'^{**}$, $R_1'^{**}$, $Q_1'^{**}$, $L_2'^{**}$, $R_2'^{**}$ und $Q_2'^{**}$, indem ungerade numerierte Ergebnismengen so in $L_1'^{**}$, $R_1'^{**}$ und $Q_1'^{**}$ und gerade numerierte Ergebnismengen so in $L_2'^{**}$, $R_2'^{**}$ und $Q_2'^{**}$ eingetragen werden, daß diese sechs p-Sequenzen als Eingabe für die nächste Merge-Phase dienen.

Analyse

Die Anzahl der Punkte in P^{**} sei wieder mit n und die Anzahl der auf einer Seite darstellbaren Objekte sei wieder mit c bezeichnet. In bezug auf die erforderlichen Seitenzugriffe liest Schritt 1 die Seiten von P^{**} sequentiell und verteilt die gelesenen Objekte auf die p-Sequenzen $L_1'^{**}$, $R_1'^{**}$, $Q_1'^{**}$, $L_2'^{**}$, $R_2'^{**}$ und $Q_2'^{**}$ der Ausgabe. Deshalb erfordert der erste Schritt $\lceil n/c \rceil$ L- und $(n/c + 6)$ S-Operationen, also etwa $2 \cdot \lceil n/c \rceil$ LS-Operationen.

In Schritt 2 liest und schreibt jede Merge-Phase im Prinzip jeweils sechs p-Sequenzen sequentiell. Der gesamte, für alle p-Sequenzen der Ein- und Ausgabe erforderliche Bedarf an Seiten ist durch $n/c + 6$ beschränkt, kann aber generell sehr viel geringer sein. Zusätzlich werden in Teilschritt 1 einer Merge-Phase die "temporären" p-Sequenzen für R_1' und L_2' einmal geschrieben und einmal gelesen.[2] Zusammengefaßt sind $2 \cdot \lceil n/c \rceil$ LS-Operationen pro Merge-Phase eine ziemlich pessimistische Schätzung. - Wie bereits erwähnt hängt die gesamte Anzahl von Merge-Phasen von der Anzahl g der in Schritt 1 konstruierten Gruppen ab. Wir nehmen an, daß genügend Hauptspeicherplatz zur Verfügung steht, um s = 3c Punkte, d.h. 3 Seiten, intern zu verarbeiten. In diesem Fall darf eine in Schritt 1 konstruierte Gruppe weniger als c Elemente besitzen, aber nur dann, wenn die nächste Gruppe mehr als 2c Elemente beinhaltet. Dadurch enthält eine Gruppe durchschnittlich mindestens c Elemente, so daß höchstens $\lceil n/c \rceil$ Gruppen existieren. Deshalb ist die gesamte in Schritt 2 zu erwartende Anzahl von LS-Operationen durch $2 \cdot \lceil n/c \rceil \cdot \log_2 \lceil n/c \rceil$ beschränkt.

Im letzten Schritt 3 wird nur die p-Sequenz, die Q darstellt, gelesen, wofür weniger als $\lceil n/c \rceil$ L-Operationen erforderlich sind. Damit wird die Gesamtzahl von LS-Operationen, die bei dem externen DAC-Algorithmus zu erwarten sind, durch den Schritt 2 dominiert und liegt bei weniger als $2 \cdot \lceil n/c \rceil \cdot \log_2 \lceil n/c \rceil$ LS-Operationen.

Wenn wir diesen Ausdruck, wie vorher in Abschnitt 3.3.1, für zwei unterschiedliche Werte von n und zwei Seitengrößen auswerten und sie mit den entsprechenden Werten des externen PS-Algorithmus vergleichen, erhalten wir die folgende Tabelle 3-2:

---

[2] Tatsächlich kann man durch ein "Interleaving" der beiden Teilschritte, bei dem beispielsweise Seiten von R_1' "auf Anfrage" produziert werden, mit sehr großer Wahrscheinlichkeit verhindern, daß man in R_1' jemals wieder auf eine vorherige Seite zugreifen muß. Allerdings müssen diese Seiten geschrieben werden, weil man nicht völlig ausschließen kann, daß diese Seiten noch einmal benötigt werden.

Anzahl von LS-Op.		$n = 10^6$	$n = 10^9$
Seitengröße 1 KByte	*PS*	$[10^6, 4\cdot 10^6]$	$[10^9, 5\cdot 10^9]$
	DAC	600 000	10^9
Seitengröße 4 KByte	*PS*	$[10^6, 3\cdot 10^6]$	$[10^9, 4\cdot 10^9]$
	DAC	130 000	$230 \cdot 10^6$

Tabelle 3-2

Hier liegt mit c = 50/KByte eine pessimistische Annahme zugrunde, weil die Darstellung eines Suchpunktes mit Zusatzinformation (Menge Q) und eines linken bzw. rechten Endpunktes in P** etwa 20 Bytes erfordert, während 12 Bytes ausreichen, um einen Suchpunkt (in P**) und eine unvollständige Kante (Mengen L, R) darzustellen unter der Annahme, daß reelle Zahlen in 4 Bytes dargestellt werden können. Als Zusammenfassung der Tabelle 3-2 kann man feststellen:

(1)   Selbst bei der pessimistischen Schätzung für den DAC-Algorithmus ergeben sich in allen Fällen weniger LS-Operationen als bei den günstigsten Schätzungen für den PS-Algorithmus.

(2)   Eine Vergrößerung der Seiten führt zu einer Reduzierung der Anzahl der LS-Operationen im DAC-Algorithmus, sie hat aber keinen Einfluß auf die schlechtesten Schätzungen der Anzahl der LS-Operationen beim PS-Algorithmus.

(3)   Der Quotient aus der Anzahl der bei einem externen Algorithmus benötigten LS-Operationen und der minimalen Anzahl von erforderlichen LS-Operationen (bei einem internen Algorithmus) sei als der *externe Belastungs-Faktor* definiert. Dieser Faktor liegt beim Plane-Sweep zwischen c und etwa 5c und beim Divide-And-Conquer bei etwa $2\cdot\log_2 \lceil n/c\rceil$; in den konkreten Beispielen beim Plane-Sweep zwischen 50 und 800 und beim Divide-And-Conquer zwischen 25 und 50.

Verbesserung des Divide-and-Conquer Algorithmus'

Die Analyse des DAC-Algorithmus' war vor allem deshalb pessimistisch, weil sie unter der Annahme durchgeführt wurde, daß jede Merge-Phase alle vom Hintergrundspeicher gelesenen Objekte wieder auf diesen zurückschreibt. In der Praxis kann man erwarten, daß jede Merge-Phase die Anzahl dieser Objekte verringert. Wir möchten hervorheben, daß nur Kanten, die über den im Merge-Schritt betrachteten vertikalen Streifen hinausragen, zurückgeschrieben werden; Kanten, die vollständig in dem vertikalen Streifen liegen, werden gelöscht. Deshalb treten in späteren Merge-Phasen, also Merge-Phasen auf hoher Ebene, nur noch Kanten mit sehr großer x-Ausdehnung auf.

Leider trifft das nicht auch auf die Suchpunkte zu, die immer und in allen Merge-Phasen auf den Hintergrundspeicher zurückgeschrieben werden müssen. Das ist notwendig, weil man bei der Existenz von nicht-konvexen Gebieten nicht frühzeitig entscheiden kann, welches Gebiet den Suchpunkt enthält.[3] Wenn

---

[3] Der interne DAC-Algorithmus wurde so entworfen, daß Gebiete in voller Allgemeinheit behandelt werden können. Darüber hinaus verschlechtert sich die Komplexität im schlechtesten Fall nicht durch die Behandlung nicht-konvexer Gebiete.

nur konvexe Gebiete zugelassen sind, kann allerdings mit der folgenden Modifikation des Algorithmus früher eine Entscheidung getroffen werden:

Anstatt einen Suchpunkt nur mit der nächsten über ihm liegenden Kante als Zusatzinformation zu versehen, werden ihm die bisher ermittelte nächste unter ihm liegende und die nächste über ihm liegende Kante zugeordnet. Sobald beide Kanten zum selben Gebiet gehören, wird der Punkt als in diesem Gebiet liegend ausgegeben.

Abb. 3-15 zeigt, daß diese Ausgabestrategie nicht funktioniert, wenn auch nicht-konvexe Gebiete zugelassen sind.

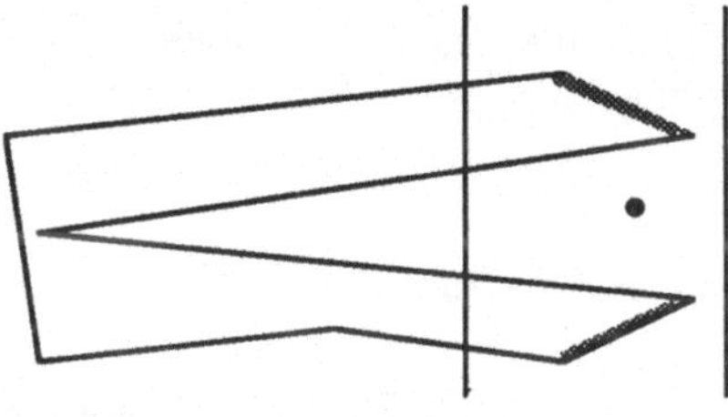

Abbildung 3-15

Die Analyse des externen DAC-Algorithmus' zeigt, daß eine derartige Modifikation des Algorithmus' sehr wünschenswert ist, weil man dann erwarten kann, daß nach einigen Merge-Phasen fast alle Suchpunkte ihre umgebenden Gebiete "gefunden" haben und ausgegeben werden, so daß sie in nachfolgenden Merge-Phasen nicht mehr auftreten. Auf diese Weise sollte es möglich sein, einen geringeren Belastungs-Faktor zur erzielen. Wie klein er tatsächlich werden kann, ist schwierig zu schätzen, aber es sollte nicht unmöglich sein, einen Belastungs-Faktor von 5 oder 10 zu erreichen.

Um die Möglichkeit, nicht-konvexe Gebiete zu behandeln, weiter aufrechtzuerhalten, kann man in einem Vorbereitungsschritt nicht-konvexe Gebiete in konvexe Teilgebiete aufteilen. Solange Gebiete nur eine konstante Größe besitzen (z.B. nicht mehr als 50 Kanten), kann man das mit einem einzigen initialen Durchlauf durch die Menge der Gebiete erreichen, wobei nur konstanter Speicherplatzbedarf erforderlich ist (siehe [Me84]). Die Identifikatoren von Teilgebieten sollten aus dem Identifikator des ursprünglichen Gebietes - zur Ausgabe der Punkteinschlüsse - und einer Erweiterung zusammengesetzt sein.

Auswirkungen einer Vergrößerung des internen Speicherplatzes

Bisher sind wir davon ausgegangen, daß der DAC- und der PS-Algorithmus mit einem zu einer vernünftigen Ausführung minimal nötigen internen Speicherplatz ablaufen. Hier wollen wir kurz untersuchen, welche Vorteile eine Vergrößerung des intern zur Verfügung stehenden Speicherplatzes mit sich bringt. Beim PS-Algorithmus wird der zusätzliche Speicherplatz dazu verwendet, einige weitere Seiten des B*-Baums im internen Puffer zu halten. Wenn die Höhe des B*-Baums größer als 1 ist, sollten natürlich "obere" Seiten, beginnend mit der Wurzel und den Söhnen der Wurzel, im internen Puffer gehalten werden, um die Pfadlänge zu reduzieren. Wenn selbst Seiten von Blättern intern gehalten werden können, führt der zusätzliche interne Speicherplatz dazu, daß die Wahrscheinlichkeit steigt, die zu der Verarbeitung eines Punktes benötigte Blatt-Seite bereits im Puffer zu finden. Für den Fall, daß 50% der Blatt-Seiten im Puffer gehalten werden können, kann man beispielsweise erwarten, daß nur die Bearbeitung jedes zweiten Punktes zu einem externen Seitenzugriff führt.

Beim DAC-Algorithmus führt eine Vergrößerung des intern zur Verfügung stehenden Speicherplatzes dazu, daß *pointloc* intern größere Mengen von Punkten verarbeiten kann, wodurch sich die Anzahl Gruppen, die sich in Schritt 1 ergeben, reduziert. Das führt wiederum zu weniger Merge-Phasen in Schritt 2. Nach dem Abschluß von Schritt 1 kann der zusätzliche Platz dazu benutzt werden, die Anzahl der Seiten der "temporären" p-Sequenzen in Teilschritt 1, die im Puffer gehalten werden können (vorher wurden 3 Seiten vorgeschlagen), zu erhöhen, falls sich in der Praxis herausstellen sollte, daß tatsächlich zusätzliche L-Operationen auf diesen p-Sequenzen entstehen. Hierdurch können diese p-Sequenzen vielleicht vollkommen intern gehalten werden. Weiterer Speicherplatz kann dazu verwendet werden, das Zurückschreiben einiger in einer Merge-Phase konstruierter Ausgabe-Seiten zu verhindern. Auf diese Seiten kann dann in der nächsten Merge-Phase intern zugegriffen werden.

3.4. Vergleich von Plane-Sweep und Divide-And-Conquer

Abschließend wollen wir für die zuvor beschriebenen PS- und DAC-Algorithmen die relativen Vorzüge von Plane-Sweep und Divide-And-Conquer diskutieren. Plane-Sweep erscheint auf den ersten Blick, wenn man nur die Länge der Beschreibungen vergleicht, sehr viel einfacher zu sein als Divide-And-Conquer. Das ist allerdings etwas irreführend, denn PS-Lösungen verwenden implizit das mächtige Konzept der balancierten Bäume mit ihren Update- und Restrukturierungsalgorithmen; DAC-Lösungen bauen nicht auf einem solch mächtigen Konzept auf, was notwendigerweise zu längeren Beschreibungen führt. Aus diesem Grund ist es sogar möglich, daß der Implementierungsaufwand für DAC-Lösungen geringer sein kann als der für PS-Lösungen. Das gilt sowohl für die interne wie auch für die externe Version, bei der B*-Bäume implementiert werden müßten.

Im Hinblick auf die asymptotische Komplexität im schlechtesten Fall sind die PS-Lösungen eindeutig effizienter als die DAC-Lösungen, da man den Merge-Schritt in den DAC-Lösungen des PiR-Problems nicht, wie bei anderen Problemen [Güt84, GütW84], in linearer Zeit durchführen kann. Das Problem liegt darin, daß man eine y-sortierte Menge von Kanten und eine y-sortierte Menge von Punkten nicht parallel durchsuchen kann. Obwohl das für die Komplexität im schlechtesten Fall keinen Unterschied bedeutet, sollte man im Hinblick auf den praktischen Einsatz auch die interne und sublineare DAC-Lösung so modifizieren, daß sie direkt nur konvexe Gebiete (wie oben beschrieben) behandeln.

Ein Vergleich der externen Algorithmen zeigt deutlich, daß der externe DAC-Algorithmus dem externen PS-Algorithmus vorzuziehen ist. Plane-Sweep besitzt in diesem Fall ein sehr schlechtes Leistungsverhalten, weil im allgemeinen jeder bearbeitete Punkt einen Seitenzugriff verursacht. Die sehr pessimistische Schätzung der Anzahl der Seitenzugriffe beim DAC-Algorithmus sieht zwar auch recht ungünstig aus; wie bereits vorher diskutiert, besteht hier aber, anders als beim PS-Algorithmus, die Hoffnung, daß in der Praxis wesentlich weniger Seitenzugriffe erforderlich werden. In dem von uns betrachteten Beispiel führten selbst pessimistische Aufwandsschätzungen für DAC-Algorithmen zu günstigeren Resultaten als optimistische Aufwandsschätzungen für PS-Algorithmen. Außerdem ist hervorzuheben, daß eine Implementierung des externen DAC-Algorithmus einfacher sein kann, weil im wesentlichen Files sequentiell durchlaufen werden, was durch viele Betriebssysteme effizient unterstützt wird. Deshalb wird es nicht unbedingt notwendig sein, über diesen vom Betriebssystem unterstützten Zugriff hinaus eine direkte Zugriffsverwaltung vorzusehen, bei der Implementierung des B*-Baums wäre das erforderlich.

Als eine Empfehlung, welche Algorithmen unter welchen Umständen zur Lösung des PiR-Problems einzusetzen sind, schlagen wir vor:

(1)   Ein rein interner Algorithmus sollte niemals verwendet werden.

(2)   Wenn viel interner Speicherplatz zur Verfügung steht, sollte man Algorithmen mit sublinearem Speicherplatzbedarf einsetzen. Welcher der beiden Algorithmen einfacher zu implementieren ist und sich in der Praxis tatsächlich als der effizientere erweist, bleibt abzuwarten.

(3)   Wenn sehr große Datenmengen zu verarbeiten sind oder nur sehr wenig Hauptspeicherplatz zur Verfügung steht, ist der externe DAC-Algorithmus zu empfehlen.

Die hier am Beispiel des PiR-Problems betrachtete externe DAC-Technik ist generell immer dann anwendbar, wenn in DAC-Algorithmen im wesentlichen lineare Listen durch parallele Durchläufe miteinander verschmolzen werden. An dieser Stelle möchten wir hervorheben, daß für das spezielle, in diesem Kapitel untersuchte Problem der Plane-Sweep ein relativ starker Konkurrent für das Divide-And-Conquer ist, weil (1) die PS-Lösung intern eine bessere Komplexität im schlechtesten Fall aufweist, und (2) weil sowohl für den internen als auch für den externen Fall eine dynamische Datenstruktur für die Sweep-Line zur Verfügung steht. Die Tatsache, daß der DAC-Algorithmus im externen Fall selbst bei diesem Problem effizienter ist, läßt vermuten, daß dieses bei Problemen wie dem Rechteckschnitt-Problem [Ed83, McC80, GütW84, GütS85] oder dem Maßproblem [Ben77, LeW81, Güt84] sogar noch weitaus stärker der Fall sein wird, weil die DAC-Lösung bei diesen Problemen zeit- und speicherplatzoptimal ist (wie auch die PS-Lösung), aber keine voll dynamischen internen oder externen Datenstrukturen für die Sweep-Line bekannt sind.[4]

Obwohl wir uns darum bemüht haben, der Analyse des Verhaltens der externen Algorithmen vernünftige Annahmen zugrundezulegen, erscheint es wichtig, unsere Schlußfolgerungen anhand von experimentellen Untersuchungen zu untermauern. Erste empirische Vergleiche auf wenigen relativ kleinen Objektmengen [Te89] erlauben in dieser Hinsicht noch keine eindeutigen Schlußfolgerungen (siehe auch Kapitel 9).

---

[4] Die Probleme, die bei der Durchführung eines Plane-Sweeps mit sublinearem Speicherplatzbedarf entstehen, wenn nur semi-dynamische Sweep-Line Strukturen bekannt sind, werden in [OttWo86] diskutiert.

4. Der XP-Baum

Der *externe Priority Search Tree (XP-Baum)* ist eine externe Struktur, die eine über einem Gitter G definierte Menge P von zweidimensionalen Punkten auf einer Menge S von externen Knoten (Seiten) darstellt und *"Halbbereichs-Suchen"* unterstützt, die mit einem an einem Gitterrand verankerten Rechteck nach allen Punkten suchen, die in diesem Suchbereich liegen. *Bereichs-Suchen*, die mit einem rechteckigen Suchbereich in beliebiger Lage nach allen in ihm liegenden Punkten suchen, können - weniger effizient - ebenfalls durchgeführt werden. Über einem Raster definierte Intervalle können ebenfalls in einem XP-Baum verwaltet werden, wenn sie anhand ihrer beiden Endpunkte in zweidimensionale Punkte transformiert werden. *Punkteinschluß-Suchen (PE-Suchen)*, die mit einem Suchwert nach allen Intervallen suchen, die diesen Suchwert einschließen, und *Intervallschnitt-Suchen (IS-Suchen)*, die mit einem Suchintervall nach allen geschnittenen Intervallen suchen, lassen sich beispielsweise in Halbbereichs-Suchen auf Punkten transformieren, so daß der XP-Baum auch diese Suchen auf Intervallen unterstützt. Daneben können auf XP-Bäumen alle anderen interessanten Suchen auf Intervallen durchgeführt werden. - Die Ergebnisse dieses Kapitels wurden bereits in [BlG90b] veröffentlicht.

4.1. Struktur

XP-Bäume werden durch zwei Parameter charakterisiert: Jeder externe Knoten (Seite) kann höchstens c Punkte darstellen und besitzt höchstens d Söhne. Im Unterschied zum B-Baum und zu [IcKO88] sind c und d voneinander unabhängig. Jeder Teilbaum stellt eine Menge von Punkten in einem zugehörigen rechteckigen Teilbereich des Gitters dar. Wir stellen zunächst balancierte XP-Bäume vor.

Definition: Ein *balancierter XP-Baum $T(P,G)$* mit Verzweigungsgrad d und Seitenkapazität c zur Darstellung einer über einem Gitter $G = [x_l..x_r) \times [y_b..y_t)$ definierten Menge P von Punkten ist folgendermaßen definiert:

Fall 1: $|P| \leq c$

Der balancierte XP-Baum $T(P,G)$ besteht aus genau einem Knoten $r(P,G)$, dem Wurzelknoten, der alle Punkte der Menge P über dem Gitter G beinhaltet.

Fall 2: $|P| > c$

Der balancierte XP-Baum $T(P,G)$ besteht aus einem Wurzelknoten $r'(P',G')$, wobei P' die c Punkte aus P mit den größten y-Koordinaten enthält und

$$G' := [x_l..x_r) \times [y_{min}..y_t),$$ wobei y_{min} die kleinste in P' auftretende y-Koordinate bezeichnet,

und aus einem balancierten XP-Wald $F(P \backslash P',G'')$ mit

$$G'' := [x_l..x_r) \times [y_b..y_{min}).$$

Definition: Ein *balancierter XP-Wald F(P,G)* von balancierten XP-Bäumen zur Darstellung einer über einem Gitter $G = [x_l..x_r)\times[y_b..y_t)$ definierten Menge P von Punkten ist folgendermaßen definiert:

Fall 1: $|P| \leq d \cdot c/2$

Der balancierte XP-Wald F(P,G) besteht aus k balancierten XP-Bäumen $T_i(P_i,G_i)$, $1 \leq i \leq k$, mit $\lceil |P|/c \rceil \leq k \leq \lceil 2 \cdot |P|/c \rceil$. Die P_i und G_i ergeben sich durch eine gleichmäßige Aufteilung der Punktmenge P in k disjunkte, gleich große Mengen, wobei die Punkte in P_i jeweils in G_i liegen mit

$G_i := [x_{i-1}..x_i)\times[y_b..y_t)$ mit $x_0 = x_l$, $x_k = x_r$, und x_i als der kleinsten in P_{i+1} auftretenden x-Koordinate.

Fall 2: $|P| > d \cdot c/2$

F(P,G) besteht aus d balancierten XP-Bäumen $T_i(P_i,G_i)$, $1 \leq i \leq d$. Die P_i ergeben sich durch eine gleichmäßige Aufteilung der Punktmenge P in d disjunkte, gleich große Mengen mit $|P_i| \geq c/2$, wobei die Punkte aus P_i jeweils in G_i liegen mit

$G_i := [x_{i-1}..x_i)\times[y_b..y_t)$ mit $x_0 = x_l$, $x_k = x_r$, und x_i als der kleinsten in P_{i+1} auftretenden x-Koordinate.

Diese Definitionen beschreiben eine "statische" Struktur, die man erhält, wenn man einen Konstruktions- oder Reorganisations-Algorithmus (siehe Abschnitt 4.5) auf eine gegebene Punktmenge anwendet. Bei einer Folge von Updates kann ein XP-Baum aus der Balance geraten. Die unbalancierte Struktur ist auf dieselbe Weise definiert mit der Ausnahme, daß die Mengen P_i in einem XP-Wald, der eine Punktmenge P darstellt, nicht unbedingt gleich groß sein müssen. Abb. 4-1 zeigt einen XP-Baum mit c = 2 und d = 4, wobei jedes Rechteck in Abb. 4-1 (a) einen Knoten des XP-Baums symbolisiert, dem der entsprechende rechteckige Teilbereich des Gitters mit den darin liegenden Punkten zugeordnet ist (Abb. 4-1 (b)).

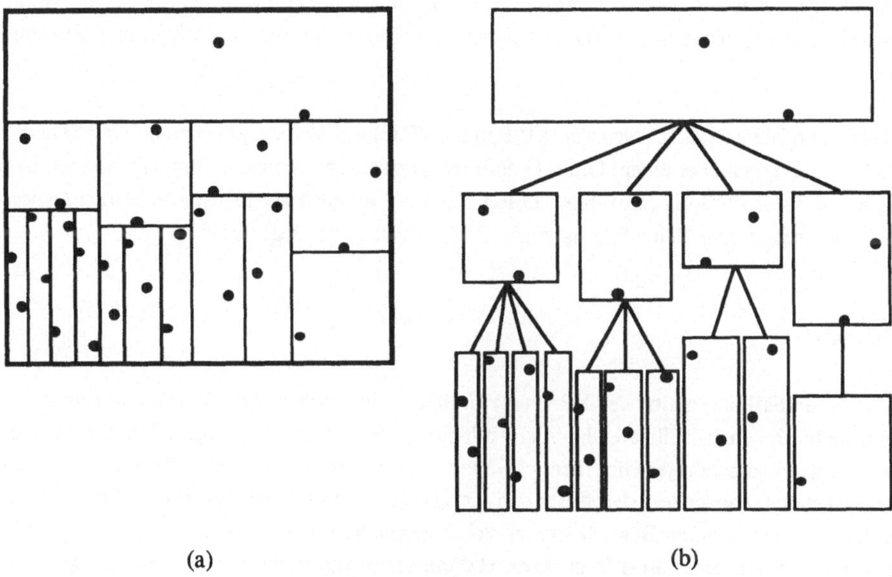

(a)   (b)

Abbildung 4-1

Balancierte (oder statische) XP-Bäume haben einige interessante Eigenschaften, die man aus den Definitionen ableiten kann. Zur Analyse der Höhe ist zu beachten, daß ein balancierter XP-Baum ein XP-Baum minimaler Höhe ist. In einem balancierten XP-Baum der *Höhe H* sind die Stufen 1 bis H-1 vollständig mit Knoten gefüllt, von denen jeder c Punkte enthält. Deshalb gilt zwischen der Anzahl n von dargestellten Punkten und der Höhe H die folgende Beziehung:

$$c \cdot \sum_{i=1}^{H-1} d^{i-1} \;<\; n \;\leq\; c \cdot \sum_{i=1}^{H} d^{i-1}$$

$$\Leftrightarrow \quad c \cdot \sum_{j=0}^{H-2} d^{j} \;<\; n \;\leq\; c \cdot \sum_{j=0}^{H-1} d^{j}$$

Wegen $\quad \displaystyle\sum_{i=0}^{k} d^{i} \;=\; \frac{d^{k+1}-1}{d-1} \quad$ gilt

$$d^{H-1} \;<\; \frac{n}{c} \cdot (d-1)+1 \;\leq\; d^{H}$$

$$\log_d \left(\frac{n}{c} \cdot (d-1)+1 \right) \;\leq\; H \;<\; \log_d \left(\frac{n}{c} \cdot (d-1)+1 \right)+1$$

Also gilt $\quad H \;=\; \left\lceil \log_d \left(\frac{n}{c} \cdot (d-1)+1 \right)+1 \right\rceil$

$$\leq\; \left\lceil \log_d \frac{n}{c} \right\rceil +1 \qquad \left(\text{wegen } \frac{n}{c} \cdot (d-1)+1 \;<\; \frac{n}{c} \cdot d \right)$$

Die *minimale durchschnittliche Seitenfüllung* liegt in balancierten wie in unbalancierten XP-Bäumen bei mehr als 50%: Jeder innere Knoten beinhaltet c Punkte und ist damit zu 100% gefüllt. Wenn ein Blatt keine Brüder besitzt, enthält es im ungünstigsten Fall nur einen Punkt. Wenn wir aber den Durchschnitt zwischen einem solchen Knoten und seinem Vaterknoten betrachten, so liegt dieser bei über 50%. Wenn ein Blatt Brüder besitzt, enthält jedes dieser Blätter aufgrund der Definition mehr als c/2 Punkte. Zusammengefaßt gilt also:

Satz 4.1:   Die Höhe eines balancierten XP-Baums T(P,G) mit Verzweigungsgrad d und Seitenkapazität c, der eine Menge P von n über einem Gitter G definierten zweidimensionalen Punkten darstellt, ist höchstens $\lceil \log_d (n/c) \rceil + 1$, also $O(\log_d (n/c))$ bzw. $O(\log n)$, wenn c und d als Konstante betrachtet werden. Die minimale durchschnittliche Seitenfüllung eines XP-Baums liegt bei über 50%.

4.2. Suchen

Wie im internen Fall unterstützt der XP-Baum Halbbereichs-Suchen. Ein Beispiel hierfür ist in Abb. 4-2 veranschaulicht. Bei einer Halbbereichs-Suche mit einem rechteckigen Suchbereich q werden alle Knoten v in S besucht, deren zugehöriger Gitterbereich v.range von q geschnitten wird. Offensichtlich kann man alle Punkte von Knoten v ausgeben, deren Bereich v.range vollständig innerhalb des Suchbereichs q liegt. Bei allen anderen Knoten v, deren Bereich v.range von q geschnitten wird, muß man jeden dargestellten Punkt daraufhin überprüfen, ob er in q liegt. Eine Halbbereichs-Suche mit einem rechteckigen Suchbereich $q = (x_l, x_r, y_b, N)$, der am oberen Gitterrand verankert ist, auf einem XP-Baum mit der Wurzel v läßt sich folgendermaßen beschreiben: Für einen Knoten v bezeichne v.points die in ihm dargestellten Punkte. Wir wissen als rekursive Invariante, daß q v.range schneidet, wenn *query (v, q)* aufgerufen wird. Zu Beginn ist diese Invariante erfüllt, weil der Suchbereich am oberen Gitterrand verankert ist und deshalb den Bereich schneiden muß, der dem Wurzelknoten zugeordnet ist.

query (v, q) =

```
        if  q beinhaltet v.range
        then   Gib alle Punkte in v.points aus
        else   for  each  p in v.points
               do     if p.x ∈ [x_l, x_r) and p.y ∈ [y_b, N)  then  Gib p aus  fi
               od
        fi;

        for  each  Sohn s von v
        do     if      q schneidet s.range  then   query (s, q)  fi
        od
  end  query.
```

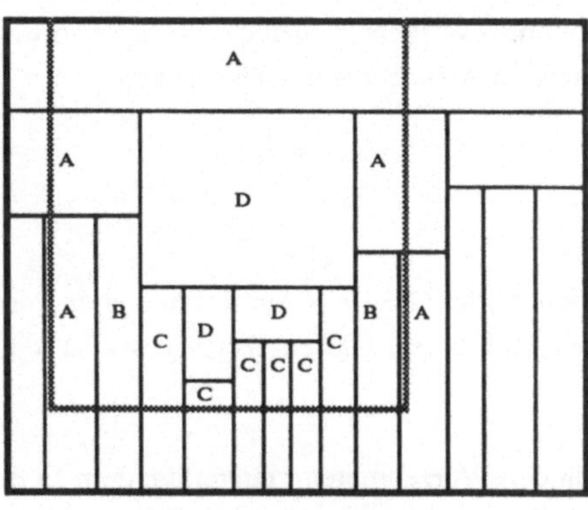

Abbildung 4-2

Zur Analyse des Suchaufwands ist die Beobachtung wichtig, daß der Algorithmus nur Knoten besucht, die den Suchbereich q schneiden. Diese Knoten kann man wie in Abb. 4-2 klassifizieren:

(A)   Knoten, deren Bereich die linke oder rechte vertikale Kante von q schneiden,

(B)   Knoten, deren Bereich die untere Kante von q schneiden und die Brüder von solchen Knoten sind, deren Bereich die untere linke oder die untere rechte Ecke von q beinhalten,

(C)   andere Knoten, deren Bereich die untere Kante von q schneiden, und

(D)   Knoten, deren Bereich vollständig in q liegt.

Bei jeder Halbbereichs-Suche werden offensichtlich höchstens $2 \cdot H - 1$ Knoten der Klasse A und $2 \cdot (d-1)$ Knoten der Klasse B besucht, wobei H die Höhe des XP-Baums bezeichnet. Für jeden Knoten der Klasse C existiert ein (Vater-) Knoten der Klasse D. Das bedeutet, daß man zu höchstens d besuchten Knoten der Klasse C alle c Punkte eines ebenfalls besuchten Knotens der Klasse D ausgeben kann. Damit ist die Anzahl besuchter Knoten der Klassen A und B proportional zur Höhe H des XP-Baums und die Anzahl besuchter

Knoten der Klassen C und D proportional zur Anzahl gefundener Punkte. Mit t sei die gesamte Anzahl von Punkten bezeichnet, die im Suchbereich liegen (Anzahl von Suchergebnissen), und m_A, m_B, m_C und m_D bezeichne die Anzahl besuchter Knoten der Klassen A bis D. Bei einer Halbbereichs-Suche werden im schlechtesten Fall insgesamt höchstens

$$m = m_A + m_B + m_C + m_D$$
$$\leq 2 \cdot H - 1 + 2 \cdot (d-1) + (d+1) \cdot t/c$$

Knoten besucht, weil $t \geq (m_C + m_D) \cdot c / (d+1) \Rightarrow m_C + m_D \leq (d+1) \cdot t/c$. In einem balancierten XP-Baum ist $H \leq \lceil \log_d (n/c) \rceil + 1$, so daß gilt:

Satz 4.2: In einem balancierten XP-Baum T(P,G) mit Verzweigungsgrad d und Seitenkapazität c, der eine Menge P von n über einem Gitter G definierten zweidimensionalen Punkten darstellt, werden bei einer Halbbereichs-Suche, die t Punkte findet, höchstens

$$2 \cdot \lceil \log_d (n/c) \rceil + (d+1) \cdot t/c + 2d-1$$

Knoten besucht, also $O(\log_d (n/c) + t \cdot (d/c) + d)$ oder $O(\log n + t)$, wenn c und d als Konstante betrachtet werden.

Asymptotisch ergibt sich damit dieselbe Komplexität wie im internen Fall, so daß unser Ziel, das Prinzip einer internen Struktur auf Hintergrundspeicher zu übertragen, erreicht ist. Dieses Resultat ist für jede Art von externen Strukturen ein optimales Ergebnis, weil die Suchzeit notwendigerweise proportional zur Höhe der Baumstruktur und zur Anzahl von Suchergebnissen sein muß.

4.3. Einfügen

Sei U die Menge aller über dem Gitter $G = [0..N-1]^2$ definierbaren Punkte. Im Unterschied zu B-Bäumen wachsen XP-Bäume von oben nach unten. Diesen Vorgang wollen wir zunächst anhand einer Folge von Einfügungen verdeutlichen.

Die ersten c Punkte werden in den Wurzelknoten r eingefügt, dem zu diesem Zeitpunkt noch der gesamte Gitterbereich G zugeordnet ist. Das Einfügen des nächsten Punktes führt zum Entstehen eines Sohnknotens s_1, in den der Punkt mit der kleinsten y-Koordinate eingetragen wird. Hiermit ist eine *horizontale Teilung* des der Wurzel r zugeordneten Bereichs verbunden, die anhand der kleinsten y-Koordinate von Punkten in der Wurzel r durchgeführt wird. Alle weiteren einzufügenden Punkte besuchen zunächst die Wurzel r. Liegen ihre Koordinaten in dem der Wurzel r zugeordneten Bereich, wird der Punkt in die Wurzel eingetragen und der Punkt mit der kleinsten y-Koordinate an den Sohn s_1 weitergereicht; ansonsten wird der einzufügende Punkt direkt an den Sohn s_1 weitergereicht. Hierdurch werden die folgenden Punkte, unter Aktualisierung der horizontalen trennenden Bereichsgrenze, so auf die beiden Knoten verteit, daß die c Punkte mit den größten y-Koordinaten der Wurzel zugeordnet bleiben.

Das Einfügen des (2c+1)-ten Punktes führt dann zu einer *vertikalen Teilung* des dem Knoten s_1 zugeordneten Bereichs. Prinzipiell gibt es zwei Möglichkeiten, eine derartige vertikale Teilung durchzuführen. Eine Möglichkeit halbiert das x-Intervall, das dem Knoten s_1 als Knotenintervall zugeordnet ist. Hierdurch wird das Gitter zwar in bezug auf die x-Dimension so regelmäßig wie möglich aufgeteilt, aber wir können keine vernünftige minimale durchschnittliche Seitenfüllung garantieren. Im folgenden gehen wir davon aus, daß die dem Knoten s_1 zugeordnete Punktmenge halbiert wird. Abb. 4-3 veranschaulicht diese ersten Schritte:

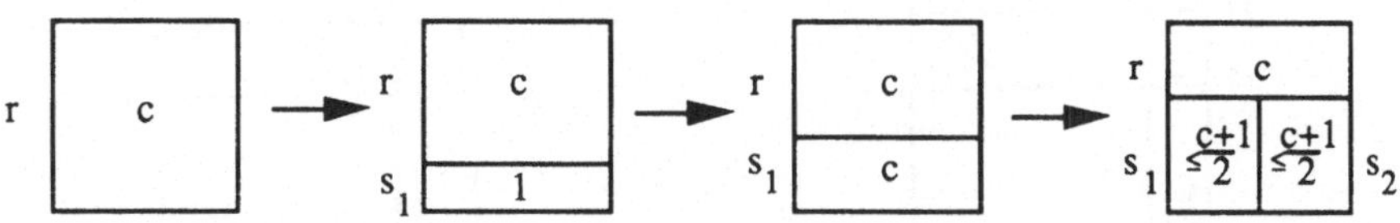

Abbildung 4-3

Im weiteren Verlauf der Folge von Einfügungen wird jeder Punkt zunächst der Wurzel zugeordnet, aus der weiterhin der Punkt mit der kleinsten y-Koordinate an den Sohnknoten s_i, $1 \leq i \leq d$, weitergereicht wird, in dessen x-Intervall $s_i.[x_l, x_r)$ die x-Koordinate des weitergereichten Punktes liegt. Überläufe von Sohnknoten werden solange durch vertikale Teilungen behandelt, bis d Söhne existieren. Wenn d Söhne vorhanden sind, wird der Überlauf eines Sohnes wieder, wie bei der Wurzel, durch eine horizontale Teilung behoben. Somit erfolgt das Einfügen eines Punktes in einen XP-Baum immer entlang eines einzigen Pfades von der Wurzel zu einem Blatt.

Mit Abb. 4-4 soll ein Eindruck vom Wachstum eines XP-Baums vermittelt werden. Hierzu werden die über dem Gitter $G = [0..31]^2$ definierten Punkte der Menge P = {(a, 4, 24), (b, 1, 9), (c, 28, 30), (d, 4, 8), (e, 11, 15), (f, 16, 31), (g, 8, 14), (h, 6, 12), (i, 4, 16)} nacheinander in einen zunächst leeren XP-Baum mit c = 2 und d = 3 eingefügt, interessante Veränderungen des XP-Baums werden anhand einer Folge von "Momentaufnahmen" (Abb. 4-4 (a) bis Abb. 4-4 (f)) dargestellt.

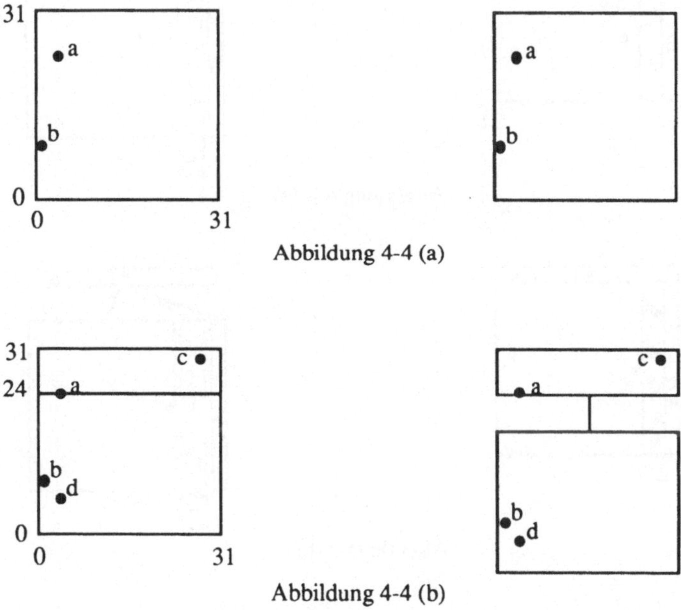

Abbildung 4-4 (a)

Abbildung 4-4 (b)

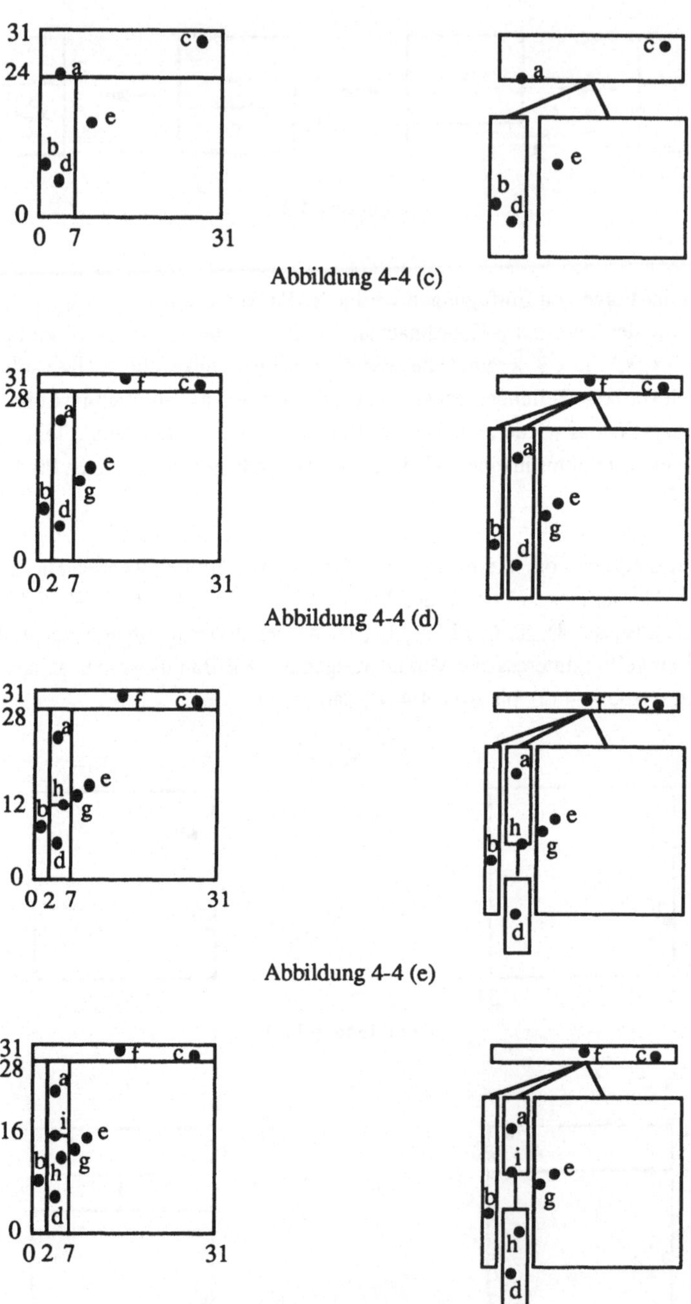

Abbildung 4-4 (c)

Abbildung 4-4 (d)

Abbildung 4-4 (e)

Abbildung 4-4 (f)

Das Einfügen eines Punktes p = (id, x, y) $\in$ U in einen XP-Baum mit der Wurzel v läßt sich folgendermaßen beschreiben:

```
insert (v, p) =

        if (x, y) ∈ v.range
        then if |v.points | < c
             then v.points := v.points ∪ {p}
             else if v ist ein Blatt und hat weniger als d-1 Brüder
                  then Erzeuge einen neuen Bruderknoten v' von v und verteile
                       v.points ∪ {p} und v.range gleichmäßig auf v und v'
                  else Finde in v.points ∪ {p} den Punkt p' = (id', x', y') mit der kleinsten
                       y-Koordinate;
                       v.points := v.points ∪ {p} \ {p'};

                       if v ist ein Blatt
                       then Erzeuge einen neuen Sohn v' durch horizontale Teilung und
                            ordne diesem p' zu
                       else Sei v' der Sohn von v, dessen x-Intervall die x-Koordinate p'.x'
                            enthält;
                            insert (v', p')
                       fi
                  fi
             fi
        else Sei v' der Sohn von v, dessen x-Intervall die x-Koordinate p.x enthält;
             insert (v', p)
        fi
end insert.
```

Der so beschriebene Algorithmus erhält die Balance von XP-Bäumen nicht dynamisch aufrecht. Betrachtet man nur eine Folge von Einfügungen, ohne Punkte zu entfernen, können im schlechtesten Fall Strukturen entstehen, die auf jeder Ebene nur d Knoten enthalten.

Satz 4.3: Das Einfügen eines Punktes in einen balancierten XP-Baum T(P,G) mit Verzweigungsgrad d und Seitenkapazität c, der eine Menge P von n über einem Gitter G definierten zweidimensionalen Punkten darstellt, erfordert höchstens $\lceil \log_d (n/c) \rceil$ + 2 Seitenzugriffe, also einen Aufwand von $O(\log_d (n/c))$ bzw. $O(\log n)$, wenn man c und d als Konstante betrachtet.

Beweis: Das Einfügen eines Punktes in einen XP-Baum beschränkt sich auf einen Pfad von der Wurzel bis zu einem Blatt. Die Anzahl der Knoten auf diesem Pfad entspricht der Höhe des balancierten XP-Baumes. Zusätzlich kann ein weiterer Seitenzugriff erforderlich werden, wenn es zur Teilung eines Blattes kommt. $\square$

4.4. Löschen

Um einen Punkt p = (id, x, y) $\in$ P aus einem XP-Baum zu löschen, folgt man dem Pfad der Knoten, deren x-Intervall p.x enthalten, und lokalisiert den ersten Knoten v, dessen kleinste y-Koordinate nicht größer als p.y ist.

Nach dem Löschen des Punktes p aus v.points ist zu gewährleisten, daß alle inneren Knoten mit c Punkten gefüllt sind. Zu diesem Zweck zieht man bei einem inneren Knoten v den Punkt p', der in der Vereinigung aller den Söhnen von v zugeordneten Punktmengen die größte y-Koordinate besitzt, in den Knoten v herauf, wodurch p'.y die kleinste y-Koordinate von v wird. Der Sohn v' von v, aus dem p' herausgenommen wurde, hat seinerseits einen Punkt verloren, was auf dieselbe Weise wie bei v behandelt wird. Dieser Vorgang endet in einem Blatt. Blattknoten, die mit weniger als c/2 Punkten gefüllt sind, werden mit einem Bruder balanciert oder verschmolzen, wenn ein Nachbar existiert, der ebenfalls ein Blatt ist (zwei benachbarte Söhne eines Knotens seien als *Nachbarn* bezeichnet). Wenn der unterfüllte Knoten keine Brüder oder nur innere Knoten als Brüder hat, wird diese Unterfüllung toleriert. Algorithmisch läßt sich das Löschen folgendermaßen beschreiben:

```
delete (v, p) =

        if  (x, y) ∈ v.range
        then  if  p ∈ v.points
              then  v.points := v.points \ {p};

                    if  v ist ein innerer Knoten
                    then  Sei p' der Punkt im Sohn v' von v, der in den Punktmengen aller
                          Söhne von v die größte y-Koordinate besitzt;
                          v.points := v.points ∪ {p'};
                          delete (v', p');

                    else  {v ist ein Blatt}

                          if  v hat weniger als ⌊c/2⌋ Punkte
                          then  if  v hat Nachbarn v', der ebenfalls ein Blatt ist
                                then  if  v' enthält mehr als ⌈c/2⌉ Punkte
                                      then  balance (v, v')
                                      else  merge (v, v')
                                      fi

                                else  {v ist einziger Sohn, oder beide Nachbarn von v sind
                                       innere Knoten}

                                      if  v.points = ∅
                                      then  Entferne den Knoten v
                                      fi
                                fi
                          fi
                    fi

        else  Sei v' der Sohn von v, dessen x-Intervall p.x enthält;
              delete (v', p)
        fi
end  delete.
```

Wenn in einem XP-Baum auch das Entfernen von Punkten erlaubt ist, kann ein XP-Baum im schlechtesten Fall zu einer Liste mit nur einem Knoten pro Ebene degenerieren.

Satz 4.4: Das Löschen eines Punktes in einem balancierten XP-Baum T(P,G) mit Verzweigungsgrad d und Seitenkapazität c, der eine Menge P von n über einem Gitter G definierten zweidimensionalen Punkten darstellt, erfordert höchstens $\lceil \log_d (n/c) \rceil$ + 3 Seitenzugriffe, also einen Aufwand von $O(\log_d (n/c))$ bzw. $O(\log n)$, wenn man c und d als Konstante betrachtet.

Beweis: Beim Entfernen eines Punktes aus einem inneren Knoten muß man den Punkt mit der größten y-Koordinate in den Söhnen ermitteln. Wir schlagen deshalb vor, zusammen mit einem "Verweis" auf jeden Sohnknoten auch die größte y-Koordinate seiner Punktmenge im Vaterknoten abzuspeichern. Dadurch erreicht man, daß auch das Löschen auf einen Pfad von der Wurzel zu einem Blatt beschränkt bleibt. Die Anzahl der Seitenzugriffe kann die Höhe der balancierten Struktur um höchstens 2 überschreiten, wenn beide Nachbarn des Blattknotens betrachtet werden müssen. $\Box$

4.5. Aufbau einer balancierten Struktur

In diesem Abschnitt wird ein Algorithmus vorgestellt, der für eine gegebene Menge von zweidimensionalen Punkten einen balancierten XP-Baum aufbaut. Ein derartiger Algorithmus wird aus zwei Gründen benötigt: Erstens tritt in Anwendungen oft der Fall ein, daß eine komplette Menge von Punkten gegeben ist, für die ein XP-Baum aufgebaut werden muß. In Datenbanken ist das beispielsweise dann der Fall, wenn für eine Menge von Objekten mit räumlicher Ausdehnung oder für eine Menge von Objekten mit zugeordnetem Zeitintervall ein Index aufgebaut werden soll. Anstatt die Punkte einzeln nacheinander in einen XP-Baum einzutragen, ist es vorteilhafter, einen Konstruktionsalgorithmus zu verwenden, der weniger Aufwand verursacht (siehe unten) und der den Aufbau einer balancierten Struktur garantiert. Zweitens kann ein XP-Baum bei Updates aus der Balance geraten; wenn die Struktur dadurch zu unbalanciert wird, wollen wir die Struktur komplett neu in balancierter Form aufbauen. Zur Unterstützung dieses Vorgangs ordnen wir jedem Knoten eine *Höhen-Komponente* zu, welche die Höhe des entsprechenden Teilbaums angibt, und aktualisieren sie unter Updates. Hiermit wird es uns möglich, die aktuelle Höhe des Baums zu verfolgen. Wir wählen einen Balancefaktor α (z.B. $\alpha = 2$) und nennen einen XP-Baum *schwach balanciert* genau dann, wenn seine Höhe $\alpha \cdot \lceil \log_d (n/c) \rceil$ nicht überschreitet. Wenn, nach einem Update, dieser Schwellenwert überschritten wird, wird der (Re-) Konstruktionsalgorithmus angewendet.

In einem ersten Schritt wird die gegebene Menge P von Punkten nach x-Koordinaten sortiert. Wenn P bisher noch nicht in einem XP-Baum dargestellt war (erster Fall), wird dieser Schritt mit einer beliebigen verfügbaren externen Sortiermethode (beispielsweise mit der in Datenbanksystemen eingebauten Sortiermethode) durchgeführt. Der Aufwand hierfür hängt offensichtlich von der verwendeten Methode ab. Um den Aufwand des gesamten (Re-) Konstruktionsalgorithmus' abschätzen zu können, führen wir beispielhaft eine spezielle Methode ein.

Wir legen die folgenden Annahmen zugrunde: Wenn Punkte sequentiell in einem (externen) File dargestellt sind, passen b Punkte auf eine Seite. Die externe Sortiermethode kann intern c Punkte sortieren; damit erzeugt sie Anfangsläufe der Länge c und verteilt sie auf d Files. Anschließend wird ein d-Wege Mischen angewendet, wobei sich $\log_d (n/c)$ Misch-Phasen ergeben; in jeder dieser Phasen werden etwa n/b Seiten gelesen und geschrieben. Damit liegt der Aufwand für diesen ersten Schritt bei etwa $2(n/b) \cdot \log_d (n/c)$ LS-Operationen (Lese- oder Schreib-Operationen) + 2(n/b) LS-Operationen für die Verteilung der Anfangsläufe auf d Files. Der Grund, weswegen wir die speziellen Konstanten c und d des XP-Baums verwenden, wird später einsichtig. In praktischen Fällen wird d typischerweise zwischen 4 und 16, also beispielsweise als d = 8, gewählt. Normalerweise wird es möglich sein, intern wesentlich mehr als c Punkte zu sortieren, so daß es sich hier um eine pessimistische Aufwandsschätzung handelt.

Im zweiten Fall ist die x-sortierte Sequenz von Punkten aus einem gegebenen XP-Baum zu konstruieren, der aus der schwachen Balance geraten ist. Weil ein XP-Baum bereits in einem großen Maße x-sortiert ist, ist es in diesem Fall recht einfach, die x-sortierte Sequenz zu erzeugen. Man nutzt aus, daß die Punkte von Knoten, die im XP-Baum auf einer Ebene liegen, bereits eine x-sortierte Sequenz bilden (abgesehen davon, daß die Punkte innerhalb eines Knotens, abhängig von ihrer Darstellung, eventuell noch nach x-Koordinaten sortierten werden müssen). Somit kann man alle Ebenen des Baumes parallel durchlaufen, um für jede Ebene eine x-sortierte Sequenz von Punkten zu erzeugen; mit einem H-Wege Mischen werden alle diese Sequenzen zu einer Sequenz zusammengemischt, wobei H wieder die Höhe des XP-Baums bezeichnet. Bei diesem Durchlauf von links nach rechts werden tiefere Ebenen des Baums zeitweise existieren und zeitweise nicht existieren, abhängig von der Unbalanciertheit des XP-Baums. Weil der Baum gerade die schwache Balanciertheit verlassen hat, liegt der Grad des Mischens nicht über $\alpha \cdot \lceil \log_d (n/c) \rceil + O(1)$.

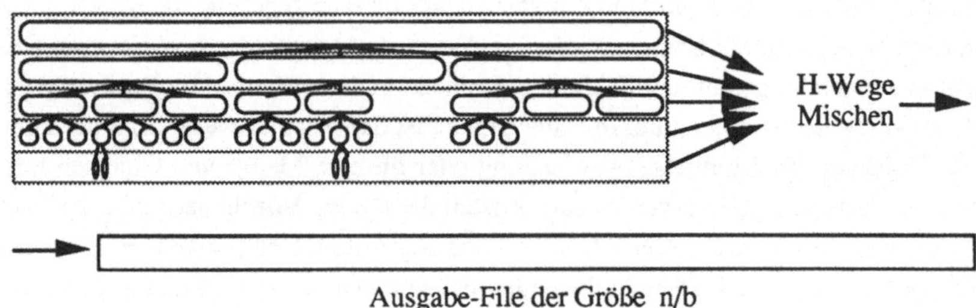

Abbildung 4-5

Die Anzahl der für das Mischen erforderlichen Seitenzugriffe ist durch 2(n/c) + n/b begrenzt (2(n/c) ist eine obere Schranke für die Anzahl der Seitenzugriffe auf den XP-Baum).

Aus der x-sortierten Sequenz X der Punkte in P wird in einem zweiten Schritt der neue, balancierte XP-Baum aufgebaut. Diesem Algorithmus liegt die folgende Idee zugrunde: Zu Beginn wird X einmal durchlaufen, um die c Punkte mit den größten y-Koordinaten in P zu bestimmen. Das kann man effizient mit Hilfe eines nach y-Koordinaten sortierten internen Minimum-Heaps der Größe c erreichen (von den c Punkten des Heaps enthält die Wurzel den Punkt mit der kleinsten y-Koordinate). Nach einer Anfangsphase, in der die ersten c Punkte in den Heap eingelesen werden, enthält der Heap immer die c Punkte mit den größten y-Koordinaten unter den bisher betrachteten Punkten. Für jeden neuen Punkt p wird der Heap HEAP in der folgenden Weise aufrechterhalten:

<pre>
if p.y ≤ min (HEAP)
then   Lasse HEAP unverändert
else   replacemin (HEAP, p)   {Ersetzt die Wurzel von HEAP durch p und wendet dann eine
                                   Standardprozedur zum Update eines Heaps an}
fi.
</pre>

Offensichtlich enthält der Heap HEAP als Endresultat die c Punkte aus X mit den größten y-Koordinaten. Der interne Zeitaufwand hierfür beträgt $O(n \log c)$.

Dieser erste Durchlauf durch X erzeugt eine "Standardkonfiguration", bestehend aus einer Sequenz X' und einer Seite s', welche die c Punkte mit den größten y-Koordinaten enthält. Anschließend wird rekursiv eine Konfiguration (X', s') in eine Liste $(X_1, s_1), \ldots, (X_d, s_d)$ derartiger Konfigurationen transformiert. Bei dem Durchlauf der Sequenz X', der alle Punkte aus s' wegläßt, werden x-sortierte Teil-Sequenzen $X_1, \ldots, X_d$ gleicher Größe aufgebaut. Beim Aufbau von X_i werden gleichzeitig mit Hilfe des Heaps HEAP die c Punkte in X_i bestimmt, die die größten y-Koordinaten besitzen; nachdem der Aufbau von X_i beendet ist, werden diese Punkte auf die Seite s_i geschrieben.

Präziser kann man den Algorithmus folgendermaßen beschreiben. Der Heap HEAP wird durch einen Subalgorithmus *update-heap*, der einen Punkt p verarbeitet, aufrechterhalten:

update-heap (HEAP, p) =

      if HEAP enthält weniger als c Punkte
      then Nehme p zu HEAP hinzu;
          {Schreibe p an die erste freie Stelle im Array, das HEAP repräsentiert}

          if HEAP enthält genau c Punkte
          then make-heap (HEAP)
              {Normaler Aufbau eines Heaps}
          fi

     else **if** $p.y \geq \min$ (HEAP)
          then replacemin (HEAP, p)
          fi
    fi
  end update-heap.

Der Algorithmus *build* in Abb. 4-6 baut aus einer Sequenz X und einer Seite s, die Punkte mit den maximalen y-Koordinaten in X enthält, einen XP-Baum auf. Zur Vereinfachung wird *build* in Abb. 4-6 als eine rekursive Prozedur beschrieben, was während des Aufbaus des neuen XP-Baums zu einem Tiefendurchlauf führt. Für eine Implementierung sollte man diesen Algorithmus mit Hilfe von Standardtechniken so transformieren, daß der XP-Baum mit einem Breitendurchlauf Ebene für Ebene von oben nach unten aufgebaut wird. Es reicht aus, ein Eingabe-File mit der Sequenz X und ein Ausgabe-File für die Sequenzen X_i zu verwenden. Neben der Pufferung von Eingabe- und Ausgabe-Files wird interner Puffer für die Seiten s und s_i benötigt. Außerdem erfordert der Heap HEAP internen Speicherplatz.

Algorithmus *build* *(X, s, n)*

Eingabe: X - eine x-sortierte Sequenz von Punkten;

                  s - eine Seite mit den c Punkten aus X, welche die größten y-Koordinaten besitzen;

                  n - die Anzahl der Punkte in X.

Ausgabe: Ein balancierter XP-Baum mit Wurzel s, der die Punkte aus X darstellt.

Methode: **if** n-c > d·c

             then {Die Blattebene ist noch nicht erreicht}

                    for i:=1 **to** d

                    do   Leere den Heap HEAP;

                              Beginne damit, eine Sequenz X_i zu schreiben;

                              repeat Lese den Punkt p von X;

                                    if p kommt nicht in Seite s vor

                                    then Schreibe p in X_i;

                                            update-heap (HEAP, p)

                                  fi

                            until X_i besteht aus $\lceil$ (n-c) / d$\rceil$ Punkten **or** X ist leer;

                            Sei n_i die Anzahl der Punkte in X_i;

                            Schreibe die Punkte aus HEAP auf eine neue Seite s_i und mache s_i zum i-ten Sohn von s;

                            build $(X_i,\ s_i,\ n_i)$

                    od

             else {Wegen n-c ≤ d·c kann man eine Sequenz von höchstens d Blättern aufbauen}

                    Sei l = $\lceil$ (n-c) / c$\rceil$ {l Blätter werden benötigt}

                    for i:=1 **to** l

                    do   **repeat** Lese Punkt p von X

                                    if p kommt nicht in Seite s vor

                                    then Schreibe p auf Seite s_i

                                    fi

                            until s_i besteht aus $\lceil$ (n-c) / l$\rceil$ Punkten **or** X ist leer;

                          Mache s_i zum i-ten Sohn von s;

                    od

           fi

end build.

Abbildung 4-6

Den Aufwand für diesen Algorithmus, gemessen in der Anzahl der erforderlichen LS-Operationen, kann man folgendermaßen abschätzen. Abb. 4-7 zeigt für jede Stufe des neuen XP-Baums die Lese- und Schreib-Operationen, die zum Aufbau erforderlich sind.

Stufe	Punkte		Operationen	
Stufe 1	n	gelesene Punkte	$\lceil n/b \rceil$	L-Op.
Stufe 2	n	gelesene Punkte	$\lceil n/b \rceil$	L-Op.
	$n{-}c$	geschriebene Punkte	$\lceil (n{-}c)/b \rceil$	S-Op.
Stufe 3	$n{-}c$	gelesene Punkte	$\lceil (n{-}c)/b \rceil$	L-Op.
	$n{-}c{-}cd$	geschriebene Punkte	$\lceil (n{-}c{-}cd)/b \rceil$	S-Op.
Stufe 4	$n{-}c{-}cd$	gelesene Punkte	$\lceil (n{-}c{-}cd)/b \rceil$	L-Op.
	$n{-}c{-}cd{-}cd^2$	geschriebene Punkte	$\lceil (n{-}c{-}cd{-}cd^2)/b \rceil$	S-Op.
Stufe H = 5	$n{-}c{-}cd{-}cd^2$	gelesene Punkte	$\lceil (n{-}c{-}cd{-}cd^2)/b \rceil$	L-Op.

Abbildung 4-7

Wir erhalten eine einfache obere Schranke für die Anzahl der LS-Operationen, indem wir beobachten, daß auf den Stufen 2 bis H-1 die ursprüngliche Sequenz X weniger als einmal vollständig gelesen und geschrieben wird; auf der Stufe 1 wird sie einmal gelesen, auf der Stufe H weniger als einmal. Dadurch ist der Aufwand durch $2\lceil n/b \rceil \cdot (H{-}1)$ beschränkt. Wegen $H = \lceil \log_d (n/c) \rceil + 1$ ist der Gesamtaufwand für das Lesen und Schreiben der Sequenzen durch $2(n/b) \cdot \log_d (n/c)$ beschränkt. Zusätzlich entstehen höchstens $2(n/c)$ zusätzliche S-Operationen zum Schreiben der Seiten des neuen XP-Baums. Das Verhalten des (Re-) Konstruktions-Algorithmus' läßt sich folgendermaßen zusammenfassen:

Satz 4.5:
(a) Aus einer gegebenen Menge von n zweidimensionalen Punkten kann ein balancierter XP-Baum mit weniger als

$$4 (n/b) \cdot \log_d (n/c) \; + \; 2 (n/b) \; + \; 2 (n/c)$$

LS-Operationen aufgebaut werden.
(b) Aus einem schwach balancierten XP-Baum, der eine Menge von n zweidimensionalen Punkten darstellt, kann ein balancierter XP-Baum mit weniger als

$$2 (n/b) \cdot \log_d (n/c) \; + \; (n/b) \; + \; 4 (n/c)$$

LS-Operationen aufgebaut werden.

In jedem Fall liegt der interne Zeitaufwand bei $O(n \log n)$. Der intern erforderliche Speicherplatz ist proportional zu d (Fall (a)) oder zu $\alpha \cdot \log_d (n/c)$ (Fall (b)). - Wir möchten darauf hinweisen, daß der Aufwand zum Aufbau eines balancierten XP-Baums für eine gegebene Menge von Punkten etwa dem Aufwand für das externe Sortieren dieser Menge entspricht.

4.6. Mehrstufige XP-Bäume

Bisher sind wir davon ausgegangen, daß die x-Koordinaten aller Punkte, die in einem XP-Baum dargestellt werden, paarweise verschieden sind. Diese Forderung liegt auch der ursprünglich von McCreight entwickelten internen Version des Priority Search Tree zugrunde [McC82, McC85]. Fries, Mehlhorn, Näher und Tsakalidis [FriMNT87] geben eine Lösung dieses Problems für den internen Fall an. Wir verfolgen einen anderen Ansatz. In diesem Abschnitt zeigen wir, wie sich das Konzept des XP-Baums sehr einfach erweitern läßt, um auch Punkte mit identischen x-Koordinaten und identische Koordinatenpaare zu behandeln.

Erweitert man die Betrachtung auf Punkte mit identischen x-Koordinaten, ohne zunächst identische Koordinatenpaare einzubeziehen, kann es vorkommen, daß ein Blattknoten mehr als c Punkte mit identischen x-Koordinaten aufnehmen muß, auch wenn sein x-Intervall zu einem Punkt degeneriert ist und deshalb eine vertikale Teilung unmöglich ist. Wir modifizieren die Struktur deshalb in der folgenden Weise: Wenn einem Blattknoten, dessen x-Intervall zu einem Punkt degeneriert ist, mehr als c Punkte zugeordnet werden, werden diese Punkte als y-sortierte Sequenz von Punkten verwaltet. Diese Sequenz wird in einem XP-Baum zweiter Stufe dargestellt, dessen Knoten ein y-Intervall anstatt eines x-Intervalls als Knotenintervall zugeordnet ist; hier werden Punkte also "in beiden Dimensionen" durch ihre y-Koordinate beschrieben.

Verallgemeinert man die Betrachtung auch auf identische Koordinatenpaare, kann auch der Fall eintreten, daß ein Blatt dieses XP-Baums zweiter Stufe, dessen y-Intervall nur genau eine y-Koordinate enthält, mehr als c identische Punkte aufnehmen muß. Eine derartige Menge beliebiger Größe, die durch identische Koordinatenpaare charakterisiert ist, wird einfach in einer Liste von XP-Baum-Knoten dargestellt. In praktischen Fällen ist es allerdings sehr unwahrscheinlich, daß diese Listen entstehen.

4.7. Spezialfall: Verwaltung von Intervallen

Wie bereits erwähnt, kann man mit einem XP-Baum eine Menge I von Intervallen verwalten, wenn man sie in zweidimensionale Punkte transformiert. Wir verwenden dazu die *Endpunkt-Transformation*: Ein über einem Raster $X = [0..N]$ definiertes Intervall $i = (id, l, r)$, abgekürzt durch $i = [i_l, i_r)$, wird anhand seines linken und rechten Endpunktes i_l und i_r in einen zweidimensionalen Punkt $p = (id, x, y)$, abgekürzt durch $p = (p.x, p.y)$, über dem Gitter $G = X \times X$ mit $p.x = i_l$ und $p.y = i_r$ definiert. Im Unterschied zum allgemeinen Fall liegen damit alle durch diese Transformation entstehenden Punkte oberhalb der Hauptdiagonalen des Gitters G.

Für eine Menge I von Intervallen, die als eine Menge P von Punkten dargestellt ist, sind insbesondere die zu Beginn des Kapitels erwähnten Intervallschnitt-Suchen und Punkteinschluß-Suchen von besonderem Interesse; daneben scheinen auch Intervalleinschluß-Suchen (Auffinden aller Intervalle, die ein Suchintervall einschließen) und Intervallbereichs-Suchen (Auffinden aller Intervalle, die von einem Suchintervall eingeschlossen werden), von Interesse zu sein. Alle diese Suchtypen auf einer Menge I von Intervallen lassen sich in Halbbereichs-Suchen auf der zugeordneten Menge P von Punkten transformieren, so daß der XP-Baum alle diese Suchtypen unterstützt (bereits McCreight erwähnte derartige Anwendungen für den (internen) Priority Search Tree [McC82, McC85]):

Eine *Intervallschnitt-Suche* sucht nach allen Intervallen $i = [i_l, i_r) \in I$, deren linker Endpunkt i_l nicht größer ist als der rechte Endpunkt q_r des Suchintervalls $q = [q_l, q_r)$ und deren rechter Endpunkt i_r nicht kleiner ist als der linke Endpunkt q_l des Suchintervalls q. Auf die Punktdarstellung P der Intervallmenge I übertragen, sucht man also nach allen Punkten $p \in P$, deren x-Koordinate $p.x$ kleiner als der rechte Endpunkt q_r und deren y-Koordinate $p.y$ größer als der linke Endpunkt q_l ist. Hieraus ergibt sich eine Suche mit dem Suchbereich $(1, q_r, q_l, N)$ auf der Punktdarstellung P der Intervallmenge I (siehe Abb. 4-8).

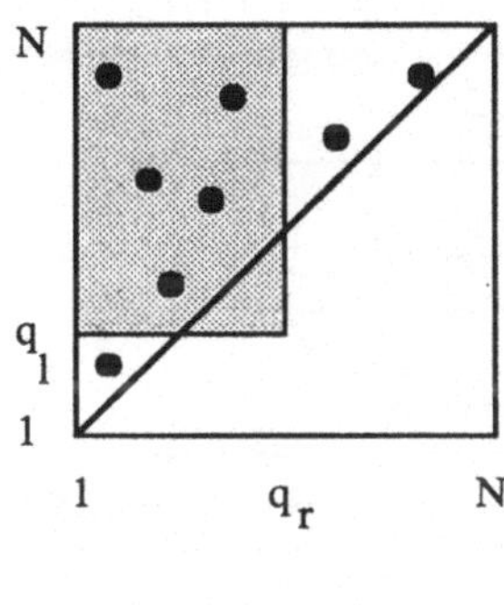

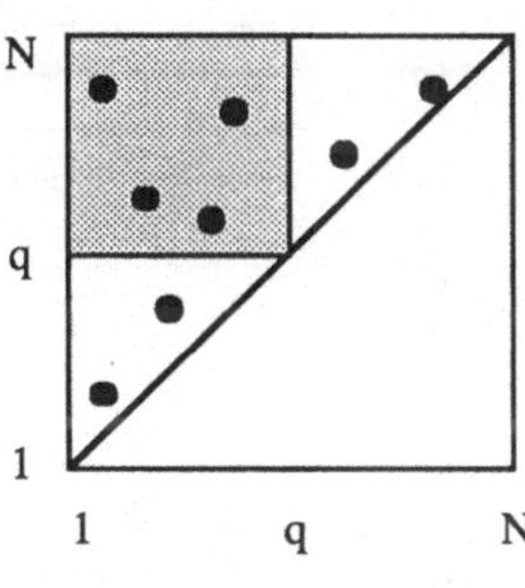

Abbildung 4-8   Abbildung 4-9

Die *Punkteinschluß-Suche* (auch als *Inverse Bereichs-Suche* bezeichnet) ist ein Spezialfall der Intervallschnitt-Suche, bei dem das Suchintervall $q = [q_l, q_r)$ genau aus einem Punkt besteht, d.h. $q_l = q_r = q$ (siehe Abb. 4-9).

Intervalleinschluß-Suchen und *Intervallbereichs-Suchen* sind weitere Spezialfälle von Intervallschnitt-Suchen. Die ersteren ermitteln alle Intervalle $i = [i_l, i_r) \in I$, die das Suchintervall vollständig enthalten, d.h. $p.x < q_l$ und $p.y > q_r$ (siehe Abb. 4-10). Die letzteren ermitteln alle Intervalle, die vollständig im Suchintervall enthalten sind, d.h. $p.x > q_l$ und $p.y < q_r$ (siehe Abb. 4-11).

Dabei ist zu beachten, daß zur Durchführung der letztgenannten Art von Suchen die Intervalle (bzw. die entsprechenden Punkte) in einem "inversen" XP-Baum dargestellt sein müssen, der einen Minimum-Heap, nicht wie bisher einen Maximum-Heap, in bezug auf die y-Koordinaten der Punkte realisiert, der also die c Punkte mit den kleinsten, nicht mit den größten y-Koordinaten, in der Wurzel darstellt.

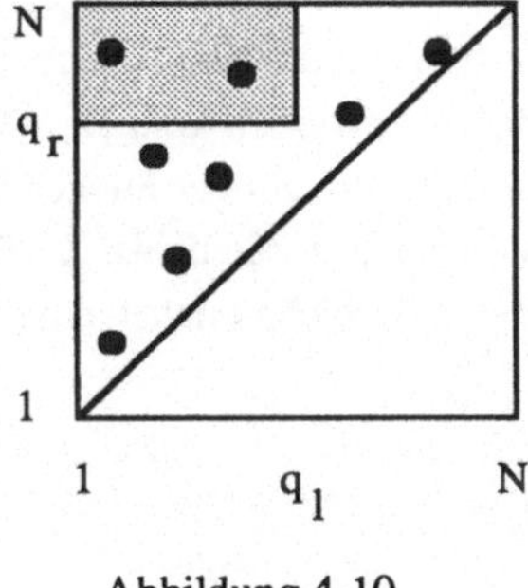
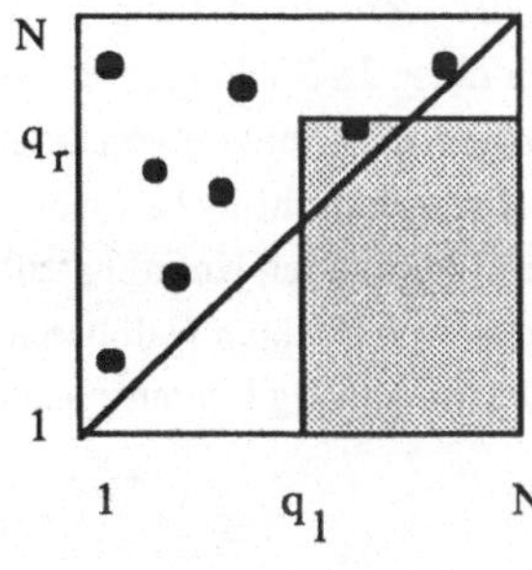

Abbildung 4-10   Abbildung 4-11

Es gibt weitere Möglichkeiten, wie man mit einem Suchintervall auf einer Menge I von Intervallen suchen kann, insbesondere, wenn man das exakte Übereinstimmen von Intervallendpunkten einbezieht. Lorentzos und Johnson [LorJ88] sowie Ligozat und Bestougeff [LigB89] haben bei Untersuchungen mit Zeitintervallen beobachtet, daß es 13 grundlegende Beziehungen zwischen zwei Intervallen i und q gibt, die in Abb. 4-12 veranschaulicht sind.

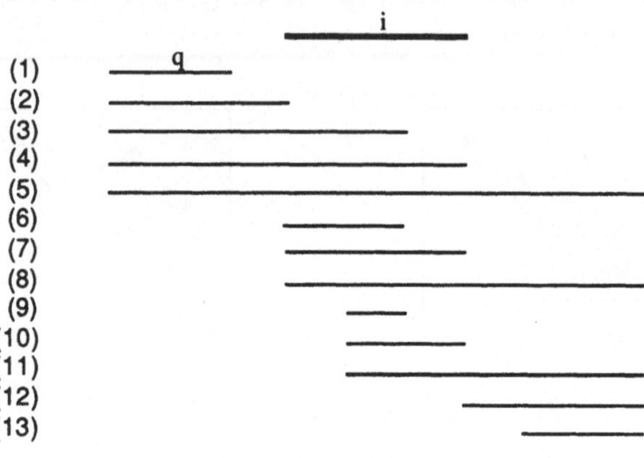

Abbildung 4-12

Außerdem gibt es offensichtlich 5 verschiedene Beziehungen zwischen einem Suchwert q und einem Intervall i, die in Abb. 4-13 dargestellt sind.

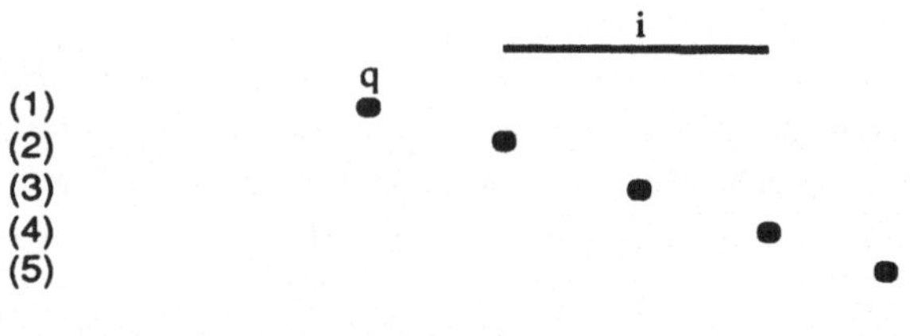

Abbildung 4-13

Wenn eine Menge I von Intervallen in zwei XP-Bäumen dargestellt ist, von denen einer einen Minimum-Heap und der andere einen Maximum-Heap in bezug auf die y-Koordinaten der Menge P von Punkten, die durch eine Endpunkttransformation aus I hervorgegangen sind, realisiert, können diese 18 grundlegenden Suchtypen (aus denen man prinzipiell alle Suchen auf Intervallen zusammensetzen kann) größtenteils recht effizient durchgeführt werden. Analog zu den vier in diesem Abschnitt vorgestellten Suchtypen veranschaulichen wir diese 18 Suchtypen im Anhang I als Beispiele dafür, wie einfach mit dem XP-Baum unterschiedliche Suchen auf Mengen von Intervallen durchgeführt werden können. Alle grundlegenden Suchen sind recht effizient durchführbar, wenn man zur Unterstützung einiger Suchen beispielsweise die Intervalle gemäß einer alternativen Koordinatentransformation in einem zusätzlichen XP-Baum darstellt, um z.B. auf den transformierten Punkten Halbbereichs-Suchen anstatt Bereichs-Suchen durchführen zu können - dieses wird ebenfalls im Anhang I veranschaulicht.

4.8. Experimentelle Untersuchungen

Um einen Eindruck vom praktischen Verhalten des XP-Baums zu gewinnen, haben wir diese Struktur auf einer SUN 3/50 in SUN-Modula2 implementiert und umfangreiche experimentelle Untersuchungen durchgeführt.

Wir betrachten das Leistungsverhalten des XP-Baums für zweidimensionale Punktmengen und für Intervallmengen, die anhand ihres linken und rechten Endpunktes in zweidimensionale Punktmengen transformiert werden (siehe Abschnitt 4.7). Unser Hauptinteresse gilt der Effizienz, mit welcher der XP-Baum Halbbereichs- und Bereichs-Suchen auf unterschiedlichen Mengen von zweidimensionalen Punkten und insbesondere Punkteinschluß- und Intervallschnitt-Suchen auf unterschiedlichen Intervallmengen unterstützt; daneben untersuchen wir das Verhalten beim Aufbau der Struktur und die resultierende Gestalt. Wir interessieren uns insbesondere für den Einfluß, den der Verzweigungsgrad d der Struktur, die Objektart (Punkt, Intervall) und bei Intervallen die Intervallänge und die Dichte (Anzahl an einem Punkt übereinanderliegender Intervalle) hat.

Im folgenden werden wir zunächst die Testmengen charakterisieren. Dann geben wir die Kenndaten an, anhand derer wir die Simulationen untersuchen, bevor wir mit Hilfe dieser Kenndaten die Struktur und das Suchverhalten des XP-Baums bei unterschiedlichen Testmengen diskutieren.

Beschreibung der Testmengen

In der folgenden Tabelle 4-1 wird eine Beschreibung der betrachteten Testmengen in die Bezeichnung hineinkodiert.

		Testmengen	*Intervallängen*	*Gitterbereich*
I.	(a)	p_2 / 4 / 8_10_30000		$[0..\ 32767]^2$
	(b)	i_ 2 / 4 / 8_10_30000	0-30000	$[0..\ 32767]^2$
	(c)	i_ 2 / 4 / 8_10_30000	0- 3000	$[0..\ 32767]^2$
II.	(d)	i_ 4 / 8 / 32 / 64_10_30000__50	50	$[0..\ 32767]^2$
III.		i_8_10_30000__50	50	$[0..\ 32767]^2$
	(e)	i_8_100_300000__500	500	$[0..327670]^2$
IV.		i_8_100_300000__500	500	$[0..327670]^2$
	(f)	i_8_671_300000__500	500	$[0..327670]^2$
V.		i_8_10_30000__50	50	$[0..\ 32767]^2$
	(g)	i_8_10_30000__VLSI	90% mit 2900- 3100 10% mit 29000-31000	$[0..327670]^2$
	(h)	i_8_10_30000__5	50	$[0..327670]^2$
VI.		i_8_10_30000__50	50	$[0..\ 32767]^2$
	(i)	i_8_10_30000__50__2:1	50 2/3 links und 1/3 rechts	$[0..\ 32767]^2$
	(j)	i_8_10_30000__50__1:2	50 1/3 links und 2/3 rechts	$[0..\ 32767]^2$

Tabelle 4-1

Die Bezeichnung setzt sich zusammen aus der Objektart (p für Punkte, i für Intervalle), dem Verzweigungs-grad der Struktur, d.h. dem Parameter d eines XP-Baums, der Seitenkapazität, d.h. dem Parameter c eines XP-Baums und der Größe der Testmenge, d.h. der Gesamtzahl n dargestellter Objekte. Bei Intervallen wird meistens auch die Dichte in den Namen hineinkodiert. Die Testmengen werden auf die folgende Weise erzeugt: Punkte werden mit Hilfe eines Pseudo-Zufallszahlengenerators gleichmäßig über das Gitter verteilt generiert. Intervalle werden meistens so generiert, daß bei den angegebenen Intervallängen die Intervall-mittelpunkte mit Hilfe eines Pseudo-Zufallszahlengenerators gleichmäßig über dem Raster verteilt werden.

Die Tabelle 4-1 faßt die Testmengen in 6 Gruppen zusammen. In jeder Gruppe wird ein spezieller Aspekt der Struktur untersucht. In den Gruppen I und II geht es darum, inwieweit sich der XP-Baum als Intervallstruktur eignet und welche Auswirkungen eine Variation des Verzweigungsgrades d hat. Wir gehen von einer gleichmäßig über dem Gitterbereich verteilten Punktmenge (a) aus (siehe Abb. 4-14 (a)) und untersuchen sie bei unterschiedlichen Verzweigungsgraden d. Im Vergleich hierzu betrachten wir bei entsprechenden Verzweigungsgraden Punktmengen, die durch Transformation aus Intervallmengen hervorgegangen sind: In Testmenge (b) besitzen die Intervalle beliebige Länge, so daß die Punkte den gesamten Gitterbereich oberhalb der Hauptdiagonalen ausfüllen (siehe Abb. 4-14 (b)). In Testmenge (c) besitzen die Intervalle eine Maximallänge von 10% der Rastergröße, wodurch die Punkte in einem schmalen Streifen oberhalb der Hauptdiagonalen liegen (siehe Abb. 4-14 (c)). In Gruppe II betrachten wir in Testmenge (d) Intervalle fester Länge. Die diesen Intervallen zugeordneten Punkte liegen auf einer Linie parallel zur Hauptdiagonalen (siehe Abb. 4-14 (d)). Hier liegt der Schwerpunkt darin, die Struktur bei sehr unterschiedlichen Verzweigungsgraden zu untersuchen und einen Verzweigungsgrad für weitere Tests auszuwählen.

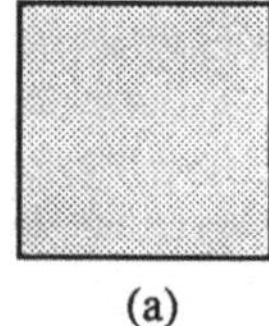 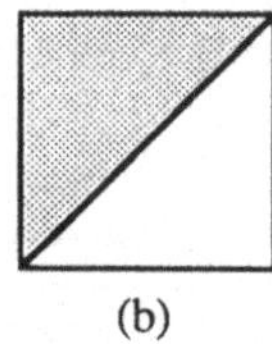  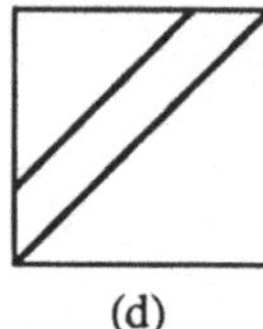

(a)　　　　　(b)　　　　　(c)　　　　　(d)

Abbildung 4-14

Mit dem Ziel, den XP-Baum als Intervallstruktur für sehr große Intervallmengen zu testen, betrachten wir in Gruppe III eine Menge von 300 000 Intervallen (Testmenge (e)) mit einer Dichte von 500, wobei eine Seitenkapazität von c = 100 verwendet wird. Wir möchten darauf hinweisen, daß wir bei den meisten Testmengen insofern einen Simulationsansatz verwenden, daß wir die Seitenkapazität mit c = 10 unrealistisch klein wählen und auch die Größe der Testmengen und die Dichte durch den Faktor 10 dividieren. In Gruppe III überprüfen wir nun, ob die Ergebnisse in der erwarteten Weise übertragbar sind, indem wir eine Menge von 30 000 Intervallen mit einer Dichte von 50 in Seiten der Kapazität 10 und eine Testmenge von 300 000 Intervallen mit einer Dichte von 500 in Seiten der Kapazität 100 miteinander vergleichen. In Gruppe IV untersuchen wir das Verhalten der Struktur bei sehr großer Seitenkapazität (Testmenge (f)). Bisher waren die Längen der Intervalle fest oder gleichmäßig in einem angegebenen Bereich verteilt. In Gruppe V untersuchen wir Intervallmengen mit ungleichmäßigen Längenverteilungen. Zunächst vergleichen wir die unter (d) ausgezeichnete Menge mit einer für VLSI-Anwendungen typischen Intervallängenverteilung (Testmenge (g)), bei der 90% der Intervalle eine Länge von etwa 1% der Rastergröße und 10% eine Länge von etwa 10% der Rastergröße besitzen. Außerdem betrachten wir mit der Testmenge (h) eine Menge von Intervallen, die eine um den Faktor 10 verringerte Dichte besitzt. In Gruppe VI betrachten wir das Verhalten der Struktur für Mengen von Intervallen, die ungleichmäßig über dem Raster verteilt sind, indem 2/3 der Intervalle in der linken Rasterhälfte, 1/3 in der rechten Rasterhälfte (Testmenge (i)) liegen und umgekehrt (Testmenge (j)).

Kennwerte

Ein interessantes Kennzeichen für den dynamischen Aufbau eines XP-Baums ist die durchschnittliche Anzahl externer Zugriffe, die pro Einfügung für das Lesen und Schreiben von Seiten erforderlich werden. Zur Reduzierung externer Zugriffe verwenden wir einen Puffer, der bei diesen Experimenten 30 Seiten nach einer angenäherten LRU-Strategie verwaltet. Als ein von der Puffergröße unabhängiges Maß ermitteln wir die durchschnittliche Anzahl B von Pufferzugriffen pro Einfügung. Zusätzlich geben wir mit InB die Anzahl von Pufferzugriffen an, bei denen die angeforderte Seite bereits im Puffer vorhanden ist. Diese Werte vergleichen wir mit der Höhe H der Struktur und mit der Höhe H_{bal} eines entsprechenden balancierten XP-Baums. Außerdem ermitteln wir für jede Testmenge den durchschnittlichen Seitenfüllungsgrad f = #Seiten / (#Objekte / Seitenkapazität) und vergleichen ihn mit dem groben theoretischen Wert f_t = ((#Blattseiten · durchschnittliche Blattfüllung) + (#innere Seiten · 100%)) / (# Seiten). Bei den sich anschließenden Suchen interessieren wir uns ebenfalls für die durchschnittliche Anzahl von B Pufferzugriffen pro Suche und die Anzahl InB der dabei im Puffer vorgefundenen Seiten. Wir möchten darauf hinweisen, daß man die Sucheffizienz nicht allein auf der Basis der Gesamtzahl von Zugriffen beurteilen kann. Eine Suche, die sehr viele Intervalle findet, muß notwendigerweise viele Zugriffe verursachen. Um einen angemesseneren Eindruck von der Sucheffizienz zu erhalten, ermitteln wir als abgeleitete Größe die *Ergebnisrate Q*, die im Prinzip die Anzahl gefundener Intervalle pro Zugriff angibt. Allerdings sollte diese Ergebnisrate nicht durch die Größe der in dem XP-Baum dargestellten Menge von Objekten beeinflußt werden. Deshalb subtrahieren wir die Höhe H_{bal} der entsprechenden balancierten Struktur von der Anzahl B der ermittelten Zugriffe. Damit läßt sich die Ergebnisrate Q genauer definieren als Q = (#Suchergebnisse · 100) / ((B - H_{bal}) · Seitenkapazität). Die Ergebnisrate wird normalerweise in % angegeben, so daß wir 0% ≤ Q ≤ 100% garantieren müssen. Wenn die Anzahl B der Zugriffe kleiner als die Höhe H_{bal} einer entsprechenden balancierten Struktur ist, soll die Ergebnisrate optimal sein, so daß wir Q als 100% definieren. Auch wenn die Anzahl (B - H_{bal}) von abgeleiteten Zugriffen kleiner ist als die minimale Anzahl (t / c) von Zugriffen, die zur Ausgabe von t Objekten erforderlich ist, definieren wir Q als optimal, also als Q = 100% (anstatt Q > 100%).

Zunächst werden Suchen auf Mengen von Punkten durchgeführt. Jeder Test besteht aus 10 Halbbereichs- oder Bereichs-Suchen, wobei die x- bzw. y-Ausdehnungen der Suchbereiche innerhalb dieser 10 Suchen variiert werden. Auf Mengen von Intervallen ermitteln wir Durchschnittswerte über 10 (in den Gruppen I und II), sonst 100 Punkteinschluß-Suchen und Intervallschnitt-Suchen. Dabei werden jeweils die Längen der Suchintervalle variiert. Die Lage der Suchobjekte ist jeweils zufällig gewählt.

Aufbau und Gestalt von XP-Bäumen

Zunächst wollen wir das Verhalten beim Aufbau eines XP-Baums für Punkt- und Intervallmengen bei unterschiedlichen Verzweigungsgraden vergleichen; dazu wählen wir für jede der Testmengen (a), (b) und (c) die Verzweigungsgrade 2, 4 und 8. Für jede der Testmengen (a), (b) und (c) ermitteln wir nach jeweils 5000 eingefügten Objekten die Höhe H, die durchschnittliche Anzahl B von Pufferzugriffen pro Einfügung und die Höhe H_{bal} einer entsprechenden balancierten Struktur (siehe Abb. 4-15). Mit n sei die Anzahl eingefügter Objekte bezeichnet.

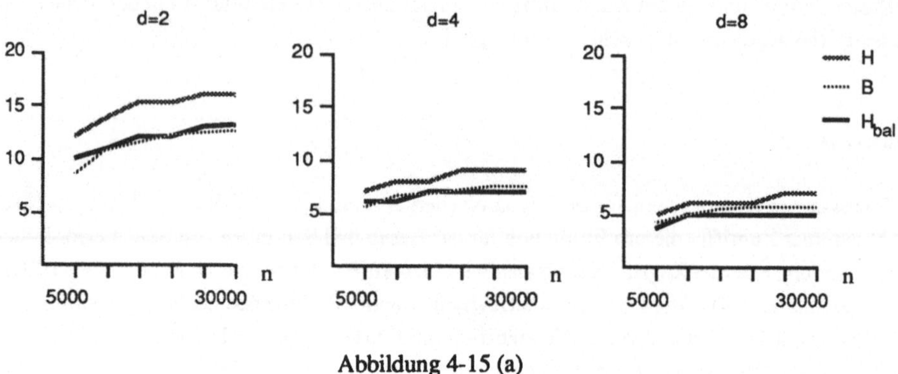

Abbildung 4-15 (a)

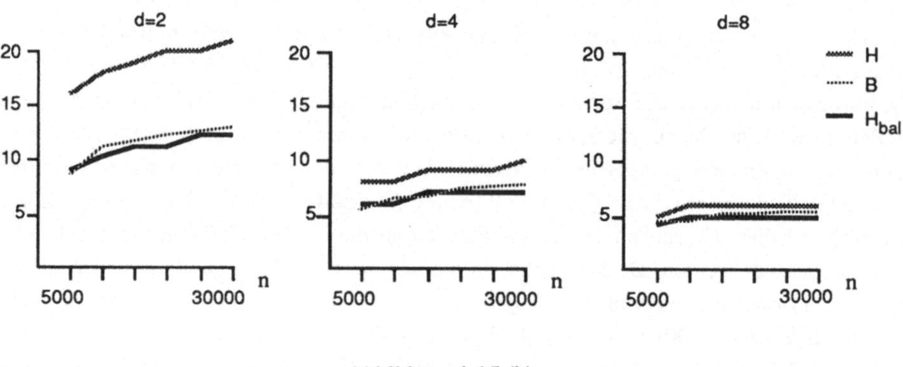

Abbildung 4-15 (b)

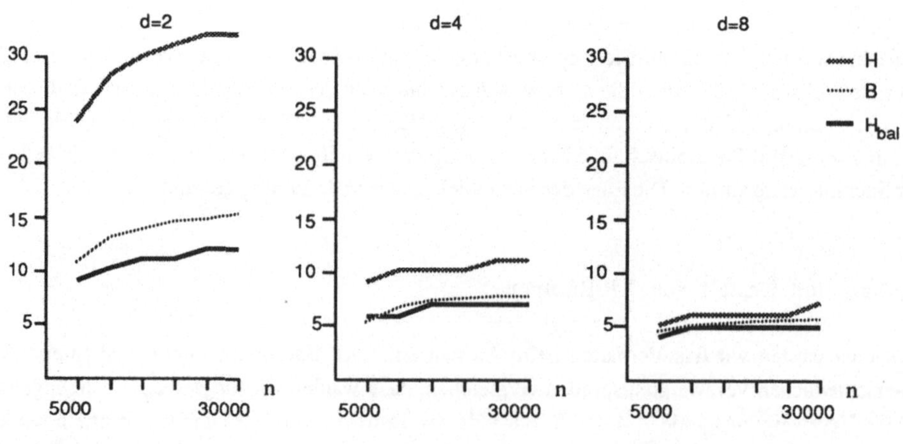

Abbildung 4-15 (c)

Man kann erkennen, daß für Punktmengen (a) die XP-Bäume nur geringfügig höher sind als die entsprechenden balancierten Strukturen - diese Differenz verringert sich bei zunehmendem Verzweigungsgrad. Die durchschnittliche Anzahl B von Zugriffen pro Einfügung liegt sogar sehr nahe bei der Höhe H_{bal} der entsprechenden balancierten Struktur. Es zeigt sich, daß sich der nicht-balancierte XP-Baum hier wie die entsprechende balancierte Struktur verhält. Bei den Intervallmengen (b) und (c) erkennt man, daß die Höhe H der Struktur um so mehr von der Höhe H_{bal} einer entsprechenden balancierten Struktur abweicht, je kleiner der Verzweigungsgrad d ist und je kürzer die Intervallängen sind. Ist der Verzweigungsgrad genügend groß, z.B. d = 8, liegen diese Werte auch bei kürzeren Intervallen sehr nahe beieinander. Der Grund dafür liegt darin, daß sich diese Degenerierungen bei Punktmengen, die durch Transformation aus Intervallmengen entstehen, nur auf kleine Teile der Struktur beschränken. Deshalb liegt auch bei Intervallmengen die durchschnittliche Anzahl B von Zugriffen pro Einfügung für genügend große Verzweigungsgrade nahe bei der Höhe H_{bal} der entsprechenden balancierten Struktur. Dieses Verhalten bestätigt sich auch durch Tabelle 4-2, in der eine Intervallmenge (d) mit konstanter Länge 50 für die Verzweigungsgrade 4, 8, 32 und 64 betrachtet wird. Das Durchschnittsverhalten für 100 zusätzlich eingefügte Intervalle verdeutlicht dabei das Einfügeverhalten nach dem Aufbau der Struktur.

	B	B [+100]	H_{bal}	H
i_ 4_10_30000__50	7.5	8.3	7	25
i_ 8_10_30000__50	5.2	5.7	5	9
i_32_10_30000__50	3.8	4.3	4	5
i_64_10_30000__50	3.3	3.4	3	4

Tabelle 4-2

Tabelle 4-3 zeigt, daß das gleiche Einfügeverhalten zu erwarten ist, wenn man die Anzahl der Intervalle, die Seitenkapazität und die Intervallänge (bzw. Dichte) um denselben Faktor, in diesem Fall 10, erhöht. Weil auf diesem Wege die Ergebnisse auf größere Objektmengen übertragen werden können, führen wir fast alle Simulationen auf relativ kleinen Intervallmengen der Mächtigkeit 30000 bei einer Seitenkapazität 10 und einer Dichte von 50 durch.

	B	B [+100(0)]	H_{bal}	H
i_8_ 10_ 30000__ 50	5.2	5.7	5	9
i_8_100_300000__500	5.0	5.5	5	10

Tabelle 4-3

Eine Vergrößerung der Seitenkapazität von 100 auf 671 Intervalle, was einer Seitengröße von 8 KByte entspricht, führt erwartungsgemäß zu einer leichten Verringerung der beobachteten Kennwerte (siehe Tabelle 4-4).

	B	B [+1000]	H_{bal}	H
i_8_100_300000__500	5.0	5.5	5	10
i_8_671_300000__500	4.0	4.4	4	6

Tabelle 4-4

Eine Variation der Intervallänge gemäß einer VLSI-Längenverteilung, d.h. daß die Intervallängen gemäß einer eindimensionalen Projektion einer gegebenen Menge von Rechtecken einer VLSI-Anwendung verteilt sind, hat kaum Einfluß auf das durchschnittliche Einfügeverhalten (siehe Tabelle 4-5).

	B (3000) lang	B (+27000) kurz	B [+100]	H_{bal}	H
i_8_10_30000__50		5.2	5.7	5	9
i_8_10_30000__VLSI	4.1	5.2	5.8	5	7

Tabelle 4-5

Ähnliche Ergebnisse erhält man bei einer Verringerung der Dichte, hier um den Faktor 10 (siehe Tabelle 4-6):

	B	B [+100]	H_{bal}	H
i_8_10_30000__50	5.2	5.7	5	9
i_8_10_30000__ 5	5.3	5.7	5	9

Tabelle 4-6

Auch eine ungleichmäßige Verteilung von Intervallen, bei der hier die Intervalle gemäß dieser Verteilung so eingefügt werden, daß 2/3 der Intervalle auf der linken und 1/3 auf der rechten Seite des Rasters liegen und umgekehrt, hat keine Auswirkung auf das durchschnittliche Einfügeverhalten (siehe Tabelle 4-7).

	B	B [+100]	H_{bal}	H
i_8_10_30000__50	5.2	5.7	5	9
i_8_10_30000__50__2:1	5.2	5.7	5	9
i_8_10_30000__50__1:2	5.2	5.7	5	9

Tabelle 4-7

Die durchschnittliche Seitenauslastung f beim Aufbau der Struktur ist generell sehr hoch und unterliegt pro Testmenge keinen großen Schwankungen. Mit wachsendem Verzweigungsgrad nimmt sie erwartungsgemäß geringfügig ab. Sie liegt jeweils nahe bei dem Vergleichswert f_t für den entsprechenden Verzweigungsgrad (siehe Tabelle 4-8).

Verzweigungsgrad	f_t	(a)	(b)	(c)	(d)	(e)	(f)	(g)	(h)	(i)	(j)
2	87%	85%	84%	84%							
4	81%	80%	80%	80%	80%						
8	78%	77%	77%	77%	77%	75%	74%	77%	77%	77%	77%
32	76%					77%					
64	75%					72%					

Tabelle 4-8

Suchen

Wir betrachten Halbbereichs- und Bereichs-Suchen auf Mengen von Punkten und Punkteinschluß- und Intervallschnitt-Suchen (PE- und IS-Suchen) auf Mengen von Intervallen. Zu Beginn untersuchen wir Halbbereichs-Suchen auf Punktmengen (a). Abb. 4-16 zeigt die durchschnittliche Anzahl B benötigter (Puffer-) Zugriffe und die Ergebnisrate Q pro Zugriff bei Suchbereichen mit unterschiedlichen x- und y-Ausdehnungen und XP-Bäumen mit Verzweigungsgraden d von 2, 4 und 8. Die x-Ausdehnung beträgt bei den ersten drei Suchbereichen 0.1%, 1% und 10% der Rastergröße, bei den restlichen vier Suchbereichen ist sie zufällig gewählt. Die y-Ausdehnung ist bei den ersten vier Suchbereichen zufällig gewählt, für die restlichen drei beträgt sie 10%, 1% und 0.1% der Rastergröße.

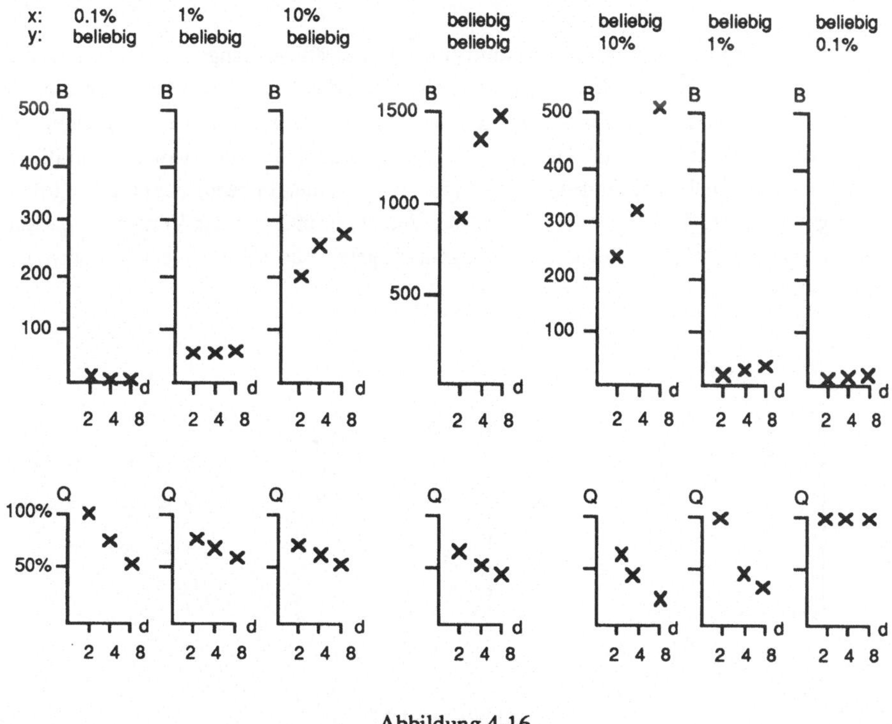

Abbildung 4-16

Es wird deutlich, daß Suchbereiche mit geringer x- oder y-Ausdehnung nur sehr wenige Zugriffe erfordern. Der XP-Baum unterstützt besonders gut Halbbereichs-Suchen, die keine oder nur sehr wenige Punkte finden - diese Suchen verursachen wenige Zugriffe und sind deshalb sehr schnell. Die Ergebnisrate Q pro Zugriff erweist sich in Abb. 4-16 als recht hoch. Sie ist im allgemeinen um so größer, je kleiner der Verzweigungsgrad ist. Nur im letzten betrachteten Test kommt dieses Verhalten nicht zum Ausdruck, weil in diesem Fall die y-Ausdehnung des Suchbereichs so klein ist, daß die Suche neben dem Wurzelknoten nur sehr wenige Knoten berührt, was zu einer Ergebnisrate von 100% führt. Der Grund für die Verringerung der Ergebnisrate bei einer Vergrößerung des Verzweigungsgrades des XP-Baums liegt darin, daß bei zunehmendem Verzweigungsgrad weniger Seiten besucht werden, deren Inhalt vollständig zum Suchergebnis zählt, und mehr Seiten besucht werden, deren Inhalt nur teilweise zum Suchergebnis gehört. Bei einer zufälligen Wahl der x-Ausdehnung ist dieses Verhalten stärker ausgeprägt als bei einer zufälligen

Wahl der y-Ausdehnung. Dabei ist zu beachten, daß eine zufällige Wahl der x- oder y-Ausdehnung dazu führt, daß sie durchschnittlich recht groß gewählt wird. Je größer die x-Ausdehnung ist, desto größer ist der Anteil der Zugriffe, der durch die untere horizontale Kante des Suchbereichs auf Seiten verursacht wird, deren Intervalle nur teilweise zum Suchergebnis zählen; bei einer zufällig gewählten y-Ausdehnung ist die Anzahl der Seiten, die von einer vertikalen Kante des Suchbereichs geschnitten wird und deren Inhalt nur teilweise zum Suchergebnis zählt, durch die relativ geringe Höhe H des Baums beschränkt. Deshalb liegt die Ergebnisrate bei zufällig gewählten y-Ausdehnungen selbst bei einem Verzweigungsgrad von d = 8 bei über 43%.

Bei Bereichs-Suchen auf Mengen von Punkten weisen die Tests darauf hin, daß sich die Struktur insbesondere für Bereichs-Suchen mit geringer x-Ausdehnung eignet. Die Ergebnisrate bei Bereichs-Suchen hängt erwartungsgemäß sehr stark von der Entfernung des Suchbereichs vom oberen Gitterrand ab.

Als nächstes untersuchen wir Suchen auf Intervallmengen mit zufälliger Länge (b) und Längen bis zu 10% der Rastergröße (c). Dabei konzentrieren wir uns zunächst auf den Einfluß des Verzweigungsgrades. Bei Verzweigungsgraden von 2, 4 und 8 betrachten wir PE-Suchen (PE) sowie IS-Suchen mit einem Suchintervall von 10% der Rastergröße (IS_3000) bzw. einem Suchintervall mit zufälliger Länge (IS_beliebig). Bei allen Suchtypen finden wir ein ähnliches Verhalten in bezug auf eine Vergrößerung des Verzweigungsgrades. Abb. 4-17 verdeutlicht, wie mit einer Vergrößerung des Verzweigungsgrades d die Ergebnisrate Q abnimmt. Bei allen diesen Suchen liegt die Ergebnisrate, selbst bei einem Verzweigungsgrad von d = 8, über 50%.

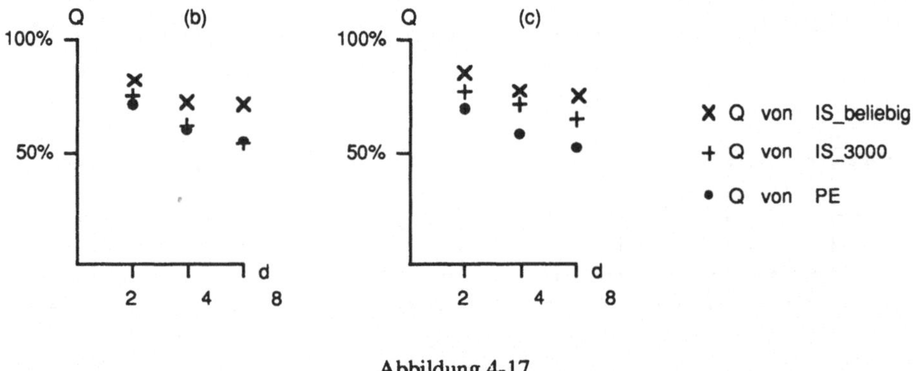

Abbildung 4-17

In den restlichen Abbildungen und Tabellen dieses Abschnitts werden jeweils 100 PE-Suchen und IS-Suchen betrachtet. Bei IS-Suchen besitzen die Suchintervalle zunächst dieselbe Länge wie die dargestellten Intervalle, dann die doppelte Länge, danach eine Länge von 1% der Rastergröße und schließlich eine Länge von 10% der Rastergröße.

Abb. 4-18 stellt die Ergebnisrate der Testmenge (d) mit einer Intervallänge bzw. Dichte von 50 für die Verzweigungsgrade 4, 8, 32 und 64 bei den oben angegebenen Sucharten (PE, IS_50, IS_100, IS_300 und IS_3000) dar. Es bestätigt sich die Erwartung, daß ein zu großer Verzweigungsgrad die Sucheffizienz negativ beeinflußt. Dieses wirkt sich um so stärker aus, je kleiner das Suchintervall (Extremfall: PE-Suchen) ist: Je kleiner das Suchintervall ist, desto mehr beeinflußt der Anteil der von der unteren Suchbereichskante geschnitten Seiten, deren Intervalle nur teilweise im Suchbereich liegen, die Ergebnisrate. Je größer die

Suchintervalle sind, desto größer ist die Anzahl und der Anteil besuchter Seiten, deren Intervalle vollständig zum Suchergebnis gehören. Die Dichte der Testmenge (d) ist wesentlich geringer als die der Testmengen (b) und (c). Das führt zu einer sehr starken Reduzierung der Anzahl B der Zugriffe (bei den unterschiedlichen Arten von Suchen liegt B bei der Testmenge (b) zwischen 1378 und 3583 und bei der Testmenge (c) zwischen 178 und 2866; bei der Testmenge (d) reduziert sich diese Zahl auf einen Bereich zwischen 25 und 451). Daneben verringert sich bei kleiner werdenden Suchintervallen die Ergebnisrate Q durch die wesentlich kleinere Anzahl von gefundenen Intervallen.

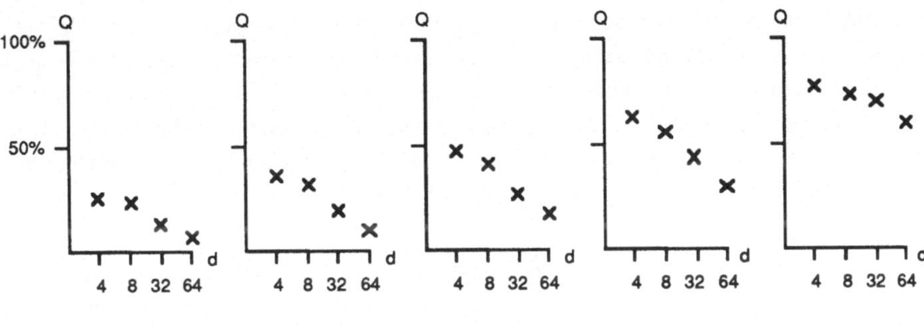

Abbildung 4-18

In den folgenden Tabellen 4-9 bis 4-13 wird die Testmenge (d) mit anderen Testmengen in bezug auf die oben erwähnten Suchen verglichen, wobei die untersuchten XP-Bäume in allen Fällen den Verzweigungsgrad d = 8 besitzen.

In Tabelle 4-9 werden die Testmengen (d) und (e), bei denen die Anzahl der Intervalle, die Seitenkapazität und die Intervallänge (bzw. Dichte) um den Faktor 10 differiert, miteinander verglichen. Dabei ergeben sich Kennwerte, die fast identisch sind. Tabelle 4-9 zeigt, daß die Übertragbarkeit der Ergebnisse auf die entsprechenden Testmengen mit größeren Anzahlen von Intervallen, Seitenkapazitäten und Intervallängen gewährleistet ist.

PE+IS	PE (d)	PE (e)	Intervallänge (d)	Intervallänge (e)	2·Intervallänge (d)	2·Intervallänge (e)	1% Raster (d)	1% Raster (e)	10% Raster (d)	10% Raster (e)
B	26.2	24.7	33.8	32.6	37.9	39.0	61.5	62.7	385.5	390.5
InB	3.5		2.9	1.8	0.7	0.3	0.5	0.1	0.1	0.1
Q	22.2	23.4	32.0	33.5	41.7	40.6	56.8	56.0	73.8	72.3

Tabelle 4-9

Tabelle 4-10 gibt Auskunft über die Auswirkungen einer sehr starken Vergrößerung der Seitenkapazität. Wie zu erwarten reduziert diese Vergrößerung (f) die Anzahl B der Zugriffe. Gleichzeitg verringert sich die Ergebnisrate Q, weil die Selektivität der Seiten kleiner wird. Das kann insbesondere bei PE-Suchen und IS-Suchen mit kleinen Suchintervallen beobachtet werden.

PE+IS	PE		Intervallänge		2·Intervallänge		1% Raster		10% Raster	
	(d)	(f)	(d)	(f)	(d)	(f)	(d)	(f)	(d)	(f)
B	26.2	15.5	33.8	16.6	37.9	18.0	61.5	21.9	385.5	70.5
InB	3.5	5.6	2.9	6.0	0.7	5.9	0.5	5.1	0.1	0.1
Q	22.2	5.9	32.0	10.7	41.7	14.7	56.8	26.8	73.8	62.8

Tabelle 4-10

In der Testmenge (g) sind die Längen der Intervalle gemäß einer VLSI-Anwendung verteilt, d.h. daß sie gemäß einer eindimensionalen Projektion einer Menge von Rechtecken aus dem VLSI-Entwurf verteilt sind. Hier liegt die Ergebnisrate für die betrachteten PE- und IS-Suchen zwischen 66.7% und 69%, sie ist damit recht hoch. Eine Reduzierung der Dichte, in der Testmenge (h) um einen Faktor von 10, verringert die Anzahl von Suchergebnissen bei PE-Suchen und IS-Suchen mit kleineren Suchintervallen. Wie in Tabelle 4-11 dargestellt ist, reduziert sich dadurch die Anzahl B der Pufferzugriffe, insbesondere für lange Suchintervalle, allerdings nimmt die Ergebnisrate Q ebenfalls ab.

PE+IS	PE		Intervallänge		2·Intervallänge		1% Raster		10% Raster	
	(d)	(h)	(d)	(h)	(d)	(h)	(d)	(h)	(d)	(h)
B	26.2	19.4	33.8	20.3	37.9	20.5	61.5	23.6	385.5	54.2
InB	3.5	4.7	2.9	5.1	0.7	4.1	0.5	3.6	0.1	0.3
Q	22.2	3.3	32.0	6.3	41.7	8.8	56.8	17.1	73.8	57.4

Tabelle 4-11

Tabelle 4-12 macht deutlich, daß das durchschnittliche Suchverhalten der Struktur unabhängig von einer ungleichmäßigen Verteilung der Intervalle ist, wenn man die Intervalle gleichmäßig gemäß dieser Verteilung in die Struktur einfügt. Tabelle 4-13 zeigt separat PE- und IS-Suchen auf den linken und rechten Teilen der Intervallmengen (i) und (j); die feststellbaren Unterschiede in der Ergebnisrate sind auf die verschiedenen Dichten in den linken und rechten Teilen zurückzuführen. Der XP-Baum eignet sich also ebenfalls zur Verwaltung von ungleichmäßig verteilten Mengen von Intervallen, wenn der Aufbau der Struktur gleichmäßig gemäß dieser Verteilung erfolgt (wegen der datenabhängigen vertikalen Teilung von Seiten müssen die Teilungslinien sofort an den richtigen Positionen liegen).

PE+ IS	PE			Intervallänge			2·Intervallänge			1% Raster			10% Raster		
	(d)	(i)	(j)	(d)	(i)	(j)	(d)	(i)	(j)	(d)	(i)	(j)	(d)	(i)	(j)
B	26.2	27.6	26.1	33.8	33.3	32.4	37.9	38.8	37.3	61.5	62.8	59.6	386	400	371
InB	3.5	4.2	2.9	2.9	2.9	1.6	0.7	0.9	1.2	0.5	0.2	0.3	0.0	0.0	0.1
Q	22.2	20.3	22.5	32.0	31.2	35.5	41.7	40.0	43.1	56.8	55.3	58.2	73.8	73.8	74.3

Tabelle 4-12

PE	PE links u. rechts		PE links		PE rechts	
	(i)	(j)	(i)	(j)	(i)	(j)
B	27.6	26.1	25.7	20.0	28.8	28.9
InB	4.2	2.9	3.4	3.9	7.3	4.6
Q	20.3	22.5	31.2	21.3	12.6	24.9

Tabelle 4-13

Insgesamt zeigen die experimentellen Untersuchungen auf Intervallmengen, daß die PE- und IS-Suchen auf dem XP-Baum im allgemeinen sehr schnell sind oder eine hohe Ergebnisrate besitzen. Je kleiner der Verzweigungsgrad ist, desto effizienter sind die unterstützen Suchen. Dieser Effekt ist um so stärker, je kleiner das Suchintervall ist (Extremfall: PE-Suchen). Bei PE-Suchen und IS-Suchen mit kleinen Suchintervallen hängt die Ergebnisrate stark von der Dichte ab. Suchen mit geringer Ergebnisrate erfordern wenige Zugriffe und sind sehr schnell. Das gilt ganz besonders für PE- und IS-Suchen, die keine Intervalle finden - die Anzahl hierfür benötigter Zugriffe liegt zwischen 1 und der Höhe der entsprechenden balancierten Struktur. IS-Suchen mit großem Suchintervall besitzen eine hohe Ergebnisrate.

Zusammenfassend ergeben die experimentellen Untersuchungen, daß sich der XP-Baum nicht nur zur Verwaltung von Punkten, sondern auch zur Verwaltung von Intervallen eignet. Es zeigt sich, daß sich die nicht dynamisch balancierten XP-Bäume - trotz Degenerierungen - fast immer wie ihre balancierten Gegenstücke verhalten. Strukturen, die gleichmäßig über einem Raster verteilte Punkte darstellen, degenerieren kaum, während Strukturen, die gleichmäßig über einem Raster verteilte Intervalle darstellen, stärker degenerieren können. Selbst relativ starke Degenerierungen stören aber das Durchschnittsverhalten nicht, weil sie sich nur auf kleine Teile der Struktur beschränken. Die experimentellen Untersuchungen zeigen, daß der XP-Baum nicht nur Halbbereichs-Suchen auf zweidimensionalen Punktmengen, sondern auch Punkteinschluß- und Intervallschnitt-Suchen auf Intervallen gut unterstützt. Bereichs-Suchen (mit allgemeinen Suchbereichen) sind weniger effizient als Halbbereichs-Suchen, außer wenn der Suchbereich, oder wenigstens seine x-Ausdehnung, klein ist. Alle Suchen, die keine oder nur sehr wenige Objekte finden, werden sehr effizient ausgeführt. Wenn der Verzweigungsgrad d der Struktur groß genug gewählt wird, verhalten sich die nicht dynamisch balancierten XP-Bäume wie die entsprechende balancierte Struktur. Bei der Wahl des Verzweigungsgrades d muß man beachten, daß sich ein zu großer Verzweigungsgrad negativ auf die Sucheffizienz, insbesondere bei Intervallschnitt-Suchen mit kleinen Suchintervallen bzw. Punkteinschluß-Suchen, auswirkt, ohne die Höhe der Struktur zu verringern und damit das Einfüge-verhalten zu verbessern. Unsere Experimente legen nahe, daß d = 8 im allgemeinen ein gute Wahl ist. Beim Aufbau eines XP-Baums anhand einer Folge von Einfügungen ist die Seitenfüllung mit nahe 80% recht hoch.

5. Der EST

Der *externe Segment Tree (EST)* ist eine dynamisch balancierte externe Intervallstruktur, die eine über einem Raster definierte Menge I von Intervallen beliebiger Dichte als eindimensionale ausgedehnte Objekte auf einer Menge S von Seiten darstellt. Wie im internen Fall unterstützt der EST *Punkteinschluß-Suchen (PE-Suchen)*, die mit einem Suchwert nach allen Intervallen suchen, die diesen Wert einschließen. - Die Ergebnisse dieses Kapitels wurden bereits in [BlG90c] veröffentlicht.

5.1. Struktur

Zur Beschreibung der Struktur eines EST für eine Menge I von Intervallen gehen wir von einem vollständigen binären Baum der Höhe *h* aus, dessen Blättern die atomaren Intervalle [0, 1),…, [N-1, N) mit $N = 2^{h-1}$ als *Knotenintervalle* zugeordnet sind. Jedem inneren Knoten ist die Vereinigung der Knotenintervalle der Söhne zugeordnet. Die *Skelettstruktur* eines EST über dem Raster [0..N) ist ein Teilbaum dieses vollständigen Baums, der die Wurzel enthält. Jeder Knoten der Skelettstruktur besitzt eine *Überdeckungsliste*, jeder Blattknoten zusätzlich eine *Blattliste* (siehe Abb. 5-1).

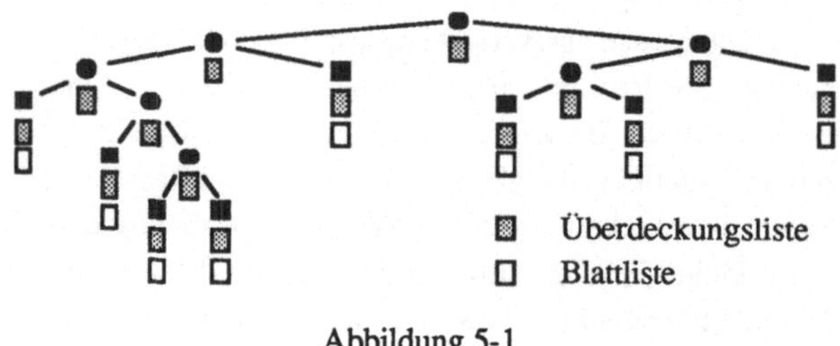

Abbildung 5-1

Ähnlich zum internen Fall werden die Intervalle aus I anhand von *Fragmenten* in diese Listen eingetragen. Die Fragmente eines Intervalls i ∈ I bilden eine disjunkte Aufteilung des Intervalls i, so daß jedes Fragment einem (Teil-) Intervall des Knotenintervalls des Knotens entspricht, in dessen Überdeckungs- oder Blattliste das Intervall dargestellt wird. Ein Intervall wird anhand eines "überdeckenden Fragmentes" in die Überdeckungsliste eines Knotens v eingetragen (es überdeckt das gesamte Knotenintervall, nicht aber das Knotenintervall des Vaters). In eine Blattliste eines Knotens v wird ein Intervall anhand eines "Endfragmentes" (es überdeckt das Blattknotenintervall nur teilweise) eingetragen. Eine Blattliste enthält bis zu *c* Intervalle, während die Größe von Überdeckungslisten nicht beschränkt ist.

Bei einer Vergrößerung der Menge I von Intervallen wächst die Skelettstrukur top-down: Bei einem Überlauf einer Blattliste durch das Einfügen des (c+1)-sten Intervalls wird der Blattknoten zu einem inneren Knoten mit zwei Blättern als Söhnen ausgebaut. Beide Söhne besitzen jeweils eine eigene Überdeckungs- und Blattliste, auf welche die Intervalle der ursprünglichen Blattliste verteilt werden. Dabei können Fragmente gemäß der Knotenintervalle der neuen Knoten aufgespalten werden (siehe Abb. 5-2).

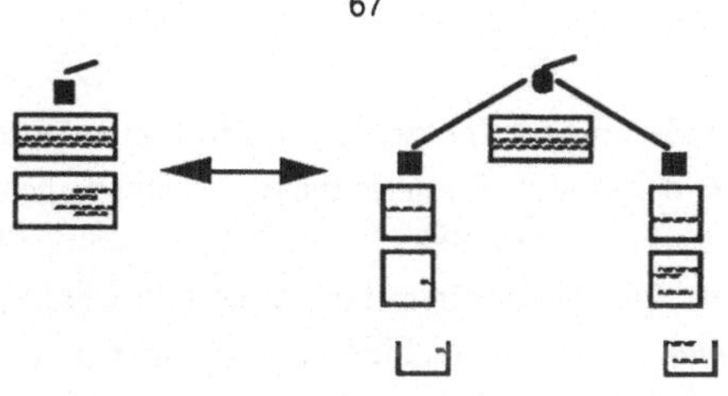

Abbildung 5-2

Im Unterschied zum internen Segment Tree, bei dem alle Blattknotenintervalle die Länge 1 besitzen, sind die Blattknotenintervalle beim EST im allgemeinen wesentlich länger (zu Beginn: [0, N)); ihre Länge verringert sich bei größer werdender Anzahl darzustellender Intervalle. Die Einführung von Blattlisten erlaubt es, mit einer möglichst kleinen Skelettstruktur auszukommen: Ein Blattknoten faßt die beiden Teilbäume seiner Söhne so lange in einem Knoten zusammen, wie die Intervalle, die in diesen Teilbäumen dargestellt würden, in *eine* Blattliste passen. Jeder innere Knoten *filtert* also mehr als c Intervalle.

Sobald ein innerer Knoten v nach dem Löschen von Einträgen weniger als c+1 Intervalle filtert, wird der oben beschriebene Vorgang rückgängig gemacht: Seine Söhne werden aus der Skelettstruktur entfernt, so daß er selbst zu einem Blattknoten wird. Die c Intervalle aus den Überdeckungs- und Blattlisten der Söhne werden in der Blattliste von v zusammengefaßt (siehe Abb. 5-2).

Die so beschriebene Struktur wird auf drei verschiedenen Arten von Seiten dargestellt: Die Skelettstruktur der internen Höhe h wird auf *Strukturseiten* dargestellt. Jede Strukturseite enthält maximal einen vollständigen binären Baum der Höhe h_s (siehe Abb. 5-3) und im allgemeinen einen Teilbaum eines solchen Baums, der dessen Wurzel enthält (siehe Abb. 5-4). Die *externe Höhe H* der Skelettstruktur ist definiert als die maximale Anzahl von Seitenzugriffen auf einem Pfad von der Wurzel zu einem Blattknoten der Skelettstruktur, also $H = \lceil h / h_s \rceil$ (in Abb. 5-3 und Abb. 5-4 ist h = 6, h_s = 2 und H = 3).

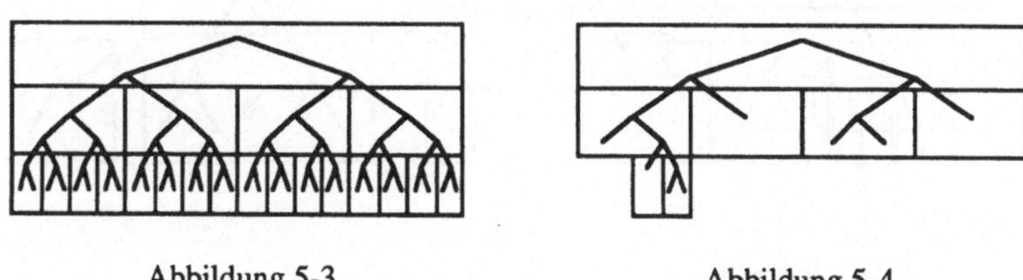

Abbildung 5-3   Abbildung 5-4

Blattlisten werden auf *Blattseiten* dargestellt. Eine Blattliste paßt auf eine Blattseite (c ist gerade die Anzahl von Intervallen, die auf einer Seite dargestellt werden können, also die *Seitenkapazität*). Benachbarte unterfüllte Blattseiten werden verschmolzen, so daß in einem EST die Folge seiner Blattlisten auf einer Folge von Blattseiten dargestellt wird (siehe Abb. 5-5). Eine Seite ist unterfüllt, wenn sie weniger als c/2 Intervalle enthält.

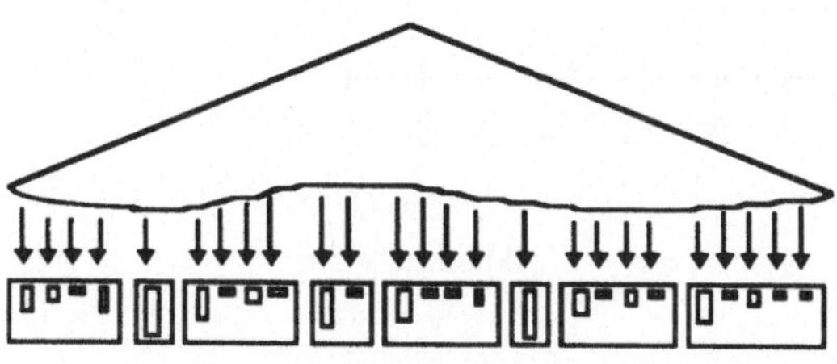

Abbildung 5-5

Eine Überdeckungsliste mit mindestens c/2 Intervallen (sie füllt eine Seite zu mindestens 50%) wird auf einer eigenen *Überdeckungsseite* dargestellt. Wenn sie mehr als c Intervalle enthält, wird sie in einer eigenen *(Überdeckungs-) Seitensequenz* verwaltet. Sehr große Überdeckungslisten können anstatt in einer Seitensequenz auch in einer beliebigen Sekundärstruktur dargestellt werden, hierdurch entstehen die bereits genannten *geschachtelten Strukturen*. Im Unterschied zu der bisher beschriebenen *separaten Verwaltung* werden kleine Überdeckungslisten, die eine Seite zu weniger als 50% füllen, zusammen mit anderen auf Überdeckungsseiten verwaltet. Diese *gemeinsame Verwaltung* von kleinen Überdeckungslisten ist das interessanteste (und schwierigste) Problem bei der Betrachtung externer Segment Trees. Ihr Ziel ist es, kleine Überdeckungslisten so auf Seiten anzuordnen, daß Punkteinschluß-Suchen wenige externe Seitenzugriffe erfordern und eine Seitenauslastung von 50% garantiert wird. Außerdem soll eine solche Anordnung bei Updates mit vertretbarem Aufwand aufrechterhalten werden. Die genaue Definition und Lösung dieses sogenannten *Cover-Balancing Problems* betrachten wir in Abschnitt 5.6. Wir geben Algorithmen an, die eine derartige Seitenaufteilung ermitteln und diese dynamisch aufrechterhalten, wobei die Anzahl ausgeführter Balancieroperationen proportional zur Länge des Update-Pfades in der Skelettstruktur ist.

Für eine kleine konkrete Intervallmenge I = {(a, 4, 24), (b, 1, 9), (c, 28, 30), (d, 4, 8), (e, 11, 15), (f, 16, 31), (g, 8, 14), (h, 6, 12), (i, 4, 16)} veranschaulicht Abb. 5-6 den zugehörigen EST mit c = 5, in dem eine Überdeckungsliste der Länge 4 separat (links) und die anderen Überdeckungslisten gemeinsam (rechts) verwaltet werden. (Im Vergleich hierzu siehe auch Abb. 4-4 welche die Intervallmenge I nach einer Endpunkt-Transformation der Intervalle in einem XP-Baum darstellt.)

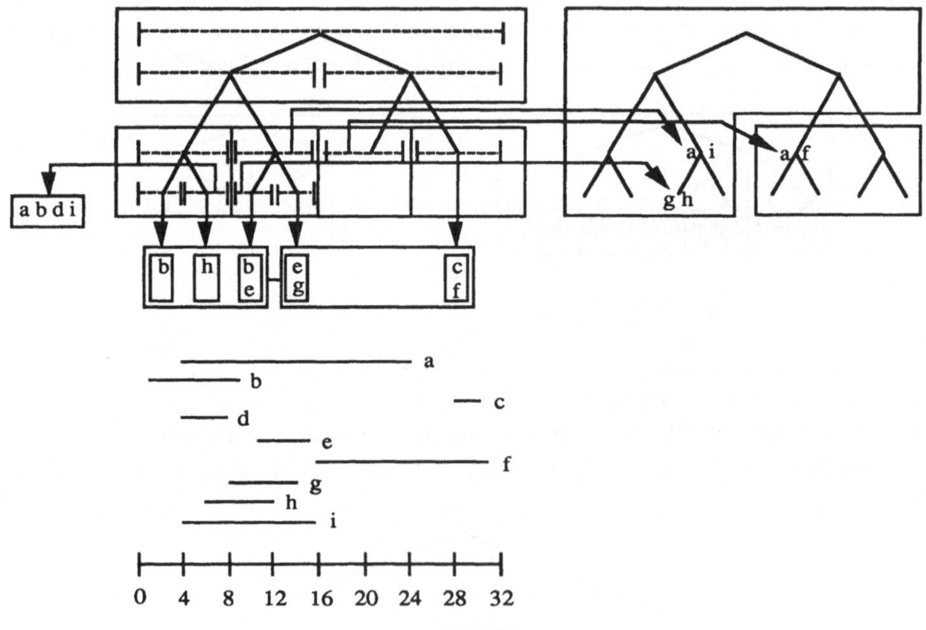

Abbildung 5-6

Abschließend sei die komplette Struktur eines EST für den allgemeinen Fall noch einmal zusammengefaßt (siehe Abb. 5-7): Neben einer in Seiten aufgeteilten Skelettstruktur (in der Mitte) besteht ein EST aus einer Folge von Blattlisten, die auf einer Folge von Blattseiten (unten) dargestellt wird. Außerdem besteht er aus Überdeckungslisten, die, abhängig von ihrer Größe, separat (links) oder gemeinsam (rechts) auf Überdeckungsseiten verwaltet werden.

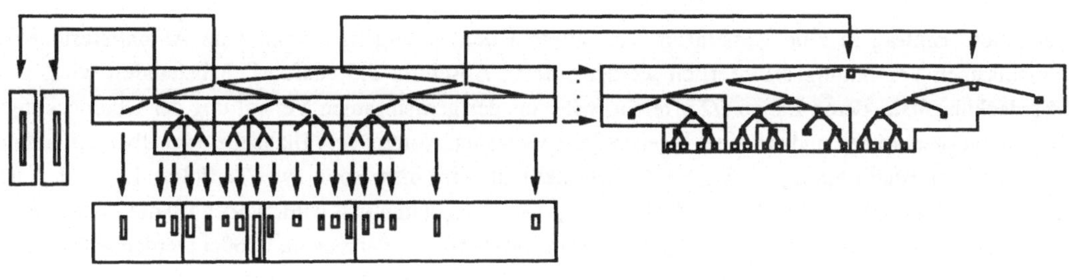

Abbildung 5-7

5.2. Suchen

Der EST unterstützt Punkteinschluß- (PE-) Suchen. Eine PE-Suche sucht mit einem gegebenen Suchwert q nach allen Intervallen, die diesen Wert q einschließen. Wie im internen Fall verfolgt man dabei in der Skelettstruktur einen Pfad von der Wurzel bis zu dem Blatt v, dessen Knotenintervall q enthält. Alle Intervalle in den zugehörigen Überdeckungslisten zählen zum Suchergebnis und werden ausgegeben. Die Intervalle in der Blattliste von v werden überprüft, um die Intervalle, die q einschließen, ebenfalls auszugeben.

Der Suchaufwand PE ist die Summe aus den Zugriffen auf Strukturseiten $PE_{structure}$, Überdeckungsseiten PE_{cover} und Blattseiten PE_{leaf}. PE_{leaf} ist offensichtlich 1. Weil PE-Suchen auf einen Pfad in der Skelettstruktur beschränkt sind, ergibt sich $PE_{structure}$ im schlechtesten Fall als die externe Höhe H der Skelettstruktur. Bei den PE_{cover} Zugriffen unterscheiden wir zwischen Zugriffen auf separat verwaltete und auf gemeinsam verwaltete Überdeckungsseiten. Für jeden Zugriff auf eine separat verwaltete Überdeckungsseite kann man mindestens c/2 Intervalle ausgeben. Die Anzahl PE_{cover_j} der Zugriffe auf gemeinsam verwaltete Überdeckungsseiten ist durch die interne Höhe h der Skelettstruktur nach oben beschränkt. Damit ist $PE_{cover} \le h + t / (c/2)$, wobei t die Anzahl der bei der Suche gefundenen Intervalle angibt. Mit h = O(log N) ergibt sich in einem EST auf einem Raster der Größe N im schlechtesten Fall ein Suchaufwand von PE = O(log N + t/c) bzw. O(log N + t), wenn man c als Konstante betrachtet. Interessanter und aussagekräftiger als diese Aussagen für den schlechtesten Fall ist das in praktischen Fällen zu erwartende Verhalten, das in Abschnitt 5.7 analysiert wird. Wir möchten darauf hinweisen, daß in

$$PE \le H + 1 + PE_{cover\_j} + 2 \cdot \frac{t}{c}$$

H recht klein ist (in allen praktisch auftretenden Fällen höchstens 3) und daß die t / (c/2) Zugriffe durch gefundene Intervalle "bezahlt" werden. Damit ist es von entscheidender Wichtigkeit, die Anzahl PE_{cover_j} der Zugriffe auf gemeinsam verwaltete Überdeckungsseiten zu minimieren, denn h ist nur eine eine sehr schwache obere Schranke. Diese Anzahl hängt von unserer in Abschnitt 5.6 beschriebenen Lösung des Cover-Balancing Problems ab.

5.3. Einfügen

Analog zum internen Fall bestimmt man beim Einfügen eines Intervalls $i \in I$ die auf einem gegabelten Pfad liegenden überdeckten Knoten in der Skelettstruktur und trägt das Intervall i anhand der überdeckenden Fragmente in die entsprechenden Überdeckungslisten ein; ein nicht-überdeckendes Endfragment führt zu einem Eintrag in die entsprechende Blattliste.

Bei einem Eintrag in eine gemeinsam verwaltete Überdeckungsliste kann eine Aktualisierung der gemeinsamen Verwaltung erforderlich werden, die in Abschnitt 5.6 ausführlich behandelt wird. Eine Überdeckungsliste, deren Länge c/2 erreicht, wird aus der gemeinsamen Verwaltung der Überdeckungslisten herausgenommen und auf einer eigenen Seite verwaltet. Kommt eine Blattseite zum Überlauf, auf der eine Folge von Blattlisten $L_1, \ldots, L_r, r > 1$, dargestellt ist, wird diese so in zwei Teilfolgen $L_1, \ldots, L_m$ und $L_{m+1}, \ldots, L_r$, zerlegt, daß $|(|L_1| + \ldots + |L_m|) - (|L_{m+1}| + \ldots + |L_r|)|$ minimal wird, wobei $|L_i|$ die Länge von L_i bezeichnet. Jede dieser Teilfolgen wird auf einer eigenen Blattseite dargestellt. Größer werdende Blattlisten werden hierdurch schließlich auf einer eigenen Blattseite isoliert. Tritt auf einer Blattseite mit genau einer Blattliste durch das Einfügen des (c+1)-sten Elementes ein Überlauf ein, wird der entsprechende Blattknoten v der Skelettstruktur zu einem inneren Knoten ausgebaut, und die c+1 Intervalle der ursprünglichen Blattliste werden, wie oben beschrieben, durch die Söhne gefiltert. Im schlechtesten Fall (wenn z.B. alle c+1 Intervalle fast das gesamte Knotenintervall von v überdecken) kann der Überlauf einer Blattliste nicht nur zum Entstehen zweier neuer Sohnknoten, sondern zum Aufbau eines "maximalen gegabelten Pfades" in der Skelettstruktur führen. Dieser ist dadurch gekennzeichnet, daß die ursprünglichen Intervalle im linken Teilpfad in allen Überdeckungslisten der rechten Söhne und im rechten Teilpfad in allen Überdeckungslisten der linken Söhne einen Eintrag verursachen. Im schlechtesten Fall können dabei auf jeder Ebene unterhalb von v höchstens 2 Überdeckungslisten mit c+1 Intervallen und auf der letzten Stufe zwei Blattlisten entstehen.

Der Aufwand *II* für das Einfügen eines Intervalls ergibt sich aus den Zugriffen auf Struktur-, Überdeckungs- und Blattseiten. Wie im internen Fall kann ein Intervall auf jeder Ebene in der Skelettstruktur höchstens zwei Einträge in gemeinsam oder separat verwaltete Überdeckungslisten verursachen. Außerdem kann es in höchstens zwei Blattlisten eingetragen werden. Wie bereits erwähnt, kann der Überlauf einer solchen Blattliste im schlechtesten Fall zum Aufbau eines "maximalen gegabelten Pfades" führen. Bei dessen Aufbau können in der Skelettstruktur mit externer Höhe H und interner Höhe h höchstens $4 \cdot H$ Zugriffe erforderlich werden. Das Einfügen eines Intervalls in gemeinsam oder separat verwaltete Überdeckungslisten kann maximal einen Aufwand von O(h) Zugriffen verursachen (siehe Abschnitt 5.6), so daß beim Überlauf einer Blattliste insgesamt höchstens ein Aufwand von O(h) entstehen kann. Damit ergibt sich insgesamt im schlechtesten Fall ein Einfügeaufwand von II = O(log N) pro Intervall. Wieder erscheint eine Analyse des in praktischen Fällen zu erwartenden Aufwands (siehe Abschnitt 5.7) interessanter.

5.4. Löschen

Beim Löschen wird ein Intervall $i \in I$ anhand seiner überdeckenden Fragmente aus den Überdeckungslisten aller überdeckten Knoten der Skelettstruktur gelöscht und gegebenenfalls anhand eines oder zweier Endfragmente aus den entsprechenden Blattlisten entfernt. Teile der Skelettstruktur, die weniger als c+1 Intervalle filtern, werden in einem Blattknoten und die entsprechenden Intervalle in der zugehörigen Blattliste zusammengefaßt.

Das Löschen eines Elementes aus einer gemeinsam verwalteten Überdeckungsliste kann zu einer Aktualisierung der gemeinsam verwalteten Überdeckungsseiten führen, die in Abschnitt 5.6 behandelt wird. Einzeln verwaltete Überdeckungslisten, deren Länge unter c/2 sinkt, werden in die gemeinsame Verwaltung der Überdeckungslisten aufgenommen. Blattseiten, die unterfüllt werden, werden mit der Vorgängerseite (und/oder Nachfolgerseite) in der Folge der Blattseiten balanciert. Ist das nicht möglich, weil z.B. durch eine Hinzunahme der letzten Liste der Vorgängerseite oder durch eine Hinzunahme der ersten Liste der Nachfolgerseite die Seitenkapazität c überschritten würde, tolerieren wir die unterfüllte Blattseite. In diesem Fall ist eine durchschnittliche Füllung der zwei (oder drei) Blattseiten von über 50% garantiert.

Für den Aufwand DI für das Löschen eines Intervalls gelten ähnliche Überlegungen wie beim Einfügen. Anders als beim Einfügen, wo man ein Intervall jeweils am Anfang einer Überdeckungs- oder Blattliste eintragen kann, muß ein Intervall vor dem Löschen erst anhand seiner Fragmente innerhalb der Listen lokalisiert werden.[5] Um auch beim Löschen immer einen Aufwand von DI = O(log N) pro Intervall garantieren zu können, muß man ein Intervall in allen Überdeckungslisten, auch wenn sie sich über mehrere Überdeckungsseiten erstrecken, jeweils mit einem Zugriff lokalisieren. Das kann man, ähnlich wie im internen Fall, erreichen, indem man sich zu jedem Intervall die Überdeckungsseiten, auf denen es dargestellt ist, in einer gesonderten Tabelle merkt, die beispielsweise als B-Baum organisiert sein kann. In praktischen Fällen, insbesondere wenn wenig Löschungen zu erwarten sind, wird man auf diese zusätzliche Tabelle in der Regel verzichten, auch wenn dadurch im schlechtesten Fall der angegebene Aufwand nicht mehr garantiert werden kann.

5.5. Speicherplatzbedarf

Der Speicherplatzbedarf im schlechtesten Fall für einen EST, der n Intervalle darstellt, läßt sich wieder gemäß der unterschiedlichen Seitentypen aufteilen in $SR_{structure}$, SR_{cover} und SR_{leaf}. Es existieren höchstens 2n / (c/2) = 4 n/c Blattseiten, weil n Intervalle höchstens anhand von 2n Endfragmenten in Blattseiten dargestellt werden können und Blattseiten zu mindestens 50% gefüllt sind. Jedes Intervall kann nur weniger als 2 log N Einträge in Überdeckungslisten verursachen, und diese sind ebenfalls zu mindestens 50% gefüllt (mit Ausnahme einer Wurzelseite, siehe Abschnitt 5.6), so daß 2 (log N) · n / (c/2) = 4 n/c · (log N) eine obere Schranke für die Anzahl benötigter Überdeckungsseiten ist. Die Anzahl erforderlicher Strukturseiten ist etwas schwieriger zu bestimmen. Dazu sei ein innerer Knoten der Skelettstruktur, der zwei Blätter als Sohnknoten besitzt, als *Pseudo-Blatt* bezeichnet. Wie jeder innere Knoten filtert ein Pseudo-Blatt v mehr als c Intervalle. Das bedeutet, daß die Blattlisten und Überdeckungslisten der beiden Sohnknoten von v zusammen mehr als c Intervalle darstellen. Während es für die Größe einer einzelnen Blattliste keine untere Schranke gibt, wissen wir, daß jedes Pseudo-Blatt mindestens c Intervalle "konsumiert", so daß in einer Skelettstruktur nicht mehr als 2 n/c Pseudo-Blätter existieren können. Nun "belasten" wir jedes Pseudo-Blatt v mit einigen Strukturseiten, und zwar mit den Seiten, die den Pfad zu v enthalten, und mit den Seiten, die Sohnknoten von Knoten dieses Pfades beinhalten. Hierdurch werden alle Seiten der Skelettstruktur Pseudo-Blättern zugeordnet, denn jeder innere Knoten ist ein Vorfahre eines Pseudo-Blattes, und trivialerweise ist jedes Blatt der Sohn eines inneren Knotens. Im schlechtesten Fall gibt es bei jedem Seitenwechsel entlang des Pfades zu einem Pseudo-Blatt eine zusätzliche Seite, die nur ein einzelnes Blatt der Skelettstruktur beinhaltet, und die beiden Söhne des Pseudo-Blattes können jeweils auf einer eigenen Seite stehen. Somit stellt die in Abb. 5-8 gezeigte Struktur den schlechtesten Fall dar.

---

[5] Hierbei handelt es sich um ein beim internen Segment Tree wohlbekanntes Problem, und wir verwenden eine ähnliche Lösungstechnik.

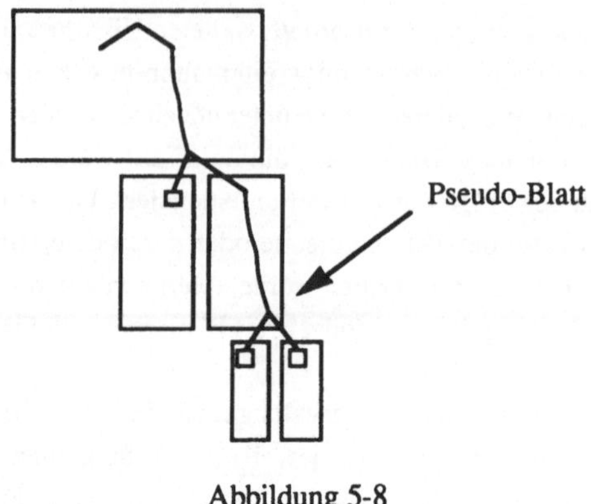

Abbildung 5-8

Im allgemeinen ist 2H - 1 eine obere Schranke für die Anzahl der Strukturseiten pro Pseudo-Blatt; wegen H ≤ 3 ist das in allen praktischen Fällen weniger als 5. Deshalb existieren nicht mehr als (2H - 1) · (2 n/c) Strukturseiten. Damit ist O(n/c log N) eine obere Schranke für den Speicherplatzbedarf im schlechtesten Fall. In praktischen Fällen ist ein wesentlich geringerer Speicherplatzbedarf zu erwarten, wie in Abschnitt 5.7 dargestellt ist.

5.6. Das Cover-Balancing Problem

Die gemeinsame Verwaltung von kleinen Überdeckungslisten ist das zentrale noch zu lösende Problem. Die Ziele dieser gemeinsamen Verwaltung sind:

(a)   eine gute Unterstützung von Punkteinschluß-Suchen,

(b)   eine garantierte Seitenauslastung von 50%,

(c)   ein Aufrechterhalten dieser Eigenschaften unter Updates mit vertretbarem Aufwand,

(d)   Einfachheit.

Wir betrachten eine Abstraktion dieses Problems, bei der wir den Knoten der Skelettstruktur eines EST Gewichte anstatt Überdeckungslisten zuordnen (siehe Abb. 5-9). Das Gewicht entspricht der Länge der Überdeckungsliste; eine separat verwaltete Liste, wie auch eine leere Liste, besitzt das Gewicht 0.

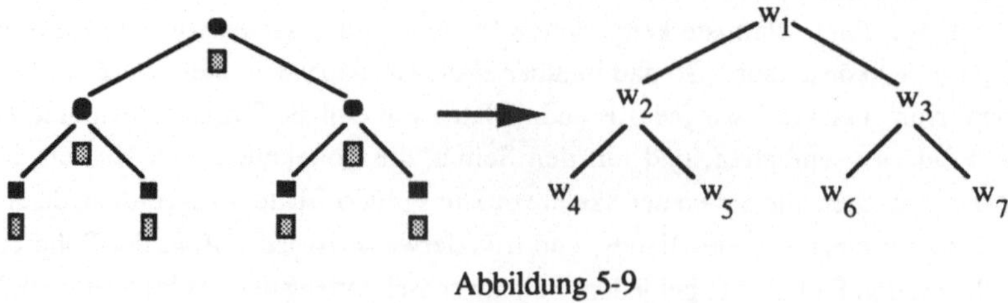

Abbildung 5-9

Die Verteilung der Gewichte w_i ($0 \leq w_i \leq \lceil c/2 \rceil - 1$) dieses *Cover-Baums* auf Seiten bezeichnen wir als das *Cover-Balancing Problem*. Im *statischen Fall* ist eine Seitenaufteilung des Cover-Baums gesucht, die (a), (b) und (d) erfüllt. Im *dynamischen Fall* sind (a), (b) und (d) unter solchen Gewichtsveränderungen aufrechtzuerhalten, die das Einfügen und Löschen von Intervallen in Überdeckungslisten simulieren: Beim Einfügen wird eine Überdeckungsliste um ein Intervall verlängert, das entsprechende Gewicht wird also um 1 erhöht. Wenn die Liste dabei zu lang wird, d.h. $w_i > \lceil c/2 \rceil - 1$, wird sie aus der gemeinsamen Verwaltung entfernt, so daß das Gewicht auf 0 sinkt. Beim Löschen eines Intervalls wird eine Überdeckungsliste um ein Intervall verkürzt, wodurch das Gewicht um 1 sinkt. Wenn eine separat verwaltete Überdeckungsliste dadurch weniger als c/2 Intervalle enthält, wird sie in die gemeinsame Verwaltung aufgenommen, wodurch das entsprechende Gewicht von 0 auf $\lceil c/2 \rceil - 1$ steigt.

Zur Behandlung des Cover-Balancing Problems im statischen und im dynamischen Fall führen wir zunächst einige Definitionen ein:

Ein *Cover-Baum C* sei ein vollständiger binärer Baum der Höhe h, in dem jedem Knoten v ein Gewicht $w(v) \in \{0,\ldots, m\}$ mit $m = \lceil c/2 \rceil - 1$ zugeordnet ist. Mit C bezeichnen wir ebenfalls die Knotenmenge dieses Baumes.

Sei S eine endliche Menge (von Seiten). Eine *Einbettung* (oder eine *Seitenaufteilung*) e eines Cover-Baums C ist eine Abbildung $e: C \rightarrow S$, so daß gilt:

$$\forall s \in S: \sum_{v \in e^{-1}(s)} w(v) \leq c .$$

Gewichte werden also so auf Seiten abgebildet, daß ein Seitengewicht die Seitenkapazität c nicht überschreitet. Die einem Teilbaum C' zugeordnete Seitenmenge *e(C')* und sein Gewicht *w(C')* sind definiert als

$$e(C') := \bigcup_{v \in C'} \{e(v)\} \quad \text{und} \quad w(C') := \sum_{v \in C'} w(v) .$$

Zu jedem Knoten $v \in C$ sei *path(v)* der Pfad von der Wurzel bis zu diesem Knoten im Cover-Baum C. Die *externe Pfadlänge pl(v)* sei dann die Anzahl der Seiten, auf denen Knoten auf dem Pfad zu v existieren, die ein von Null verschiedenes Gewicht[6] besitzen. Für eine Einbettung e eines Cover-Baums C ist die *durchschnittliche externe Pfadlänge APL(C)* definiert als der Durchschnitt über die externen Pfadlängen zu allen Blättern leaves(C) von C:

$$APL(C) := \frac{1}{|\text{leaves}(C)|} \cdot \sum_{v \in \text{leaves}(C)} pl(v)$$

5.6.1. Der statische Fall

Das *statische Cover-Balancing Problem* lautet:

Finde zu einem gegebenen Cover-Baum C eine Einbettung e in eine Menge S von Seiten mit Seitenkapazität c, die bei einer garantierten Seitenauslastung von 50% zu einer guten durchschnittlichen externen Pfadlänge führt.

---

[6] Such- und Update-Algorithmen können so implementiert werden, daß das Passieren einer Überdeckungsliste der Länge 0 oder eine Zuordnung der Liste zu einer anderen Seite keinen Zugriff auf diese Seite erfordert.

Es handelt sich hierbei um ein "vages" Problem in dem Sinne, daß wir nicht genau definieren können, was eine "gute" durchschnittliche externe Pfadlänge ist. In Abschnitt 5.7.1 werden wir uns näher mit dieser Frage beschäftigen. Im folgenden formulieren wir zunächst einige Charakteristika von Einbettungen, die zu guten durchschnittlichen externen Pfadlängen führen. Dann geben wir einen Algorithmus an, der eine derartige Einbettung erzeugt. Zur Formulierung dieser Charakteristika benötigen wir einige weitere Definitionen.

Ein *Seitenteilbaum C'* sei ein maximaler Teilbaum eines Cover-Baums C, der unter e auf dieselbe Seite abgebildet wird. Zwei Seitenteilbäume heißen *Buddies*, wenn ihre Wurzelknoten Brüder sind. Sie werden auch als *Sohn-Buddies* des gemeinsamen Vaterknotens bezeichnet. Die Seite, die den Wurzelknoten von C beinhaltet, heißt *Wurzelseite*. Die *Füllung pf* einer Seite s sei die Summe der Gewichte aller Knoten, die auf s abgebildet werden, im Verhältnis zur Seitenkapazität c:

$$pf(s) \; := \; \sum_{v \in e^{-1}(s)} \frac{w(v)}{c} \; .$$

Eine Seite heißt *wohlgefüllt*, wenn ihre Füllung zwischen 50% und 100% liegt, und *unterfüllt*, wenn sie zu weniger als 50% gefüllt ist.

Die gesuchte Einbettung sollte die folgenden Eigenschaften besitzen:

(I1) Jede Seite enthält entweder genau einen Seitenteilbaum oder zwei Buddies.

(I2) Jede Seite, mit Ausnahme der Wurzelseite, ist wohlgefüllt.

(I3) Ein Vaterknoten und seine beiden Sohn-Buddies werden auf derselben Seite dargestellt, falls sie auf eine Seite passen.

(I4) Wenn ein Vaterknoten und seine beiden Sohn-Buddies nicht zusammen auf eine Seite passen, wird der gemeinsamen Darstellung von Buddies Vorrang gegeben vor der gemeinsamen Darstellung des Vaters mit dem leichteren Sohn-Buddy.

Eine Alternative zu (I4) führt zu einer leicht unterschiedlichen Art von Einbettung:

(I4') Wenn ein Vaterknoten und seine beiden Sohn-Buddies nicht zusammen auf eine Seite passen, wird der Vater gemeinsam mit dem leichteren Sohn-Buddy auf einer Seite dargestellt, falls beide auf eine Seite passen und die Seite des schwereren Sohn-Buddies wohlgefüllt ist. Ist das nicht der Fall, werden beide Sohn-Buddies zusammen auf einer Seite dargestellt, falls sie auf eine Seite passen.

Da die beiden resultierenden Einbettungen nicht sehr verschieden sind, werden wir im folgenden Seitenaufteilungen weiter verfolgen, die durch (I1) bis (I4) charakterisiert sind.

Abb. 5-10 veranschaulicht eine Einbettung eines Cover-Baums C mit APL(C) = 2.1 (c = 20, w(C) = 139, |leaves(C)| = 16), welche die Eigenschaften (I1) bis (I4) erfüllt.

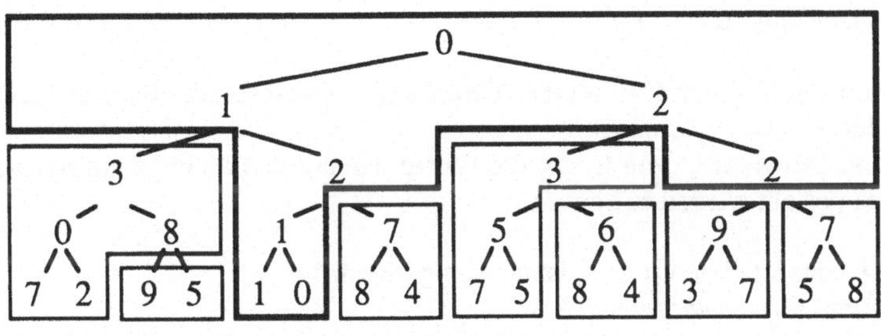

Abbildung 5-10

Zu einem gegebenen Cover-Baum C erzeugt der folgende Algorithmus *embedding* (siehe Abb. 5-12) eine Einbettung, die (I1) bis (I4) erfüllt. Der Algorithmus benutzt ein Prädikat *connected (v, u)*, welches überprüft, ob ein Vaterknoten v mit seinem Sohn u "connected" ist. Das bedeutet folgendes: Zu Beginn ist jeder Vaterknoten mit beiden Söhnen "connected". Im weiteren Verlauf spaltet der Algorithmus Teilbäume ab und bringt sie auf Seiten unter. Die Wurzeln dieser abgespaltenen Teilbäume sind nicht mehr mit ihrem Vater "connected" (siehe Abb. 5-11, in (b) sind v und v_1 nicht mehr "connected").

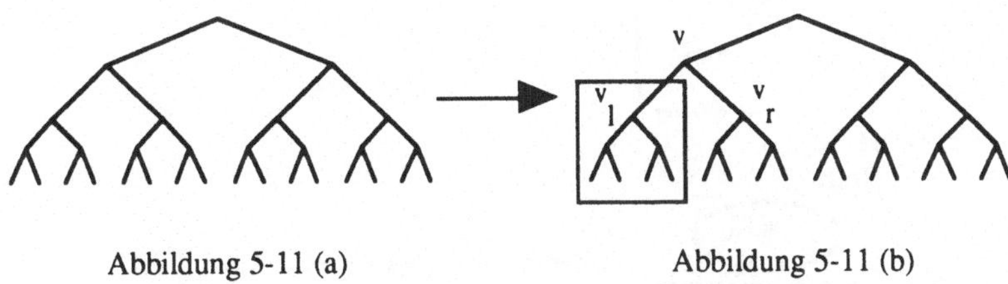

Abbildung 5-11 (a)   Abbildung 5-11 (b)

Der Algorithmus erhält als Eingabe einen Cover-Baum C beliebiger Größe (bzw. mit beliebigem Gewicht) und gibt als Ausgabe einen Teilbaum C' von C zurück, der die Wurzel enthält und auf einer einzigen Seite dargestellt werden kann. Außerdem gibt der Algorithmus als Seiteneffekt den Rest von C in Seiten aufgeteilt zurück; alle diese Seiten sind wohlgefüllt.

Zur leichteren Lesbarkeit haben wir die (explizite und implizite) Ausgabe des Algorithmus' graphisch dargestellt, z.B. in der Form:

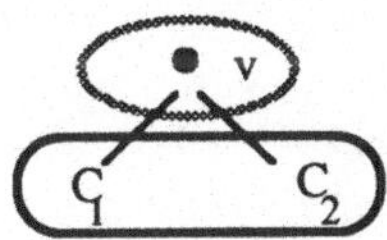

Das bedeutet, daß der Algorithmus die beiden Buddies C_1 und C_2 auf einer Seite darstellt, diese Seite ausgibt und der aufrufenden Prozedur den Teilbaum zurückgibt, der aus dem einzigen Knoten v besteht.

Algorithmus   *embedding (C)*

Eingabe: Ein Cover-Baum C (v sei die Wurzel und Cv_l und Cv_r der linke und rechte Teilbaum mit den Wurzeln v_l bzw. v_r)

Ausgabe: Ein Teilbaum C' von C, der die Wurzel enthält und klein genug ist, um auf einer Seite dargestellt werden zu können.

Methode:

```
if connected (v, v₁) {Cv₁ kann recht groß sein}
then  C₁ ← embedding (Cv₁)
else  {Cv₁ ist bereits auf einer Seite dargestellt und paßt somit auf eine Seite}
      C₁ ← Cv₁
fi;

if connected (v, vᵣ)
then  C₂ ← embedding (Cvᵣ)
else  C₂ ← Cvᵣ
fi;
```

{Nun gilt $w(C_1) \leq c$ und $w(C_2) \leq c$ und natürlich auch $w(v) < c/2$.}

if $w(v) + w(C_1) + w(C_2) \leq c$
then

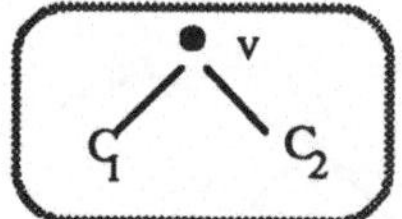

else if $w(C_1) + w(C_2) \leq c$
    then

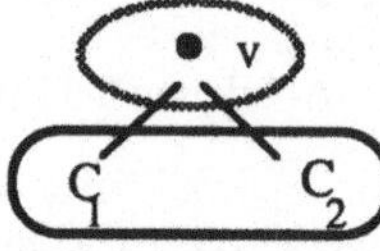

$$\left.\begin{array}{l} c < w(v) + w(C_1) + w(C_2) \\ 0 \leq w(v) < c/2 \\ w(C_1) + w(C_2) \leq c \end{array}\right\} \Rightarrow c/2 \leq w(C_1) + w(C_2) \leq c$$

    else {o.B.d.A. sei $w(C_1) \geq w(C_2)$}
      if $w(v) + w(C_2) \leq c$
      then

$$\left.\begin{array}{l} c < w(C_1) + w(C_2) \\ w(C_1) \geq w(C_2) \\ 0 \leq w(C_1) \leq c \end{array}\right\} \Rightarrow c/2 \leq w(C_1) \leq c$$

      else

$$\left.\begin{array}{l} c < w(v) + w(C_2) \\ 0 \leq w(v) < c/2 \\ 0 \leq w(C_2) \leq c \end{array}\right\} \Rightarrow c/2 \leq w(C_2) \leq c$$

$$\Downarrow$$

$$\left.\begin{array}{l} 0 \leq w(C_1) \leq c \\ w(C_1) \geq w(C_2) \end{array}\right\} \Rightarrow c/2 \leq w(C_1) \leq c$$

```
            fi
        fi
    fi
end embedding.
```

Abbildung 5-12

Es ist leicht zu überprüfen, daß der Algorithmus *embedding* eine Seitenaufteilung eines gegebenen Cover-Baums erzeugt, die (I1) bis (I4) erfüllt. Der äußerste Aufruf von *embedding* gibt einen Teilbaum C' zurück, der die Wurzel des Cover-Baums C enthält; dieser Baum kann auf einer Wurzelseite untergebracht werden, die als einzige Seite unterfüllt sein kann, denn ihr Gewicht kann kleiner als c/2 sein. Durch die Korrektheitsargumente am Rande des Algorithmus' haben wir gezeigt, daß alle anderen erzeugten (implizit ausgegebenen) Seiten wohlgefüllt sind.

Der Algorithmus *embedding* erfordert einen Zeitaufwand, der nur proportional zur Anzahl der Knoten des Cover-Baums C ist, weil der Algorithmus jeden Knoten genau einmal besucht und weil für jeden Knoten ein konstanter Aufwand entsteht (insbesondere kann das Gewicht der Sohn-Buddies mit konstantem Aufwand pro Knoten ermittelt werden). Die Anzahl der Seitenzugriffe entspricht der Anzahl erzeugter Seiten, die durch w(C) / (c/2) nach oben beschränkt ist.

Satz 5.1:   Für einen gegebenen Cover-Baum C erzeugt der Algorithmus *embedding* in O(|C|) Zeit eine Seitenaufteilung, die (I1) bis (I4) erfüllt, wobei höchstens w(C) / (c/2) Seitenzugriffe benötigt werden.

5.6.2. Der dynamische Fall

Um die gerade vorgestellte Lösung zu dynamisieren, müssen die Charakteristika (I1) bis (I4) als *Strukturinvarianten* unter Gewichtsveränderungen aufrechterhalten werden. Nach den einleitenden Bemerkungen zu Beginn von Abschnitt 5.6 läßt sich das *dynamische Cover-Balancing Problem* folgendermaßen formulieren:

Erhalte die Strukturinvarianten (I1) bis (I4) einer Einbettung e eines gegebenen Cover-Baums C in eine Menge S von Seiten mit Seitenkapazität c unter folgenden Operationen auf Gewichten mit vertretbarem Aufwand aufrecht:

$$\begin{array}{llll}
(i) & w(v) = x & \rightarrow \; w(v) = x{+}1 & \text{für} \;\; 0 \leq x < \lceil c/2 \rceil {-} 1 \\
(ii) & w(v) = x & \rightarrow \; w(v) = x{-}1 & \text{für} \;\; 0 < x < \lceil c/2 \rceil \\
(iii) & w(v) = x & \rightarrow \; w(v) = 0 & \text{für} \;\; x = \lceil c/2 \rceil {-} 1 \\
(iv) & w(v) = 0 & \rightarrow \; w(v) = x & \text{für} \;\; x = \lceil c/2 \rceil {-} 1
\end{array}$$

In Abb. 5-13 zeigen wir zunächst anhand von Beispielen, wie Gewichte nach einer Erhöhung bzw. einer Erniedrigung eines Gewichtes eines Knotens in C "balanciert" werden. Die Update-Algorithmen (siehe unten) erlauben sogar allgemeinere Operationen auf Gewichten, nämlich

$$\begin{array}{llll}
(O1) & w(v) = 0 & \rightarrow \; w(v) = x & \text{für} \;\; 0 < x < c/2 \\
(O2) & w(v) = x & \rightarrow \; w(v) = 0 & \text{für} \;\; 0 < x < c/2 \; .
\end{array}$$

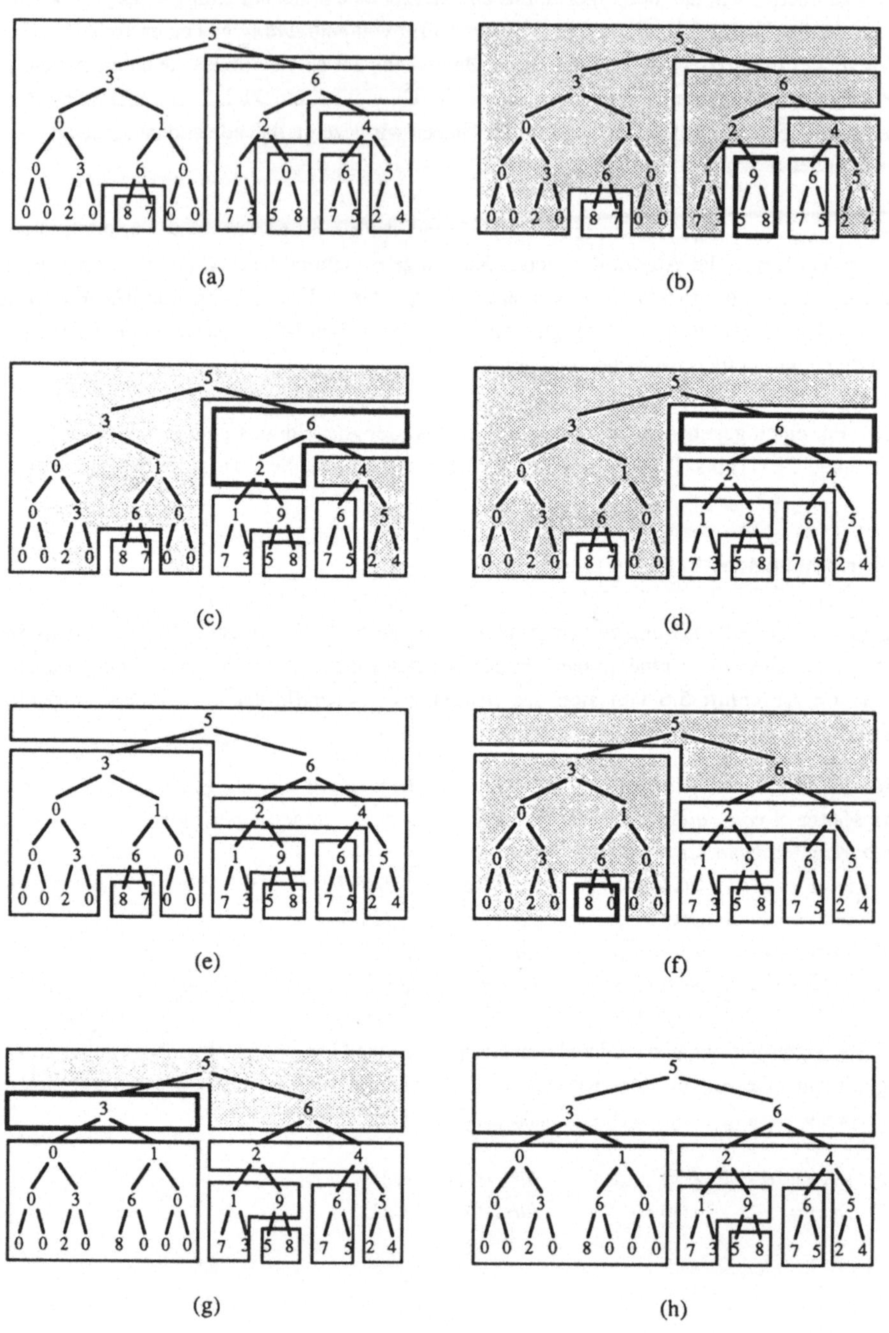

(a)

(b)

(c)

(d)

(e)

(f)

(g)

(h)

Abbildung 5-13

Ausgehend von dem in Abb. 5-13 (a) dargestellten Cover-Baum, wird ein Gewicht 9 eingefügt (Operation O1). Das führt zu einem Überlauf der entsprechenden Seite (b), der in einer Folge von "Momentaufnahmen" in (c), (d) und (e) behandelt wird. Unter- oder überfüllte Seiten sind dabei fett umrandet; Seiten, die beim nachfolgenden dynamischen Rebalancieren betroffen sein können, sind grau dargestellt. Aus dem in Abb. 5-13 (e) dargestellten Baum wird ein Gewicht 7 entfernt (Operation O2), was zu einer Unterfüllung der entsprechenden Seite führt (f), deren Behandlung in (g) und (h) dargestellt ist. In allen Beispielen sei c = 20.

Beim Rebalancieren geht man so vor, daß man mit einer Prozedur *change-weight* das Gewicht eines Knotens u ändert (siehe Abb. 5-14) und anschließend den Algorithmus *maintain-embedding* aufruft (siehe Abb. 5-15), der analog zu *embedding* arbeitet, aber auf den Pfad zu u beschränkt ist.

Algorithmus *change-weight (C, u, g)*

Eingabe: Ein Cover-Baum C mit einem Knoten u, dessen Gewicht den Wert g erhält.
Ausgabe: Ein Teilbaum von C, der die Wurzel beinhaltet und auf eine Seite paßt.

Methode: Lokalisiere u in C;
              $w(u) := g$;
              return *maintain-embedding (C, u)*
end change-weight.

Abbildung 5-14

Offensichtlich wird *maintain-embedding* nur für solche Knoten des Cover-Baums rekursiv aufgerufen, die auf dem Pfad zu u (einschließlich u) liegen. Vom Rebalancieren sind nur Teilbäume betroffen, deren Wurzeln Söhne von Knoten auf diesem Pfad sind. Die Teilbäume selbst haben sich nicht verändert, und jeder von ihnen war bereits auf einer einzelnen Seite untergebracht. Deshalb erfordert *maintain-embedding* für einen Pfad der Länge *l* nicht mehr als (2l + 1) Seitenzugriffe.

Lemma 5.2:
(a) Der Algorithmus *maintain-embedding* erhält eine Seitenaufteilung, die den Strukturinvarianten (I1) bis (I4) genügt, bei der Änderung eines Gewichtes w(v) eines Knotens v in einem Cover-Baum C aufrecht mit einem Aufwand von O(l) Zeit und Seitenzugriffen, wobei l die Länge des Pfades zu v bezeichnet.
(b) Das Einfügen oder Löschen eines Intervalls in einer einzigen Überdeckungsliste eines EST kann maximal einen Aufwand von O(h) Seitenzugriffen erfordern, wobei h die (interne) Höhe der Skelettstruktur angibt.

Lemma 5.2 (b) folgt aus (a) und aus der Tatsache, daß das Einfügen in eine separat verwaltete Überdeckungsliste nur einen einzigen Zugriff auf eine Überdeckungsseite erfordert (für das Löschen gelten ähnliche Überlegungen) und daß die Aufnahme oder Herausnahme einer Liste in bzw. aus der gemeinsamen Verwaltung einer maximalen Gewichtsveränderung unter den Operationen (O1) und (O2) entspricht.

Algorithmus *maintain-embedding (C, u)*

Eingabe: Ein Cover-Baum C und ein Knoten u in C, dessen Gewicht verändert wurde.

Ausgabe: Ein Teilbaum C' von C, der die Wurzel enthält und klein genug ist, um auf einer Seite dargestellt werden zu können.

Methode: {Die übrigen Bezeichnungen entsprechen denen in *embedding*}

if $v_l \in$ path(u)
then $C_1 \leftarrow$ *maintain-embedding (Cv_l, u)*
else $C_1 \leftarrow Cv_l$
fi;

if $v_r \in$ path(u)
then $C_2 \leftarrow$ *maintain-embedding (Cv_r, u)*
else $C_2 \leftarrow Cv_r$
fi;

if $w(v) + w(C_1) + w(C_2) \leq c$
then

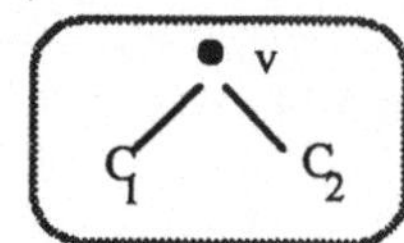

else if $w(C_1) + w(C_2) \leq c$
    then

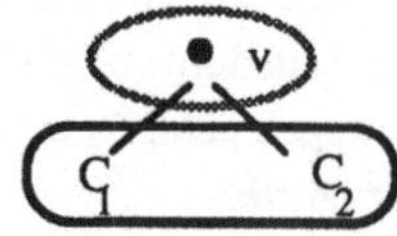

    else {o.B.d.A. sei $w(C_1) \geq w(C_2)$}

        if $w(v) + w(C_2) \leq c$
        then

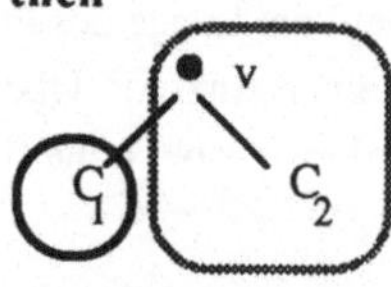

        else

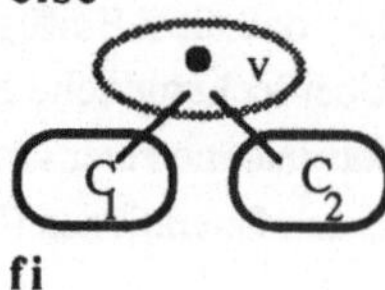

        fi

    fi
fi
end maintain-embedding.

Abbildung 5-15

Um ein Intervall in *allen* Überdeckungslisten eines EST einzufügen oder zu löschen, wird es zunächst *ohne Rebalancieren* in die entsprechenden Überdeckungslisten entlang eines "gegabelten Pfades" in der Skelettstruktur eingetragen bzw. in ihnen gelöscht. Das kann zu Über- und Unterläufen auf einigen Überdeckungsseiten führen, die aber erst nach dem Einfügen bzw. Löschen des Intervalls anhand aller seiner Fragmente behandelt werden. Auf dem korrespondierenden Cover-Baum werden also zunächst alle Gewichtsveränderungen vorgenommen, bevor auf diesem so veränderten Cover-Baum eine leicht modifizierte Version des Algorithmus' *maintain-embedding* angewendet wird, die nur auf dem gegabelten Pfad arbeitet. Wieder ist die Anzahl der betrachteten Teilbäume und die Anzahl von Seitenzugriffen durch O(h) beschränkt, wobei h die (interne) Höhe der Skelettstruktur bezeichnet. Damit ergibt sich:

Satz 5.3: Das Einfügen oder Löschen eines Intervalls erfordert in den Überdeckungslisten eines EST höchstens einen Aufwand von O(h) Seitenzugriffen, wobei h die Höhe der Skelettstruktur angibt.

Abschließend soll mit Abb. 5-16 ein Eindruck vom Wachstum eines Cover-Baums und von der Veränderung seiner Seitenaufteilung bei einer Folge von Gewichtserhöhungen vermittelt werden. Abb. 5-16 (a) zeigt einen Baum, in dem die Numerierung der Knoten die Reihenfolge der Gewichtserhöhungen angibt. In Abb. 5-16 (b) bis (g) ist eine Folge von Momentaufnahmen dargestellt, zwischen denen jeweils eine Folge von Gewichtserhöhungen erfolgt ist. Die Seitenkapazität liegt wieder bei c = 20, unterfüllte Wurzelseiten sind fett umrandet.

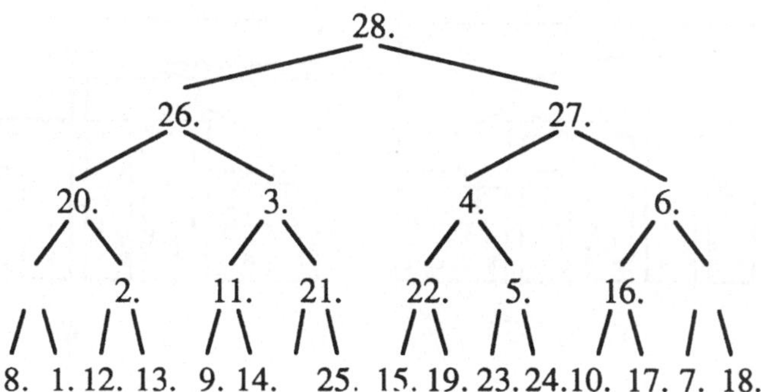

Abbildung 5-16 (a)

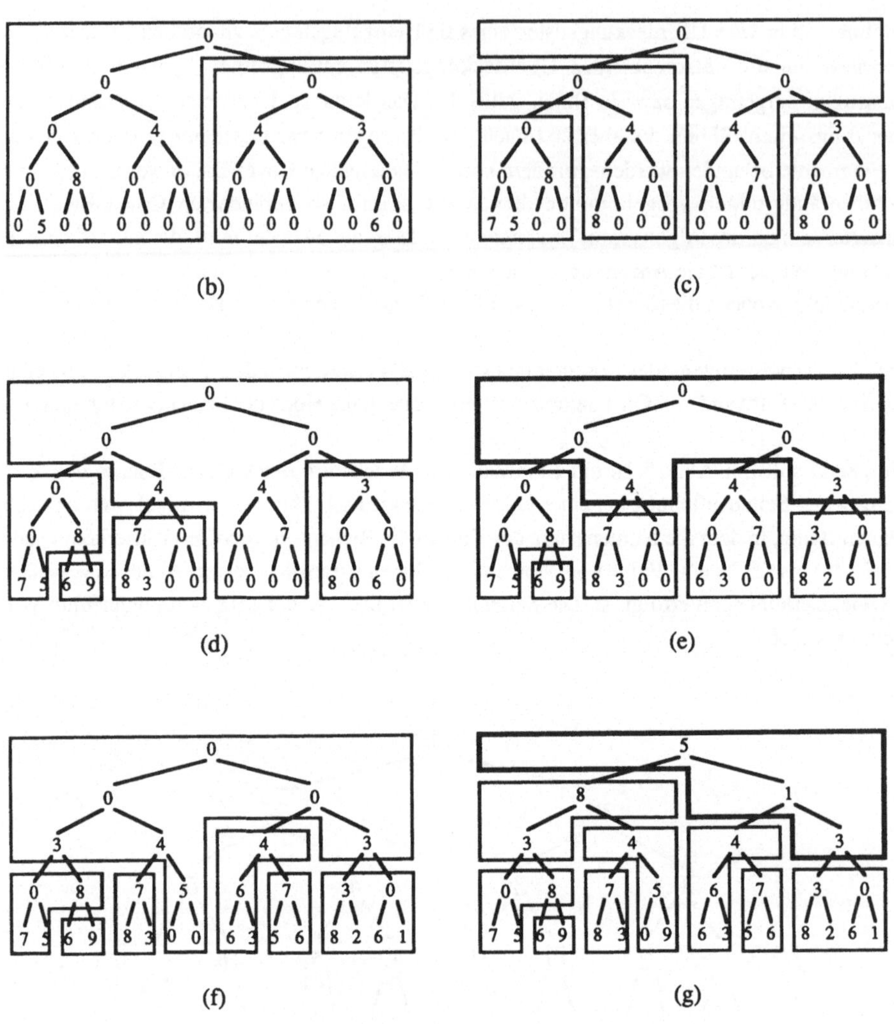

(b)

(c)

(d)

(e)

(f)

(g)

Abbildung 5-16 (b) bis (g)

5.7. Analytische Betrachtungen

Wir betrachten das erwartete Verhalten eines EST. Ohne spezielle Annahmen über die Menge darzustellender Intervalle zu treffen, ermitteln wir in Abschnitt 5.7.1 untere und obere Schranken für die durchschnittliche externe Pfadlänge in einem Cover-Baum. In Abschnitt 5.7.2 analysieren wir das erwartete Verhalten eines EST für eine gleichmäßig über einem Raster verteilte Menge von Intervallen fester Länge. Um diese Ergebnisse zu verdeutlichen, betrachten wir abschließend einige konkrete Zahlenbeispiele.

5.7.1. Allgemeine Aussagen

Allgemein können wir, unabhängig von der darzustellenden Menge I von Intervallen, keine vernünftigen Aussagen zum erwarteten Update-Aufwand und zum erwarteten Speicherplatzbedarf treffen, weil diese Werte sehr stark von der Fragmentierung und damit von der Anzahl und der Länge der Intervalle in I abhängen. Wie wir bereits in Abschnitt 5.2 gesehen haben, liegt der Suchaufwand bei

$$ PE \leq H + 1 + PE_{cover\_j} + 2 \cdot \frac{t}{c} . $$

Alle Terme mit Ausnahme von PE_{cover_j} sind nicht kritisch, weil die Anzahl H der Zugriffe auf Strukturseiten recht klein ist und neben einem Zugriff auf eine Blattseite nur noch Zugriffe auf separat verwaltete Überdeckungslisten entstehen können, wobei aber für jeden Zugriff mindestens c/2 Ergebnisintervalle gefunden werden, und die sich deshalb "lohnen". Der einzige kritische Wert ist also PE_{cover_j}, die erwartete Anzahl von Zugriffen auf gemeinsam verwaltete Überdeckungsseiten. Im erwarteten Fall entspricht PE_{cover_j} der durchschnittlichen (externen) Pfadlänge APL(C) im korrespondierenden Cover-Baum C (siehe Abschnitt 5.6). Deshalb beschäftigen wir uns in diesem Abschnitt damit, APL(C) genauer zu charakterisieren. Wir ermitteln insbesondere eine untere und obere Schranke für APL(C) für ein gegebenes Gewicht w(C).

Die durchschnittliche Pfadlänge, die durch *embedding* in einem Cover-Baum C erzeugt wird, hängt von dem Gewicht w, der Höhe h des Cover-Baums, der Seitenkapazität c und der Verteilung des Gewichtes in C ab. Um eine untere und obere Schranke für die durchschnittliche Pfadlänge APL(w, h, c) zu bestimmen, werden wir die günstigste und die ungünstigste Gewichtsverteilung für ein gegebenes Gewicht w betrachten.

Offensichtlich wird APL um so größer, je näher der Wurzel, und um so kleiner, je weiter entfernt von der Wurzel das Gewicht angeordnet wird. Um eine untere Schranke APL_{min} zu bestimmen, werden möglichst große Gewichte so weit entfernt von der Wurzel wie möglich angeordnet, also so nah wie möglich an den Blättern des Cover-Baums. Das Gewicht eines einzelnen Knotens kann maximal c/2 [7] werden. Deshalb erhält man die für *embedding* günstigste Gewichtsaufteilung, wenn man die Struktur von unten nach oben und o.B.d.A. von links nach rechts mit maximalen Gewichten der Größe c/2 auffüllt, bis das Gewicht w erreicht ist. Abb. 5-17 zeigt eine derartige Gewichtsverteilung mit der entsprechenden durch *embedding* erzeugten Seitenaufteilung.

---

[7] Zur Vereinfachung nehmen wir an, daß c gerade ist, und verwenden c/2 anstatt des genauen Wertes $\lceil c/2 \rceil - 1$.

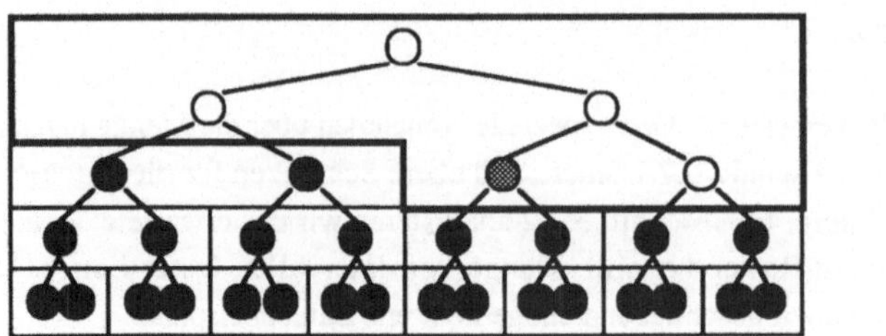

Abbildung 5-17

Es sei nun a die Anzahl der untersten Ebenen, die vollständig mit Gewichten der Größe c/2 aufgefüllt werden, und b die Anzahl der Knoten, die auf der darüberliegenden $(a+1)$-sten Ebene ein Gewicht von c/2 besitzen (nur das letzte Gewicht kann kleiner als c/2 werden). Es besitzen also

$$\frac{b}{2^{h-a-1}}$$

Pfade eine Länge von $a+1$, die restlichen Pfade eine Länge von a[8]. Damit ergibt sich:

$$APL_{min} = a + \frac{b}{2^{h-a-1}}$$

Offensichtlich ergibt sich a als die kleinste ganze Zahl, für die folgendes gilt

$$\left(\sum_{i=1}^{a} 2^{h-i}\right) \cdot \frac{c}{2} = \left(2^h - 2^{h-a}\right) \cdot \frac{c}{2} \leq w$$

und die man als

$$a = \left\lfloor -\log\left(1 - \frac{w}{2^{h-1} \cdot c}\right)\right\rfloor$$

berechnen kann. Der ganzzahlige Anteil von APL_{min} ergibt sich damit als

$$APL_{min} = \left\lfloor -\log\left(1 - \frac{w}{2^{h-1} \cdot c}\right)\right\rfloor.$$

Um eine obere Schranke APL_{max} für $APL(w, h, c)$ zu bestimmen, wird das gegebene Gewicht w möglichst nahe der Wurzel so angeordnet, daß die Seitenfüllung möglichst gering ist. Eine maximale externe Pfadlänge ist erreicht, wenn man bei jedem Übergang von einem Knoten zu einem Sohnknoten auf eine neue Seite zugreifen muß (längere Pfade auf einer Seite reduzieren nur die externe Pfadlänge). Deshalb nehmen wir o.B.d.A. eine Seitenaufteilung eines Cover-Baums wie in Abb. 5-18 an.

---

[8] Es sei daran erinnert, daß kein Seitenzugriff zum Passieren eines Knotens mit dem Gewicht 0 erforderlich ist und daß die externe Pfadlänge entsprechend definiert wurde.

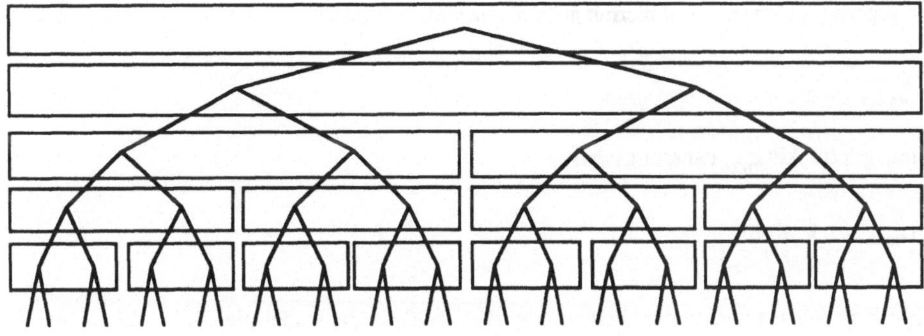

Abbildung 5-18

Zur Ermittlung des kleinsten Gewichtes w(k), das unter *embedding* zu einer Seitenaufteilung mit einer durchschnittlichen externen Pfadlänge von k führt, konzentrieren wir uns vereinfachend auf ganzzahlige Werte von APL und damit auf symmetrische Seitenaufteilungen wie in Abb. 5-18. *Embedding* stellt einen Vaterknoten und seine Söhne auf derselben Seite dar, sobald dieses möglich ist. Um die gewünschte Seitenaufteilung zu erhalten, ist es also notwendig, daß die Summe der Gewichte eines Vaterknotens und seiner beiden Sohnknoten mindestens c+1 ist. Diese Gruppen sind in Abb. 5-19 veranschaulicht.

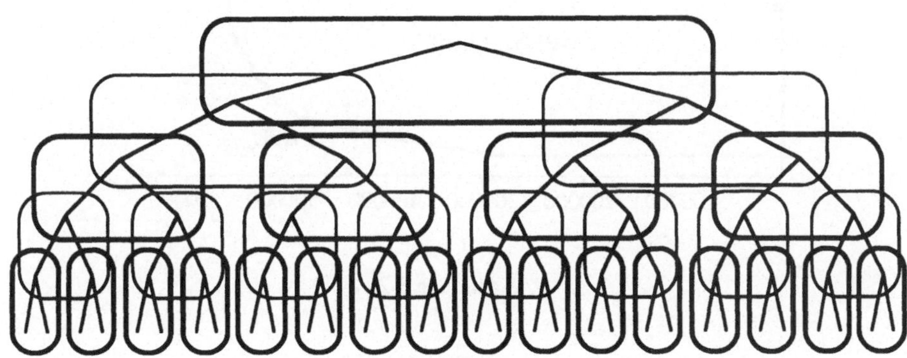

Abbildung 5-19

Weil diese Bedingung für alle Gruppen gilt, gilt sie insbesondere für die Gruppen, die durch einen fetten Rahmen hervorgehoben sind. Diese zuletzt genannten Gruppen stellen ebenfalls eine Seitenaufteilung des Cover-Baums dar. Für gerades k (für ungerades k analog) läßt sich deshalb das gesuchte Gewicht w(k) berechnen als

$$w(k) \geq (c+1) \cdot \sum_{i=0}^{k/2-1} 4^i$$

$$= (c+1) \cdot \frac{1}{3} \cdot \left(4^{k/2} - 1\right)$$

$$\approx \frac{c+1}{3} \cdot 2^k$$

Für ein gegebenes Gewicht w ist hiermit auch die maximale durchschnittliche Pfadlänge bestimmt:

$$2^k \leq \frac{w}{(c+1)/3}$$

und damit gilt für APL_{max} näherungsweise

$$APL_{max} = k \leq \log\frac{w}{c/3} \;.$$

Um diese Ergebnisse zu veranschaulichen, zeigt Abb. 5-20 ein Zahlenbeispiel für h = 14 und c = 70. Leider liegen die untere Schranke APL_{min} und die obere Schranke APL_{max} sehr weit auseinander - die große Differenz macht deutlich, daß APL sehr stark von der Verteilung der Gewichte im Cover-Baum abhängt. Die Gewichtsverteilung basiert auf der Fragmentierung der dargestellten Intervalle, die ihrerseits wesentlich von der Länge und der Verteilung der Intervalle abhängt. Hierdurch ist eine weitere Motivation für unsere Untersuchung spezifischer Fälle im nächsten Abschnitt gegeben.

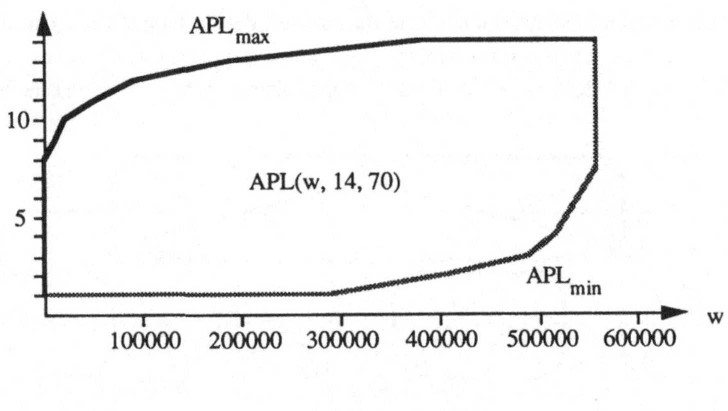

Abbildung 5-20

5.7.2. Analyse für gleichmäßig verteilte Intervalle fester Länge

Der Speicherplatzbedarf, der Aufwand für PE-Suchen und der Update-Aufwand hängen von der Höhe der Fragmentierung einer Menge I von Intervallen und deren Verteilung im EST ab. Die Höhe der Fragmentierung hängt ihrerseits von der Länge der Intervalle im Verhältnis zur Anzahl dargestellter Intervalle ab. Um diese Beziehung besser zu verstehen, untersuchen wir in diesem Abschnitt eine gleichmäßig über einem Raster verteilte Menge I von Intervallen gleicher Länge. Wir ermitteln zunächst die Höhe der entstehenden Fragmentierung, bevor wir mit Hilfe der gewonnenen Ergebnisse PE, SR, II und DI analysieren. Die Ergebnisse lassen sich auch leicht auf gleichmäßig verteilte Intervallmengen mit verschiedenen festen Intervallängen verallgemeinern.

Fragmentierung

Für das Folgende legen wir eine Menge I von n gleichmäßig verteilten Intervallen fester Länge i zugrunde.

Unter der *Fragmentierung f* verstehen wir die durchschnittliche Anzahl der Fragmente, anhand derer ein Intervall im EST dargestellt wird. Die Fragmentierung f teilt sich auf in die *Fragmentierung in den Blattlisten* f_L und die *Fragmentierung in den Überdeckungslisten* f_C.

Die Fragmentierung f_L eines Intervalls der Länge i in den Blattlisten hängt von der Länge *k* der Blattknotenintervalle der Skelettstruktur und dem Verhältnis zwischen i und k ab. Die Länge k der Blattknotenintervalle hängt von der Rastergröße N und der Anzahl l der Blätter der Skelettstruktur ab. Für gleichmäßig verteilte Intervallmengen gilt:

$$k = \frac{N}{l}$$

Die Anzahl *l* der Blätter der Skelettstruktur ist von der Anzahl n der dargestellten Intervalle und der Seitenkapazität c abhängig. Weil jedes Intervall durchschnittlich mindestens in einer und höchstens (anhand zweier Endfragmente) in zwei Blattlisten dargestellt sein kann, gilt im ungünstigsten Fall

$$l = 2^{\left\lceil \log \frac{2n}{c} \right\rceil}$$

und damit

$$k = \frac{N}{2^{\left\lceil \log \frac{2n}{c} \right\rceil}}$$

Mit Hilfe von l kann man nun auch die interne Höhe h und die externe Höhe H der Skelettstruktur für gleichmäßig verteilte Intervallmengen bestimmen, wobei h_S wieder die Höhe eines maximalen Seitenteilbaums einer Strukturseite angibt:

$$h = (\log_2 l) + 1 = \left\lceil \log \frac{2n}{c} \right\rceil + 1$$

$$H = \left\lceil \frac{h}{h_S} \right\rceil = \left\lceil \frac{\left\lceil \log \frac{2n}{c} \right\rceil + 1}{h_S} \right\rceil$$

Um die Fragmentierung f_L eines Intervalls in den Blattlisten zu ermitteln, bilden wir die durchschnittliche Fragmentierung über die Positionen, die ein Intervall auf dem Raster einnehmen kann. Dazu bewegen wir ein Intervall der Länge i um k Einheiten von links nach rechts über das Raster und bilden den Durchschnitt über die Anzahl der Fragmente, die dabei in den Blattlisten entstehen.[9] Abb. 5-21 zeigt ein Beispiel für i = 5 und k = 4.

---

[9] Bei dieser Art der Ermittlung der durchschnittlichen Fragmentierung vernachlässigen wir Ungenauigkeiten, die, bei sehr großen Intervallen, am rechten Rand des Rasters entstehen, die aber für unsere Zwecke unerheblich sind.

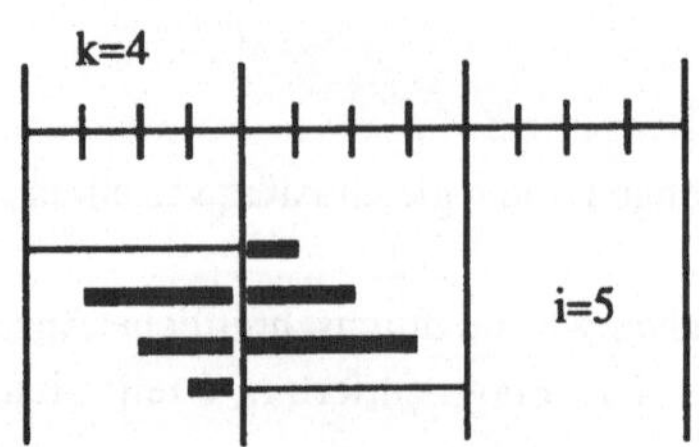

Abbildung 5-21

Jedes Intervall der Länge $i > k$ mit $i \neq b{\cdot}k$, $b \in \mathbb{N}$, verursacht in zwei Positionen eine Fragmentierung von 1, in den restlichen k-2 Positionen eine Fragmentierung von 2. Jedes Intervall der Länge $i = b{\cdot}k$ führt in einer Position zu keiner Fragmentierung, in den anderen k-1 Positionen zu einer Fragmentierung von 2. Jedes Intervall der Länge $i < k$ verursacht in i-1 Fällen eine Fragmentierung von 2, in den anderen k-i+1 Fällen eine Fragmentierung von 1. Zusammengefaßt ergibt sich:

Lemma 5.4: Für ein Intervall der Länge i entsteht in den Blattlisten eines EST mit Blattknotenintervallen der Länge k eine durchschnittliche Fragmentierung von

$$f_L(i,k) \;=\; \begin{cases} 1 + \dfrac{i-1}{k} & \text{für } i < k \\[2mm] 2 - \dfrac{2}{k} & \text{für } i \geq k \end{cases}$$

Die Fragmentierung f_C eines Intervalls in den Überdeckungslisten hängt ebenfalls von der Intervallänge i, von der Länge k der Blattknotenintervalle und von dem Verhältnis zwischen i und k ab. Wir zerlegen i in die größte in i enthaltene 2er-Potenz und den Rest, dargestellt in der Form $i = 2^y + z$ mit $0 \leq z < 2^y$ und $y \in \mathbb{N}_0$. Da k selbst eine 2er-Potenz ist, kann man 2^y als $2^x{\cdot}k$ mit $x \in \mathbb{N}_0$ darstellen. Zur Ermittlung von f_C bewegen wir ein Intervall der Länge i um 2^y Einheiten von links nach rechts über das Raster und bilden den Durchschnitt über die Anzahl der Fragmente, die in den Überdeckungslisten entstehen. Dabei ist zu beachten, daß $x = \log(i-z)/k$ die Anzahl der untersten Stufen (einschließlich der Blattebene) angibt, auf denen ein Intervall der Länge i Einträge verursachen kann. Abb. 5-22 zeigt ein Beispiel für $i = 5$ und $k = 1$.

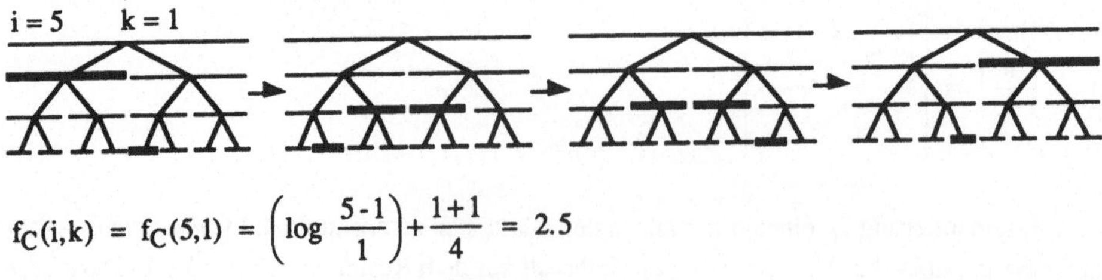

$$f_C(i,k) = f_C(5,1) = \left(\log \frac{5-1}{1} \right) + \frac{1+1}{4} = 2.5$$

Abbildung 5-22

Eine genaue Beobachtung der Verteilung der Fragmente auf die Knoten der Skelettstruktur (siehe auch Abb. 5-22) ergibt:

Lemma 5.5: Ein Intervall der Länge $i \geq k$ mit $i = 2^y + z$, $0 \leq z < 2^y$ und $y \in \mathbb{N}_0$, verursacht auf jeder der $x = \log (i-z)/k$ untersten Stufen der Skelettstruktur durchschnittlich einen Eintrag, und mit $(z+1)/2^y$ weniger als einen Eintrag auf der $(x+1)$-sten Stufe von unten.

Für die Fragmentierung f_C in den Überdeckungslisten ergibt sich:

Korollar 5.6: Für jedes Intervall der Länge i, für $i \geq k$ mit $i = 2^y + z$, $0 \leq z < 2^y$ und $y \in \mathbb{N}_0$, entsteht in den Überdeckungslisten eines EST mit Blattknotenintervallen der Länge k eine durchschnittliche Fragmentierung von

$$f_C(i,k) \;=\; \begin{cases} 0 & \text{für } i < k \\[2ex] \log\left(\dfrac{i-z}{k}\right) + \dfrac{z+1}{2^y} \;\leq\; \log\left(\dfrac{i-z}{k}\right) + 1 & \text{für } i \geq k \end{cases}$$

Die obigen Ergebnisse lassen sich leicht auf eine Intervallmenge mit mehreren festen Intervallängen verallgemeinern. Für eine Menge I von $n = n_1 + n_2 + \ldots + n_m$ Intervallen mit m verschiedenen Längen $i_1, \ldots, i_m$, wobei n_j Intervalle die Länge i_j besitzen, gilt:

$$f_L(i_1, \ldots, i_m, k) \;=\; \frac{n_1 \cdot f_L(i_1, k) + \ldots + n_m \cdot f_L(i_m, k)}{n}$$

$$f_C(i_1, \ldots, i_m, k) \;=\; \frac{n_1 \cdot f_C(i_1, k) + \ldots + n_m \cdot f_C(i_m, k)}{n}$$

Die Verteilung der Fragmente in den Überdeckungslisten ergibt sich analog, indem man die Verteilung für jeweils n_j Intervalle der Länge i_j ermittelt und diese Werte für jede einzelne Überdeckungsliste aufsummiert.

Suchaufwand

Die erwartete Anzahl PE von Seitenzugriffen bei einer PE-Suche in einem EST liegt bei

$$PE \;\leq\; H + 1 + APL(C) + 2 \cdot \frac{t}{c}$$

wobei $APL(C)$ der Anzahl PE_{cover_j} von Zugriffen auf gemeinsam verwaltete Überdeckungsseiten entspricht. Für den Fall einer gleichmäßig verteilten Menge I von Intervallen fester Länge i können wir $APL(C)$ genauer bestimmen:

Die n Intervalle werden höchstens anhand von 2n Endfragmenten in den Blattlisten dargestellt, so daß für die Anzahl l der Blätter der Skelettstruktur gilt:

$$l \;\leq\; 2^{\left\lceil \log \frac{2n}{c} \right\rceil} \;\leq\; 4 \cdot \frac{n}{c}$$

Wir betrachten zunächst den Fall $i > k$. Auf der Blattebene wird jedes Intervall durchschnittlich in einer Überdeckungsliste dargestellt. Deshalb ist die erwartete Länge einer Überdeckungsliste eines Blattes n/l. Wegen $l \leq 4\,n/c$ ist $n/l \geq c/4$, so daß eine Überdeckungsliste eines Blattes eine Überdeckungsseite zu mindestens 25% füllt. Ein Intervall erzeugt durchschnittlich einen Eintrag auf jeder Ebene, auf der die Länge der Knotenintervalle kleiner als die Intervallänge i ist (Lemma 5.5), und die Anzahl der Knoten verringert sich von einer Stufe zur nächst höheren Stufe (von den Blättern in Richtung Wurzel) auf die Hälfte. Aus diesem Grund verdoppelt sich beim Übergang von einer Stufe zur nächst höheren Stufe die durchschnittliche Länge von Überdeckungslisten. Deshalb ist die durchschnittliche Länge einer Überdeckungsliste auf der Ebene oberhalb der Blätter bereits größer als c/2, so daß diese Listen separat verwaltet werden. Höchstens auf der obersten in Lemma 5.5 erwähnten, der (x+1)-sten Stufe, auf der Intervalle weniger als einen Eintrag verursachen, können noch Überdeckungslisten existieren, die gemeinsam verwaltet werden. Hieraus folgt, daß für gleich lange Intervalle $PE_{cover\_j} \leq 2$ garantiert ist. Im Fall i < k existieren keine Einträge in Überdeckungslisten, so daß alle Zugriffe auf Überdeckungseiten entfallen.

Satz 5.7: Für eine PE-Suche in einem EST mit Blattknotenintervallen der Länge k, der eine gleichmäßig verteilte Menge I von Intervallen fester Länge i dargestellt, ist ein Aufwand von

$$PE \leq \begin{cases} H + 1 & \text{für } i < k \\ H + 3 + 2 \cdot \dfrac{t}{c} & \text{für } i \geq k \end{cases}$$

zu erwarten, wobei H die externe Höhe der Skelettstruktur bezeichnet, t die Anzahl gefundener Intervalle und c die Seitenkapazität angibt.

Speicherplatzbedarf

Der durchschnittliche Speicherplatzbedarf ergibt sich wieder als Summe von $SR_{structure}$, SR_{cover} und SR_{leaf}. Zur Darstellung der Skelettstruktur werden durchschnittlich

$$SR_{structure} = \sum_{i=0}^{H-1} d^i = \frac{d^H - 1}{d - 1}$$

Strukturseiten benötigt, wobei $d = 2^{h_s}$ den "externen Verzweigungsgrad" der in Seiten aufgeteilten Skelettstruktur angibt mit h_s als der Höhe eines maximalen Seitenteilbaums auf einer Strukturseite. Die externe Höhe H ist natürlich von n abhängig (wie oben berechnet). Zur Darstellung der n Intervalle anhand der $n \cdot f_C$ Fragmente in den Überdeckungslisten und der $n \cdot f_L$ Fragmente in den Blattlisten werden weniger als

$$\frac{n \cdot (f_C + f_L)}{c / 2}$$

Seiten für SR_{cover} und SR_{leaf} benötigt. Das resultiert daher, daß die durchschnittliche Seitenfüllung über 50% liegt (bei Blattseiten kann man eine Seitenfüllung von etwa 70% erwarten; bei separat verwalteten Überdeckungsseiten liegt sie über 50% und nähert sich 100% um so mehr an, je länger die Listen werden, und bei gemeinsam verwalteten Überdeckungslisten liegt sie ebenfalls über 50%). Zusammen mit den vorher für f_L (Lemma 5.4) und f_C (Korollar 5.6) ermittelten Werten ergibt sich:

Satz 5.8: Zur Darstellung von n gleichmäßig verteilten Intervallen fester Länge i ist in einem EST ein Speicherplatzbedarf von

$$SR \leq \begin{cases} \dfrac{d^H-1}{d-1} + 2 \cdot \dfrac{n}{c} \cdot \left(1 + \dfrac{i-1}{k}\right) & \text{für } i < k \\[3ex] \dfrac{d^H-1}{d-1} + 2 \cdot \dfrac{n}{c} \cdot \left(\log\left(\dfrac{i-z}{k}\right)+1\right) + 2 \cdot \dfrac{n}{c} \cdot \left(2 - \dfrac{2}{k}\right) & \text{für } i \geq k \end{cases}$$

zu erwarten, wobei d den externen Verzweigunggrad und H die externe Höhe der Skelettstruktur angibt, c die Seitenkapazität, k die Länge von Blattknotenintervallen und $z = i - 2^{\lfloor \log i \rfloor}$.

Update-Aufwand

Zur Analyse des durchschnittlichen Update-Aufwands, der für verschiedene n sehr unterschiedlich sein kann, betrachten wir das folgende Modell: Wir fügen nacheinander gleichmäßig über das Raster verteilte Intervalle fester Länge i in einen zu Beginn leeren EST ein. In einer ersten Phase ist die Länge der Blattknotenintervalle wesentlich größer als i. Beim weiteren Aufbau der Skelettstruktur werden die Blattknotenintervalle kleiner. Für genügend großes n wird schließlich der Punkt erreicht, an dem die Blattknotenintervalle kleiner als i werden - von diesem Zeitpunkt an entstehen auch Einträge in Überdeckungslisten. Während dieser Folge von Einfügungen treten abwechselnd "chaotische" und "stabile" Phasen auf. Stabile Phasen sind dadurch charakterisiert, daß Blatt- und Überdeckungslisten aufgefüllt werden, ohne daß Blattlisten überlaufen und ohne daß Überdeckungslisten aus der gemeinsamen Verwaltung genommen werden müssen.

Unter der einschränkenden Annahme, daß alle Intervalle dieselbe Länge besitzen und gleichmäßig verteilt sind, werden alle Blattlisten zur selben Zeit überlaufen, und auch alle Überdeckungslisten einer Stufe werden gleichzeitig aus der gemeinsamen Verwaltung herausgenommen. Dieses führt zu den "chaotischen" Phasen, in denen viel reorganisiert wird. Chaotische Phasen enden mit dem Hinzufügen einer neuen Stufe zu der Skelettstruktur oder damit, daß auf einer Stufe der Skelettstruktur alle Überdeckungslisten aus der gemeinsamen Verwaltung herausgenommen wurden.

Für die chaotischen Phasen ist keine sinnvolle Analyse möglich. Deshalb betrachten wir die Struktur im folgenden in einem stabilen Zustand. Wir beschränken unsere Argumentation auf das Einfügen, ähnliches gilt für das Löschen.

Für Intervalle der Länge $i < k$ existieren keine Einträge in Überdeckungslisten, in Blattlisten sind $1 + (i-1)/k$ Einträge zu erwarten. Es wird nur selten erforderlich, Blattlisten zu balancieren. Wenn zwei Einträge in Blattlisten erfolgen, werden diese oft auf derselben Blattseite dargestellt sein. Deshalb wird es normalerweise ausreichen, einen Pfad in der Skelettstruktur zu verfolgen, um anschließend auf eine Blattseite zuzugreifen. Deshalb erwarten wir für $i < k$ nur $H+1$ Seitenzugriffe.

Für Intervalle der Länge $i \geq k$ sind ungefähr 2 Einträge in Blattlisten und $m = (\log (i-z)/k)+1$ Einträge in Überdeckungslisten zu erwarten. Es reicht aus, in der Skelettstruktur einen gegabelten Pfad zu verfolgen, der zu $2H - 1$ Zugriffen auf Strukturseiten führt. Außerdem sind 2 Zugriffe auf Blattseiten zu erwarten. Unter den m betroffenen Überdeckungslisten werden nur 2 gemeinsam und m-2 separat verwaltet, wie wir oben gesehen haben, wodurch m-2 Seitenzugriffe zu erwarten sind. Schließlich sind im entsprechenden Cover-Baum zwei Einträge zu erwarten, einer auf der Blattebene und einer auf dem Pfad zu diesem Blatt. Somit verfolgt der Algorithmus *maintain-embedding* einen Pfad zu dem entsprechenden Blatt und wieder zurück. Im entsprechenden EST sind entlang dieses Pfades alle, bis auf die beiden betroffenen, Überdeckungslisten leer bzw. werden separat verwaltet, so daß die externe Pfadlänge im Cover-Baum 2 ist. Selbst wenn beim Aufrechterhalten der Seitenaufteilung Überdeckungslisten auf andere Seiten bewegt werden müssen, sind nicht mehr als 4 Seitenzugriffe[10] zu erwarten. Für $i \geq k$ erwarten wir somit weniger als $2H + (\log (i-z)/k) + 4$ Seitenzugriffe. Zusammengefaßt ergibt sich:

Satz 5.9: Für das Einfügen eines Intervalls der Länge i in einen EST, der n gleichmäßig verteilte Intervalle gleicher Länge i darstellt, sind

$$
\Pi \;\leq\; \begin{cases} H + 1 & \text{für } i < k \\[2mm] 2 \cdot H + \log\left(\dfrac{i-z}{k}\right) + 4 & \text{für } i \geq k \end{cases}
$$

Seitenzugriffe zu erwarten, wobei k die Länge der Blattknotenintervalle angibt und $z = i - 2^{\lfloor \log i \rfloor}$.

Zahlenbeispiele

Abschließend wollen wir einige wichtige Aspekte der analytischen Ergebnisse anhand von konkreten Werten, die in praktischen Fällen auftreten können, illustrieren. Wir verdeutlichen, wie der Aufwand für PE-Suchen und der *Speicher-Overhead* (definiert als der Speicherplatzbedarf des EST im Verhältnis zum minimalen Speicherplatzbedarf zur Darstellung von n Intervallen SO := SR / (n/c)) durch die Anzahl n und die Längen $i_1, \ldots, i_m$ der Intervalle in der Menge I beeinflußt werden. Wir vergleichen zwei Seitengrößen von 1 KByte und 4 KByte. Bei dem Suchaufwand konzentrieren wir uns auf die Zugriffe auf Strukturseiten und auf gemeinsam verwaltete Überdeckungsseiten, weil es sich hierbei (zusammen mit dem Zugriff auf eine Blattseite) um die einzigen "kritischen" Zugriffe handelt, bei denen nicht garantiert werden kann, daß die Seiten zu mindestens 50% mit Ergebnisintervallen gefüllt sind.

Wir betrachten Mengen mit $n = 10\,000 = N/100$ (siehe Tabelle 5-1) und $n = 100\,000 = N/10$ (siehe Tabelle 5-2) gleichmäßig über einem Raster der Größe $N = 2^{20} = 1\,048\,576$ verteilten Intervallen. In beiden Fällen betrachten wir vier unterschiedliche Verteilungen von Intervallängen: (a) Alle Intervalle besitzen die Länge 1 000, was 0.1% der Rastergröße entspricht. (b) Alle Intervalle besitzen die Länge 10 000, was 1% der Rastergröße entspricht. (c) Die Länge von 90% der Intervalle entspricht 0.1%, von 10% entspricht 1% der Rastergröße. (d) Die Länge von 90% der Intervalle entspricht 0.1%, von 9% entspricht 1% und von 1% entspricht 10% der Rastergröße.

Die Anzahl t der Ergebnisintervalle ergibt sich als die Dichte, die durchschnittliche Anzahl an einem Punkt übereinanderliegender Intervalle. Bei konstanter Intervallänge i ist beispielsweise $t = n \cdot i / N$. Neben PE_{cover_j} und $PE_{structure}$ interessiert uns die Fragmentierung $f = f_L + f_C$ und der Speicher-Overhead SO. Wir betrachten diese Werte für Seitengrößen von 1 KByte und 4 KByte, was einer Seitenkapazität von $c \approx 70$ und einer Höhe $h_s = 7$ eines maximalen Seitenteilbaums auf einer Strukturseite bzw. einer Seitenkapazität von $c = 280$ und $h_s = 9$ entspricht, wenn wir zur Darstellung eines Intervalls in einer Blatt- oder Überdeckungsliste 14 Bytes, für jeden inneren Knoten auf einer Strukturseite 4 Bytes und für jeden Blattknoten 12 Bytes annehmen.

---

[10] Es ist wichtig, daß in einer Implementierung sowohl eine leere Überdeckungsliste einer anderen Überdeckungsseite zugeordnet werden kann als auch das Gewicht einer Überdeckungsseite bestimmt werden kann, ohne auf diese Seiten zuzugreifen. Zu diesem Zweck kann man auf einer Strukturseite für jeden Knoten der Skelettstruktur die folgenden Informationen verwalten: (a) Seitenadresse, (b) Gewicht des Seitenteilbaums mit diesem Knoten als Wurzel und (c) ob das Gewicht des Knotens größer 0 ist (das bedeutet, daß die Liste nicht-leer ist und gemeinsam verwaltet wird).

		n = 10 000							
		c= 70, h_s=7, 1 KByte				c=280, h_s=9, 4 KByte			
		(a)	(b)	(c)	(d)	(a)	(b)	(c)	(d)
Dichte		9.5	95	18	26	9.5	95	18	26
$PE_{structure}$		1	2	2	2	1	1	1	1
PE_{cover_j}		-	≤2	1	3	-	-	-	1
f_L		1.2	2	1.3	1.3	1	1.6	1.1	1.1
f_C		-	2.2	0.2	0.3	-	-	-	0.3
f		1.2	4.2	1.5	1.6	1	1.6	1.1	1.4
SO		2.6	6.9	3.1	3.2	1.4	2.3	1.6	2.0

Tabelle 5-1

		n = 100 000							
		c= 70, h_s=7, 1 KByte				c=280, h_s=9, 4 KByte			
		(a)	(b)	(c)	(d)	(a)	(b)	(c)	(d)
Dichte		95	953	181	267	95	953	181	267
$PE_{structure}$		2	2	2	2	2	2	2	2
PE_{cover_j}		≤2	≤2	3	6	-	≤2	≤2	5
f_L		2	2	2	2	1.5	2	2	2
f_C		2	5.2	2.3	2.4	-	3.2	0.3	0.4
f		4	7.2	4.3	4.4	1.5	5.2	2.3	2.4
SO		5.8	10.4	6.1	6.3	2.5	7.5	3.1	3.2

Tabelle 5-2

Die Anzahl $PE_{structure}$ der Zugriffe auf Strukturseiten entspricht der externen Höhe H der Skelettstruktur. Sie liegt im allgemeinen, wie in diesen Beispielen, zwischen 1 und 2 - wenn man die Wurzelseite im Hauptspeicher hält, entspricht das 0 oder 1 externen Zugriff. Beispielsweise ist H = 2 auch noch für n = 18 350 080 Intervalle bei Seitengrößen von 4 KByte.

Wie bereits erwähnt, kann PE_{cover_j} bei identischer Intervallänge, unabhängig von der konkreten Länge, höchstens 2 werden. Wenn, wie bei (c), 10% der Intervalle die 10fache Länge der übrigen 90% der Intervalle besitzen, ändert sich daran kaum etwas. Erst wenn sich außerdem, wie bei (d), 1% der Intervalle über 10% der Rastergröße erstrecken, steigt PE_{cover_j} leicht an. PE_{cover_j} bleibt um so geringer, je einheitlicher die Intervallängen sind.

Wenn alle Intervalle kürzer sind als die Länge k der Knotenintervalle, die den Blattknoten der Skelettstruktur zugeordnet sind, existieren keine Überdeckungslisten, so daß $PE_{cover\_j} = 0$ ist. Tabelle 5-3 stellt die Längen i dar, bis zu denen für n = 10 000 und n = 100 000 Intervallen bei c = 70 und c = 280 keine Überdeckungslisten entstehen:

		n= 10 000	n=100 000
c= 70	i< 3670 = 0.4% von N	i< 367= 0.04% von N
c=280	i<14680 = 1.4% von N	i<1468= 0.1 % von N

Tabelle 5-3

Weil die Fragmentierung f_L in den Blattlisten durch 2 beschränkt ist, hängt die Fragmentierung f im wesentlichen von der Fragmentierung f_C in den Überdeckungslisten ab. f_C hängt wiederum von der Anzahl und der Länge der Intervalle ab: Je weniger Intervalle im EST dargestellt werden und je kürzer sie im Vergleich zur Rastergröße N sind, desto geringer ist f_C. Je kürzer die Intervalle im Vergleich zur Länge der Blattknotenintervalle sind, desto geringer ist f_C. Die Fragmentierung in den Beispielen ist recht gering. Für die Intervallängen in (a), (c) und (d) ist f selbst bei n = 100 000 für c = 70 höchstens 4.4, für c = 280 höchstens 2.4. Für n = 10 000 liegen beide Werte sogar unter 1.6. Nur im Fall (b), in dem alle Intervalle eine Länge von 10 000 besitzen, steigt die Fragmentierung bis auf 7.2. Der Speicher-Overhead SO wird wesentlich durch die Fragmentierung f bestimmt; außerdem hängt er von der durchschnittlichen Füllung der Blatt- und Überdeckungsseiten (wir nehmen hier 70% an) und der jeweiligen Ausnutzung der untersten Ebene der Strukturseiten durch die Skelettstruktur ab. Die Beispiele weisen darauf hin, daß bei nicht zu langen Intervallen und nicht zu geringer Seitengröße ein recht geringer Speicher-Overhead SO zu erwarten ist: Selbst bei n = 100 000 Intervallen liegt SO in den Fällen (a), (c) und (d) bei c = 280 zwischen 2.5 und 3.2.

5.8. Spezialfall: Verwaltung eindimensionaler Punkte

In einem EST können nicht nur Intervalle als eindimensionale ausgedehnte Objekte, sondern auch zu eindimensionalen Punkten degenerierte Intervalle verwaltet werden. Eindimensionale Punkte und Intervalle lassen sich - ohne eine Veränderung der Struktur - gemeinsam in einem EST darstellen. Bei Punkteinschluß-Suchen zählen dann nur solche Punkte zum Suchergebnis, deren Wert mit dem Suchwert übereinstimmt. Wir setzen zunächst voraus, daß höchstens c Punkte denselben Wert besitzen.

In dem Spezialfall, daß in einem EST nur *eindimensionale Punkte* dargestellt werden, existieren keine Überdeckungslisten, denn die zu Punkten degenerierten Intervalle sind immer kürzer als die Knotenintervalle der Blattknoten in der Skelettstruktur des EST, so daß die Punkte in den Blattlisten dargestellt werden. Deshalb besteht der EST nur aus Blattlisten, die auf einer Folge von Blattseiten dargestellt werden, und einer in Seiten aufgeteilten Skelettstruktur, die durch die Einführung der Blattlisten möglichst klein bleibt.

Die wichtigste Suche auf Punkten, die *Bereichs-Suche* (Suche nach allen Punkten, die in einem Suchintervall liegen), kann sehr leicht neu eingeführt werden: Zunächst führt man mit einem der beiden Endpunkte q_l und q_r des Suchintervalls $q = [q_l, q_r)$, o.B.d.A. mit dem linken Endpunkt q_l, eine PE-Suche durch mit dem Ziel, das Blatt v zu lokalisieren, dessen Knotenintervall q_l einschließt. Die Punkte in der Blattliste von v, die im Suchintervall liegen, werden ausgegeben. Anschließend durchläuft man die Folge der Blattlisten so lange von links nach rechts, bis man die Blattliste des Blattes erreicht, dessen Knotenintervall den rechten Endpunkt q_r einschließt. Alle Intervalle in den hierbei besuchten Blattlisten, die auf einer Blattseite oder auf einer Folge von Blattseiten dargestellt sein können, zählen zum Suchergebnis. Die Punkte in der zuletzt genannten Blattliste, die im Suchintervall liegen, werden ausgegeben.

Abschließend wollen wir das Verhalten eines EST, in dem nur eindimensionale Punkte dargestellt sind, kurz analysieren. Die Analyse im schlechtesten und im erwarteten Fall unterscheidet sich im wesentlichen durch die unterschiedliche externe Höhe H der Skelettstruktur. Im ungünstigsten Fall hängt H, wie bei der Darstellung ausgedehnter Intervalle, mit

$$H = \left\lceil \frac{\lceil \log N \rceil + 1}{h_s} \right\rceil$$

von der Rastergröße N ab, wobei h_s wieder die Höhe eines maximalen Seitenteilbaums auf einer Strukturseite bezeichnet.

Weil jeder Punkt genau in einer Blattliste dargestellt wird, ist bei einer gleichmäßigen Verteilung der n Punkte über dem Raster eine externe Höhe H von

$$H = \left\lceil \frac{\left\lceil \log \frac{n}{c} \right\rceil + 1}{h_s} \right\rceil$$

zu erwarten, wobei c wieder die Seitenkapazität bezeichnet.

Für eine Bereichs-Suche entstehen durch die PE-Suche mit einem der Endpunkte des Suchintervalls höchstens H Zugriffe auf Strukturseiten. Daneben können bis zu $2 + t / (c/2)$ Zugriffe auf Blattseiten entstehen: höchstens 2 Zugriffe auf die Endseiten einer Folge von Blattseiten und bis zu $t / (c/2)$ Zugriffe auf die dazwischenliegenden Blattseiten, die eine Seitenfüllung von mindestens 50% besitzen. Somit gilt:

Lemma 5.10: Der Aufwand für eine Bereichs-Suche in einem EST, in dem nur eindimensionale Punkte dargestellt sind, ist $R \leq H + 2 + t / (c/2)$, wobei H wieder die externe Höhe der Skelettstruktur, t die Anzahl gefundener Punkte und c die Seitenkapazität angibt.

Wenn man bei Updates ein Balancieren mit beiden benachbarten Blattseiten zuläßt, gilt für den Update-Aufwand:

Lemma 5.11: Der Aufwand für das Einfügen und Löschen eines eindimensionalen Punktes in einem EST, in dem nur eindimensionale Punkte dargestellt sind, ist $II = DI \leq H + 3$, wobei H wieder die externe Höhe der Skelettstruktur angibt.

Analog zu den Überlegungen für allgemeine Intervalle gilt offensichtlich für den Speicherplatzbedarf:

$$\begin{array}{c}96\end{array}$$

Lemma 5.12: Der Speicherplatzbedarf in einem EST, in dem n eindimensionale Punkte dargestellt sind, ist

$$SR \leq \frac{d^H - 1}{d - 1} + 2 \cdot \frac{n}{c}$$

wobei wieder H die externe Höhe, d den externen Verzweigungsgrad der Skelettstruktur und c die Seiten-kapazität angibt.

Man kann zeigen, daß sich für n gleichmäßig verteilte Punkte - wie auch allgemein für Mengen von Intervallen, deren Intervalle kürzer als die Blattknotenintervalle in der Skelettstruktur sind - hierdurch ein Speicherplatzbedarf von O(n/c) ergibt.

Bisher sind wir davon ausgegangen, daß höchstens c Punkte denselben Wert besitzen. Wenn wir diese Einschränkung aufgeben, kann es dazu kommen, daß eine Blattliste mehr als c Punkte mit gleichem Wert aufnehmen muß, auch wenn das zugehörige Knotenintervall bereits zu einem atomaren Intervall degeneriert ist und nicht mehr geteilt werden kann. In diesem Fall modifizieren wir den EST in der Weise, daß alle Punkte mit demselben Wert in einer Blattliste auf zwei oder mehreren Blattseiten verwaltet werden.

6. Der EIT

Der *externe Interval Tree (EIT)* ist eine weitere dynamisch balancierte externe Intervallstruktur, die eine über einem Raster definierte Menge I von Intervallen beliebiger Dichte als eindimensionale ausgedehnte Objekte auf einer Menge S von Seiten darstellt. Wie im internen Fall unterstützt der EIT nicht nur *Punkteinschluß-Suchen (PE-Suchen)*, sondern auch *Intervallschnitt-Suchen (IS-Suchen)*; daneben können auf einem, leicht modifizierten, EIT alle anderen interessanten Suchen auf Intervallen durchgeführt werden.

6.1. Struktur

Die Struktur eines EIT basiert auf demselben Grundprinzip wie die Struktur eines EST (siehe auch Kapitel 5, Abschnitt 6.7 dieses Kapitels und Kapitel 7). Um die Gemeinsamkeiten zu verdeutlichen, beschreiben wir die Struktur des EIT für eine Menge I von Intervallen analog zur Struktur des EST:

Den Ausgangspunkt der Strukturbeschreibung bildet wieder ein vollständiger binärer Baum der Höhe h, dessen Blättern die atomaren Intervalle $[0, 1), \ldots, [N-1, N)$ mit $N = 2^{h-1}$ als *Knotenintervalle* zugeordnet sind. Jedem inneren Knoten ist neben der Vereinigung der Knotenintervalle der Söhne auch ein sogenannter *Stab-Wert* zugeordnet, der sich für ein Knotenintervall $[l, r)$ ergibt als $((r-l) / 2 + 0.1)$. Die *Skelettstruktur* eines EIT über dem Raster $[0..N)$ ist ein Teilbaum dieses vollständigen Baums, der die Wurzel enthält. Jedem inneren Knoten ist eine Menge von Intervallen, die *Stab-Menge*, zugeordnet, Blattknoten sind *Ersetzungslisten* (siehe Abb. 6-1).

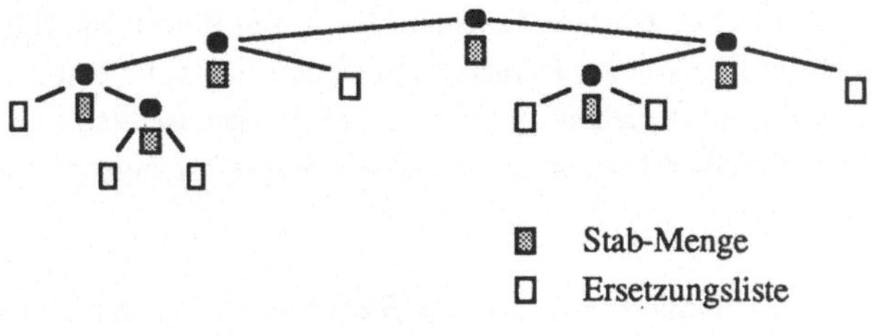

Abbildung 6-1

Ein Intervall aus I wird in *genau eine* Stab-Menge oder Ersetzungsliste eingetragen. Zu der Stab-Menge eines Knotens v gehören alle von seinem Stab-Wert "aufgespießten" Intervalle, d.h. alle Intervalle, die den Stab-Wert einschließen und vollständig im Knotenintervall von v liegen. Die Intervalle einer Stab-Menge werden anhand ihrer beiden Endpunkte dargestellt. Die Intervallendpunkte der Stab-Menge eines Knotens v bilden eine aufsteigend sortierte Folge, wobei alle linken Endpunkte kleiner, alle rechten Endpunkte größer als der Stab-Wert von v sind. Ersetzungslisten enthalten nicht-aufgespießte Intervalle, die im zugehörigen Knotenintervall liegen, die also zwischen zwei "benachbarten" Stab-Werten (bezogen auf die aufsteigend sortierte Folge von Stab-Werten) liegen. Eine Ersetzungsliste enthält bis zu c Intervalle, während die Größe von Stab-Mengen nicht beschränkt ist.

Ähnlich wie beim EST wächst die Skelettstruktur top-down bei einer Vergrößerung der Menge I von Intervallen: Der Überlauf einer Ersetzungsliste durch das Einfügen des (c+1)-sten Intervalls führt dazu, daß die Ersetzungsliste durch einen inneren Knoten v mit demselben Knotenintervall und dem entsprechenden Stab-Wert ersetzt wird, der zwei neue Ersetzungslisten als Söhne erhält. Die vom Stab-Wert des Knotens v aufgespießten Intervalle der ursprünglichen Ersetzungsliste bilden die neue Stab-Menge, während die links vom Stab-Wert liegenden Intervalle die neue linke Ersetzungsliste und die rechts vom Stab-Wert liegenden Intervalle die neue rechte Ersetzungsliste bilden (siehe Abb. 6-2).

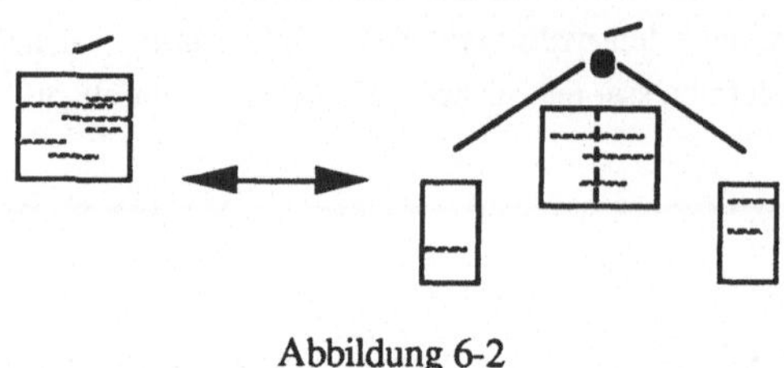

Abbildung 6-2

Sobald ein Teilbaum mit einem inneren Knoten v als Wurzel nach dem Löschen eines Intervalls nur noch c Intervalle darstellt, wird dieser Vorgang rückgängig gemacht: Der Knoten v wird zu einer Ersetzungsliste, die diese c Intervalle aufnimmt (siehe Abb. 6-2). Ähnlich zum EST *filtert* jeder innere Knoten also mehr als c Intervalle. Analog zur Einführung von Blattlisten im EST erlaubt die Einführung von Ersetzungslisten im EIT, mit einer möglichst kleinen Skelettstruktur auszukommen, weil Ersetzungslisten Teilbäume der Skelettstruktur "ersetzen", in denen höchstens c Intervalle dargestellt würden.

Diese Struktur wird auf unterschiedlichen Arten von Seiten dargestellt: Die *inneren Knoten der Skelettstruktur* bilden die *Primärstruktur* der internen Höhe h und der externen Höhe $H = \lceil h / h_s \rceil$. Diese ist auf *Primärstrukturseiten* dargestellt, wobei jede Primärstrukturseite maximal einen vollständigen binären Baum der Höhe h_s und im allgemeinen einen Teilbaum, der dessen Wurzel enthält, repräsentiert (siehe auch Abb. 5-3 und Abb. 5-4). Im EIT können Primärstrukturseiten Intervalle enthalten: Zu jedem Stab-Wert werden diejenigen Intervalle auf derselben Primärstrukturseite repräsentiert, die anhand der e äußersten linken und der e äußersten rechten Endpunkte in der dem Stab-Wert zugeordneten Folge der Endpunkte dargestellt sind.

Ersetzungslisten werden, wie Blattlisten im EST, auf *Blattseiten* dargestellt. Eine Ersetzungsliste paßt auf eine Seite, benachbarte unterfüllte Blattseiten werden verschmolzen, so daß ein EIT die Folge seiner Ersetzungslisten auf einer Folge von Blattseiten repräsentiert (siehe auch Abb. 5-5). Eine Seite ist unterfüllt, wenn sie weniger als c/2 Intervalle enthält, wobei c die Seitenkapazität bezeichnet.

Die Intervalle *aller* Stab-Mengen werden *gemeinsam* anhand ihrer linken und rechten Endpunkte in *zwei Sekundärstrukturen* verwaltet: Sie werden in einer Sekundärstruktur anhand der linken und in einer Sekundärstruktur anhand der rechten Endpunkte dargestellt, jeweils aufsteigend geordnet nach Stab-Werten und für jeden Stab-Wert nach Endwerten. Sekundärstrukturen kann man also als geordnete Endpunktsequenzen mit Update-Index auffassen. Alle Endpunktsequenzen in einer Sekundärstruktur bilden zusammen eine gemeinsame Endpunktsequenz, die auf einer Folge von Seiten dargestellt wird. Im folgenden gehen wir davon aus, daß die Sekundärstrukturen jeweils als B*-Baum [We74, Hä78] über nach Stab-Werten geordneten Endpunkten realisiert werden. Intervalle werden immer in *beiden* Sekundärstrukturen repräsentiert, auch wenn sie bereits anhand eines oder beider Endpunkte auf einer Primärstrukturseite dargestellt sind. Jedem Knoten der Primärstruktur sind seine beiden Endpunktsequenzen in den Sekundärstrukturen durch einen Verweis auf die Seiten in den Sekundärstrukturen zugeordnet, die den kleinsten linken und den größten rechten Endpunkt repräsentieren.

Für eine kleine konkrete Intervallmenge I = {(a, 4, 24), (b, 1, 9), (c, 28, 30), (d, 4, 8), (e, 11, 15), (f, 16, 31), (g, 8, 14), (h, 6, 12), (i, 4, 16)} veranschaulicht Abb. 6-3 den zugehörigen EIT mit der Primärstruktur (oben) und den beiden Sekundärstrukturen (links und rechts). Die Seitenkapazität ist mit c = 2 so klein, daß alle Blattlisten auf einer eigenen Blattseite stehen. Mit e = 1 wird pro Stab-Wert höchstens das Intervall mit dem äußersten linken und das Intervall mit dem äußersten rechten Endwert der Endpunktsequenz auf derselben Primärstrukturseite dargestellt. Im Update-Index der Sekundärstrukturen werden gegebenenfalls konkatenierte Schlüssel verwendet: die erste Komponente bezieht sich auf den Stab-Wert, eine gegebenenfalls existierende zweite Komponente bezieht sich auf die Intervallendpunkte. (Vergleiche auch Abb. 5-6, welche die Intervallmenge I in einem EST darstellt und Abb. 4-4, welche die Intervallmenge I nach einer Endpunkt-Transformation der Intervalle in einem XP-Baum darstellt.)

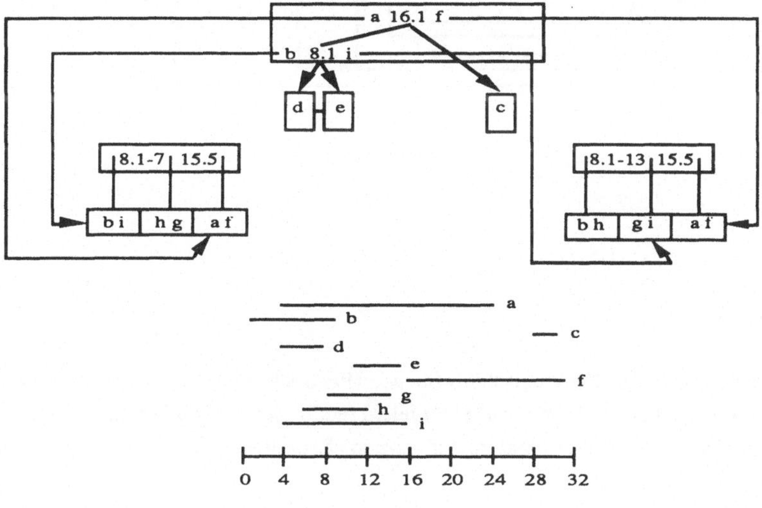

Abbildung 6-3

Abschließend sei die Struktur eines EIT noch einmal in Abb. 6-4 zusammengefaßt: Auf der linken Seite ist eine auf Primärstrukturseiten dargestellte Primärstruktur abgebildet (die anhand der 3 äußersten linken und der 3 äußersten rechten Endpunkte repräsentierten Intervalle, die zu jedem Stab-Wert auf der entsprechenden Primärstrukturseite dargestellt werden, sind nur auf der "Wurzelseite" skizziert). Darunter ist die auf einer Folge von Blattseiten repräsentierte Folge von Ersetzungslisten angegeben. Auf der rechten Seite ist die Sekundärstruktur für die linken Intervallendpunkte dargestellt. (Zwischen der nach Stab-Werten und nach Endwerten geordneten Endpunktsequenz und dem Update-Index ist zur besseren Orientierung die geordnete Sequenz der Stab-Werte angedeutet.) Auf den linken bzw. äußeren Anfang der zu einem Stab-Wert gehörenden Sequenz linker Endpunkte wird vom Stab-Wert aus verwiesen (hier nur für die Stab-Werte 1.1, 2.1, 4.1 und 8.1 dargestellt). - Aus Gründen der Übersichtlichkeit haben wir auf die Darstellung der Sekundärstruktur für die rechten Intervallendpunkte verzichtet.

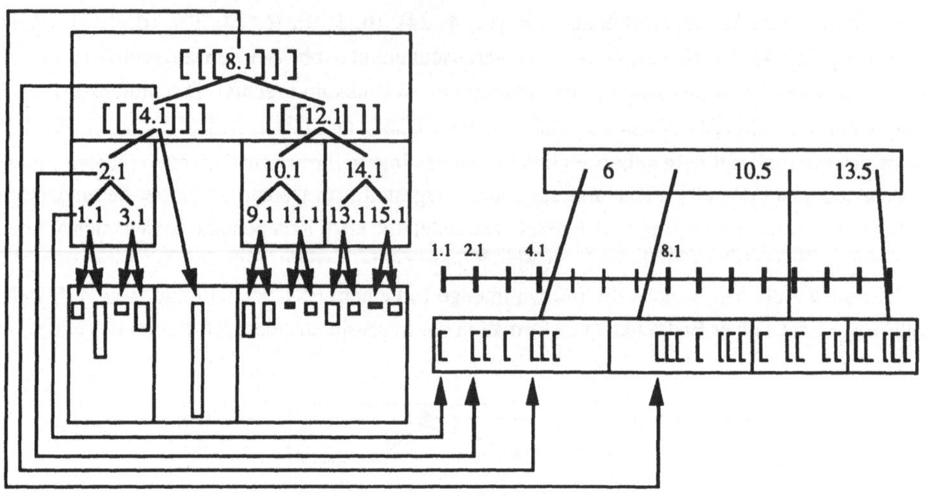

Abbildung 6-4

6.2. Suchen

Der EIT unterstützt nicht nur Punkteinschluß-Suchen (PE-Suchen), sondern auch Intervallschnitt-Suchen (IS-Suchen). Darüber hinaus kann man auf einer leicht modifizierten Struktur alle elementaren Suchen auf Intervallen durchführen, wenn auch nicht immer ganz so effizient wie PE- und IS-Suchen (siehe unten).

Punkteinschluß-Suchen

Eine PE-Suche, die alle Intervalle ermittelt, die einen gegebenen Suchwert q einschließen, wird analog zum internen Fall durchgeführt. In der Skelettstruktur verfolgt man, ausgehend von der Wurzel, den Pfad der Knoten, deren Knotenintervall q einschließt. Der letzte Knoten v auf diesem Pfad ist dadurch gekennzeichnet, daß q entweder mit dem Stab-Wert von v übereinstimmt oder v eine Ersetzungsliste ist. Liegt der Suchwert q links vom Stab-Wert eines inneren Knotens auf diesem Suchpfad, wird die Sequenz der linken Endpunkte des Stab-Wertes so lange von links nach rechts durchlaufen, bis man auf einen linken Endwert trifft, der rechts von q liegt (siehe Abb. 6-5). Der Fall, daß q rechts vom Stab-Wert liegt, wird symmetrisch behandelt. Für jeden passierten Endpunkt wird das zugehörige Intervall als q enthaltend ausgegeben. Stimmt q mit dem Stab-Wert des letzten inneren Knotens v auf diesem Suchpfad überein, wird die gesamte Sequenz der linken (oder rechten) Endpunkte von v durchlaufen, und alle zugehörigen Intervalle werden ausgegeben. Ist dieser letzte Knoten v eine Ersetzungsliste, werden alle Intervalle dieser Ersetzungsliste überprüft, um die Intervalle, die q einschließen, ebenfalls auszugeben.

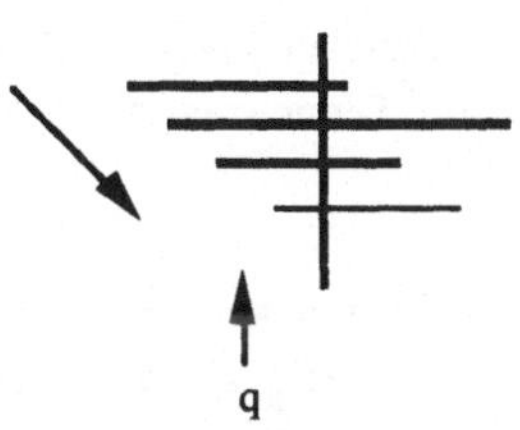

Abbildung 6-5

Abb. 6-6 skizziert eine PE-Suche auf der Primärstruktur und auf den Sekundärstrukturen (die Suche auf der Ersetzungsliste ist aus Gründen der Übersichtlichkeit nicht abgebildet), die Sekundärstrukturen mit ihren nach Stab-Werten und für jeden Stab-Wert nach Endwerten geordneten Endpunktsequenzen sind verkürzt anhand einer aufsteigend sortierten Folge von Stab-Werten dargestellt. Bei Knoten, die mit einem Quadrat markiert sind, wird die Sequenz der linken Endpunkte des Stab-Wertes von links nach rechts durchlaufen; bei Knoten, die mit einer Raute markiert sind, wird die Sequenz der rechten Endpunkte des Stab-Wertes von rechts nach links durchlaufen. In beiden Fällen werden die Sequenzen also "von außen nach innen" in Richtung Stab-Wert bearbeitet. Die korrespondierenden Stab-Werte in der aufsteigend sortierten Folge von Stab-Werten sind entsprechend markiert.

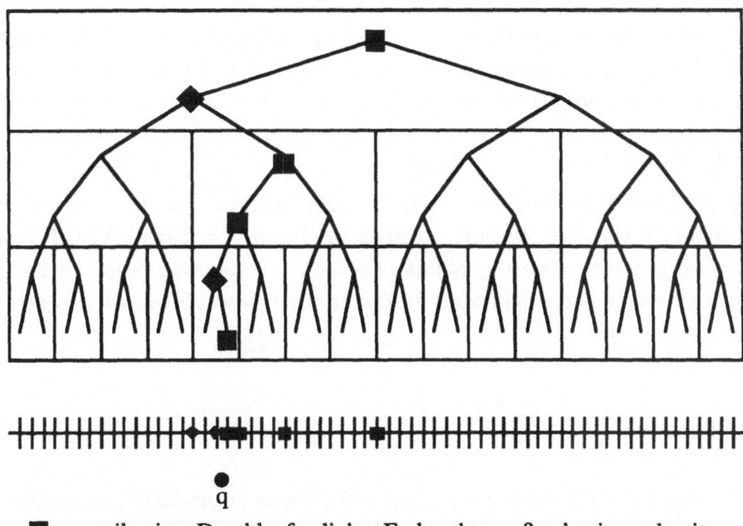

■   teilweises Durchlaufen linker Endpunkte, außen beginnend, mit
vollständiger Ausgabe

◆   teilweises Durchlaufen rechter Endpunkte, außen beginnend, mit
vollständiger Ausgabe

Abbildung 6-6

Die Endpunktsequenzen, die in einer PE-Suche betroffen sind, bilden in den Sekundärstrukturen keine zusammenhängende Sequenz. Deshalb ist es wichtig, die Anzahl der Sequenzen, welche in den Sekundärstrukturen bearbeitet werden müssen, so weit wie möglich zu reduzieren. In diesem Zusammenhang möchten wir hervorheben, daß die Suche in der Stab-Menge eines Knotens v, der keine Ersetzungsliste ist, vollständig in der Primärstruktur, d.h. ohne Zugriffe auf die Sekundärstrukturen, bearbeitet wird, wenn höchstens die äußersten e linken oder die äußersten e rechten Endpunkte der Endpunktsequenz des Stab-Wertes betroffen sind. Hierdurch werden die Sequenzen, die in einer der Sekundärstrukturen bearbeitet werden müssen, gezielt ausgewählt.

Der Aufwand *PE* für eine PE-Suche ist die Summe aus den Zugriffen auf die Primärstruktur PE_{prim}, die Sekundärstrukturen PE_{sec} und Blattseiten PE_{leaf}. PE_{leaf} ist offensichtlich 1. Weil PE-Suchen auf einen Pfad in der Skelettstruktur beschränkt sind, ergibt sich PE_{prim} im schlechtesten Fall als die externe Höhe H der Primärstruktur. Dabei werden höchstens h Knoten in der Primärstruktur besucht, so daß im schlechtesten Fall auf h Endpunktsequenzen in den Sekundärstrukturen zugegriffen werden muß; im ungünstigsten Fall kann der Anfang und das Ende jeder dieser Endpunktsequenzen auf einer eigenen Seite stehen, die von dieser Sequenz zu weniger als 50% gefüllt sein kann. Alle anderen in den Sekundärstrukturen betroffenen Seiten sind zu mindestens 50% mit Ergebnisintervallen gefüllt. Deshalb ist die Anzahl der Zugriffe auf die Endpunktsequenzen in den Sekundärstrukturen im schlechtesten Fall durch 2h + t / (c/2) beschränkt, wobei h die interne Höhe der Primärstruktur, t die Anzahl der bei der PE-Suche gefundenen Intervalle und c die Seitenkapazität (von intervalldarstellenden Seiten in den Sekundärstrukturen und von Blattseiten) angibt. Die interne Höhe h kann höchstens $\lceil \log (N/i) \rceil$ + 1 werden, wobei i die minimale Länge der dargestellten Intervalle und N die Rastergröße bezeichnet. Dieser Zusammenhang beruht darauf, daß die Länge der Knotenintervalle von Primärstrukturknoten, also inneren Knoten der Skelettstruktur, mindestens bei i liegt (denn nur eine Ersetzungsliste mit einem Knotenintervall, das mindestens eine Länge von i besitzt, kann Intervalle enthalten, zu einem Überlauf kommen und zum Entstehen eines neuen Knotens der Primär-struktur mit demselben Knotenintervall führen). Mit h $\leq \lceil \log (N/i) \rceil$ + 1 = O(log (N/i)) ergibt sich in einem EIT über einem Raster der Größe N im schlechtesten Fall ein Suchaufwand von PE = O(log (N/i) + t/c) bzw. O(log N + t), wenn man i und c als Konstante betrachtet. Wir möchten darauf hinweisen, daß in

$$PE \leq H + 1 + 2h + 2 \cdot \frac{t}{c}$$

die t / (c/2) Zugriffe durch gefundene Intervalle "bezahlt" werden. Damit ist es von entscheidender Wichtigkeit, die Anzahl der *kritischen* Zugriffe (Zugriffe, bei denen nicht garantiert ist, daß mindestens 50% des Seiteninhalts mit Ergebnisintervallen gefüllt ist) genauer zu bestimmen, denn H + 1 + 2h ist in vielen Fällen nur eine sehr schwache obere Schranke. In Abschnitt 6.6 beschäftigen wir uns genauer mit dieser Frage.

Intervallschnitt-Suchen

Eine IS-Suche mit einem Suchintervall $q = [q_l, q_r)$ auf einer in einem EIT dargestellten Menge I von Intervallen, welche alle Intervalle in I ermittelt, die von q geschnitten werden, wird anders als im internen Fall durchgeführt. In einem EIT kann man eine IS-Suche in drei Phasen unterteilen: In einer ersten Phase werden modifizierte PE-Suchen durchgeführt. Dabei werden in der Primärstruktur nur die Endpunkt-sequenzen von Knoten bearbeitet, deren Knotenintervall das Suchintervall schneidet und deren Stab-Wert nicht im Suchintervall liegt. In einer zweiten Phase werden alle Intervalle ausgegeben, die Primärstruktur-knoten zugeordnet sind, deren Stab-Wert im Suchintervall liegt. In einer dritten Phase werden Intervalle in Ersetzungslisten betrachtet.

Zunächst führt man mit jedem der beiden Endpunkte q_l und q_r des Suchintervalls q eine leicht modifizierte PE-Suche durch. Bei diesen modifizierten PE-Suchen verfolgt man in der Skelettstruktur jeweils einen Pfad von der Wurzel bis zu dem Blatt v_l bzw. v_r, dessen Knotenintervall den Suchwert q_l bzw. q_r einschließt. Dabei werden nicht alle Primärstrukturknoten, die auf dem Suchpfad liegen, bearbeitet: Bei der Suche mit dem linken Endpunkt q_l des Suchintervalls werden nur die Knoten auf dem jeweiligen Suchpfad betrachtet, deren Stab-Wert links von q_l liegt. Von diesen Primärstrukturknoten werden die Sequenzen rechter Endpunkte so lange von rechts nach links durchlaufen, bis man auf einen rechten Endpunkt trifft, der links von q_l liegt. Für jeden passierten Endpunkt wird sein Intervall ausgegeben. Der Knoten auf dem Suchpfad mit dem kleinsten im Suchintervall liegenden Stab-Wert sei s_l. Analog werden bei der Suche mit dem rechten Endpunkt q_r auf dem jeweiligen Suchpfad nur Knoten betrachtet, deren Stab-Wert rechts von q_r liegt. Die Sequenzen linker Endpunkte dieser Knoten werden so lange von links nach rechts durchlaufen, bis man auf einen linken Endpunkt trifft, der rechts von q_r liegt. Für jeden passierten Endpunkt wird sein Intervall ausgegeben. Der Knoten auf dem Suchpfad mit dem größten Stab-Wert, der im Suchintervall liegt, sei s_r.

In der zweiten Phase werden alle Endpunktsequenzen von Knoten betrachtet, deren Stab-Wert im Suchintervall liegt und deren zugeordnete Intervalle deshalb vollständig ausgegeben werden können. Hierbei ist von entscheidener Wichtigkeit, daß diese Endpunktsequenzen in jeder der beiden Sekundärstrukturen *eine gemeinsame ununterbrochene Endpunktsequenz* bilden, denn die entsprechenden Stab-Werte sind (in der aufsteigenden Folge der Stab-Werte) benachbart. Deshalb durchläuft man in einer zweiten Phase in einer der beiden Sekundärstrukturen diese ununterbrochene Endpunktsequenz, begrenzt durch die Endpunktsequenzen der Knoten s_l und s_r, und gibt für jeden passierten Endpunkt sein Intervall aus (wenn s_l und s_r nicht existieren, wenn also kein Stab-Wert im Suchintervall liegt, entfällt diese zweite Phase).

Analog zu Abb. 6-6 skizziert Abb. 6-7 eine IS-Suche auf der Primärstruktur und den Sekundärstrukturen eines EIT. Zusätzlich zu der in Abb. 6-6 eingeführten Bezeichnungsweise sind alle Primärstrukturknoten, deren Stab-Wert im Suchintervall liegt, mit einem schwarzen Kreis gekennzeichnet, ebenso wie die korrespondierenden Stab-Werte in der Folge der Stab-Werte.

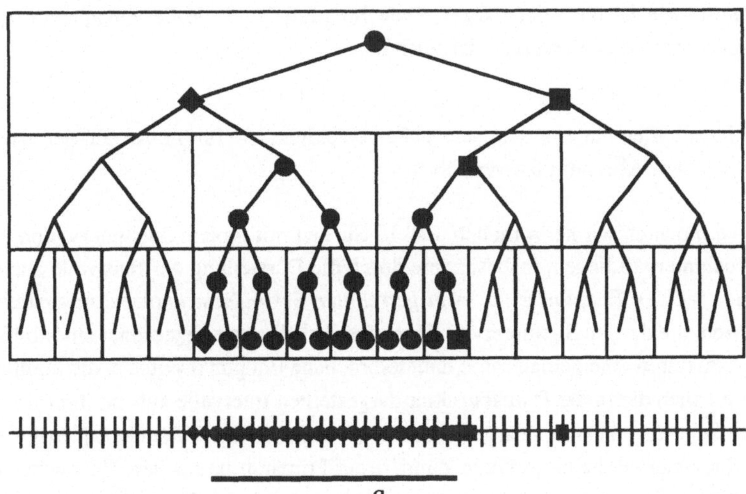

●   vollständiges Durchlaufen linker oder rechter Endpunkte mit vollständiger Ausgabe

■   teilweises Durchlaufen linker Endpunkte, außen beginnend, mit vollständiger Ausgabe

◆   teilweises Durchlaufen rechter Endpunkte, außen beginnend, mit vollständiger Ausgabe

Abbildung 6-7

Abschließend werden in einer dritten Phase Ersetzungslisten betrachtet. In der oben ermittelten Ersetzungsliste v_l werden die Intervalle, die das Suchintervall q schneiden, ausgegeben. Anschließend durchläuft man die Folge Ersetzungslisten auf der Folge der Blattseiten so lange von links nach rechts, bis man die Ersetzungsliste v_r erreicht, deren Knotenintervall den rechten Endpunkt q_r einschließt. Alle Intervalle in den besuchten Ersetzungslisten werden ausgegeben; die Intervalle in v_r, die q schneiden, zählen ebenfalls zum Suchergebnis.

Der Aufwand *IS* für eine IS-Suche ist die Summe aus den Zugriffen auf die Primärstruktur IS_{prim}, die Sekundärstrukturen IS_{sec} und Blattseiten IS_{leaf}. Wenn t' die Anzahl der in den Blattseiten gefundenen Intervalle und c die Seitenkapazität angibt, ist IS_{leaf} offensichtlich 2 + t' / (c/2), weil bis auf die erste und letzte Seite der untersuchten Folge von Blattseiten alle besuchten Blattseiten zu mindestens 50% mit Ergebnisintervallen gefüllt sind. Weil IS-Suchen in der Primärstruktur auf zwei Pfade mit jeweils h Knoten beschränkt sind, ergibt sich IS_{prim} im schlechtesten Fall als $2 \cdot H$. In den Sekundärstrukturen muß höchstens auf $2 \cdot h$ Endpunktsequenzen von Knoten zugegriffen werden, deren Stab-Werte nicht im Suchintervall liegen. Im schlechtesten Fall kann der Anfang und das Ende dieser Endpunktsequenzen auf einer eigenen Seite stehen, die von dieser Sequenz zu weniger als 50% gefüllt sein kann; alle anderen in den Sekundärstrukturen besuchten Seiten sind zu mindestens 50% mit Ergebnisintervallen gefüllt. Alle Endpunktsequenzen von Knoten, deren Stab-Werte im Suchintervall liegen, können vollständig ausgegeben werden. Dadurch sind die Zugriffe auf die Endpunktsequenzen in den Sekundärstrukturen im schlechtesten Fall durch 4h + t'' / (c/2) beschränkt, wobei h die interne Höhe der Primärstruktur, t'' die Anzahl der in den Sekundärstrukturen gefundenen Intervalle und c die Seitenkapazität angibt. Sei t = t' + t'' + t''' die gesamte Anzahl der bei einer IS-Suche gefundenen Intervalle, wobei t''' die Anzahl der in der Primärstruktur gefundenen Intervalle bezeichnet. Wegen $h \leq \lceil \log (N/i) \rceil + 1 = O(\log (N/i))$ ergibt sich in einem EIT auf einem Raster der Größe N im schlechtesten Fall ein Aufwand von IS = $O(\log (N/i) + t/c)$ bzw. $O(\log N + t)$, wenn man die minimale Länge i der dargestellten Intervalle und die Seitenkapazität c als Konstante betrachtet. Wir möchten darauf hinweisen, daß auch in

$$IS \leq 2H + 2 + 4h + 2 \cdot \frac{t}{c}$$

2H + 2 + 4h in vielen Fällen nur eine sehr schwache obere Schranke für die Anzahl der kritischen Zugriffe ist, so daß wir wieder auf Abschnitt 6.6 verweisen.

Zusammenfassend möchten wir hervorheben, daß IS-Suchen mit großen Suchintervallen, bei denen viele Stab-Werte im Suchintervall liegen, insbesondere durch die Darstellung der Intervalle anhand *aller linken* und anhand *aller rechten Endpunkte* in *zwei getrennten Sekundärstrukturen* unterstützt werden: Die Endpunktsequenzen, die den im Suchintervall liegenden Stab-Werten zugeordnet sind, bilden in jeder der beiden Sekundärstrukturen eine gemeinsame ununterbrochene Endpunktsequenz, die komplett ausgegeben werden kann. Weil auch die in der Primärstruktur dargestellten Intervalle anhand ihrer linken und rechten Endpunkte in den Sekundärstrukturen dargestellt sind, verursachen die Endpunktsequenzen von Knoten mit Stab-Werten im Suchintervall keine weiteren Zugriffe auf Primärstrukturseiten. PE-Suchen und IS-Suchen mit kleinen Suchintervallen werden dagegen insbesondere durch die Darstellung von Intervallen in der Primärstruktur anhand der äußersten e linken und e rechten Intervallendpunkte der jeweiligen Endpunktsequenz unterstützt. Wie erwähnt bilden bei diesen Suchen die zu untersuchenden Endpunktsequenzen in den Sekundärstrukturen im allgemeinen keine zusammenhängende Sequenz; für alle Endpunktsequenzen, deren Durchlauf bereits in der Primärstruktur beendet ist, kann man ohne Zugriffe auf die Sekundärstrukturen auskommen.

Weitere grundlegende Suchen

Man kann auf einem EIT auch alle anderen interessanten Suchen auf Intervallen durchführen, wenn man jedem Primärstrukturknoten nicht nur die Seiten in den Sekundärstrukturen zuordnet, die den kleinsten linken und den größten rechten Endpunkt enthalten, sondern auch die Seiten, die den größten linken und den kleinsten rechten Endpunkt der zugeordneten Endpunktsequenzen in den Sekundärstrukturen enthalten. Diese Modifikation ist erforderlich, weil man bei einigen Suchen eine zu einem Stab-Wert gehörende Endpunktsequenz in einer Sekundärstruktur nicht mehr nur von außen nach innen in Richtung Stab-Wert (wie bei PE- und IS-Suchen), sondern auch von innen nach außen durchlaufen muß. Zur Unterstützung von PE- und IS-Suchen kann man damit auskommen, wenn man ein Intervall in einer Endpunktsequenz jeweils als einen (linken oder rechten) Endpunkt mit Identifikator abspeichert, weil jeweils die Intervalle aller in einer Endpunktsequenz passierten Endpunkte zur Ergebnismenge gehören. Es gibt einige andere Suchen, bei denen nicht immer die Intervalle aller passierten Endpunkte zur Ergebnismenge zählen. Um diese Mengenzugehörigkeit überprüfen zu können, braucht man in manchen Fällen den zweiten Intervallendpunkt, so daß zur Unterstützung dieser Suchen ein Intervall in einer Endpunktsequenz jeweils als linker und rechter Endpunkt mit Identifikator abgespeichert werden sollte. In einem so modifizierten EIT kann man z.B. alle in Abschnitt 4.7 charakterisierten 18 grundlegenden Suchtypen durchführen - im Anhang II skizzieren wir diese Suchen in sehr groben Zügen, angelehnt an die Veranschaulichung von PE-Suchen und IS-Suchen in Abb. 6-6 und Abb. 6-7, um einen groben Eindruck davon zu geben, wie man unterschiedliche Suchen in einem EIT durchführen kann.

6.3. Einfügen

Analog zum internen Fall bestimmt man beim Einfügen eines Intervalls aus der Menge I den Knoten in der Primärstruktur, dessen Stab-Wert das Intervall "aufspießt". Dazu verfolgt man in der Skelettstruktur, beginnend mit der Wurzel, so lange den Pfad der Knoten, deren Knotenintervall das einzufügende Intervall einschließt, bis man an den Knoten gelangt, dessen Stab-Wert im Intervall enthalten ist, oder bis eine Ersetzungsliste erreicht ist. Ein aufgespießtes Intervall wird anhand des aufspießenden Stab-Wertes und seines linken und rechten Endpunktes (und seines Identifikators) in beide Sekundärstrukturen eingefügt und dabei in die zum Stab-Wert gehörenden Endpunktsequenzen eingetragen. Wenn der linke und/oder rechte Endpunkt zu den äußersten e Endpunkten der Endpunktsequenz des Stab-Wertes zählt, wird das Intervall anhand dieses Endpunktes auch auf der entsprechenden Primärstrukturseite dargestellt und verdrängt das Intervall des "innersten" hier dargestellten Endpunktes. Ein nicht-aufgespießtes Intervall wird in die entsprechende Ersetzungsliste eingetragen.

Kommt eine Blattseite zum Überlauf, auf der eine Folge von Ersetzungslisten $L_1,..., L_r,$ r > 1, dargestellt ist, wird diese, wie beim EST, in zwei Teilfolgen $L_1,..., L_m$ und $L_{m+1},..., L_r$ zerlegt, so daß $|(|L_1| +...+ |L_m|) - (|L_{m+1}| +...+ |L_r|)|$ minimal wird, wobei $|L_i|$ die Länge von L_i bezeichnet. Jede dieser Teilfolgen wird auf einer eigenen Blattseite dargestellt. Größer werdende Ersetzungslisten werden hierdurch schließlich auf einer eigenen Blattseite isoliert. Tritt auf einer Blattseite mit genau einer Ersetzungsliste durch das Einfügen des (c+1)-sten Intervalls ein Überlauf ein, wird der entsprechende Blattknoten v der Skelettstruktur zu einem inneren Knoten ausgebaut, und die c+1 Intervalle der ursprünglichen Ersetzungsliste werden, wie oben beschrieben, durch die Söhne gefiltert. Im schlechtesten Fall (wenn z.B. alle c+1 Intervalle nur ein kleines linkes oder rechtes Ende des Knotenintervalls von v überdecken) kann der Überlauf einer Ersetzungsliste nicht nur zum Entstehen zweier neuer Sohnknoten, sondern zum Aufbau eines "maximalen Pfades" führen. Dieser ist dadurch gekennzeichnet, daß erst auf der untersten der Ebenen, auf der die Knotenintervalle länger als die betrachteten Intervalle sind, alle c+1 Intervalle aufgespießt werden.

Der Aufwand *II* für das Einfügen eines Intervalls ergibt sich aus den Zugriffen auf Primärstrukturseiten, auf Blattseiten und auf die beiden Sekundärstrukturen. Da jedes Intervall entweder von einem Stab-Wert aufgespießt wird oder zu einer Ersetzungsliste gehört, die beide über einen Pfad von der Wurzel in der Primärstruktur aus erreichbar sind, sind bei einer Primärstruktur mit externer Höhe H höchstens H Zugriffe auf Primärstrukturseiten erforderlich. Wenn der linke oder rechte Endpunkt des Intervalls zu den äußersten e linken bzw. zu den äußersten e rechten Endpunkten seiner Endpunktsequenz gehört, verdrängt das Intervall den Eintrag mit dem größten linken bzw. dem kleinsten rechten Endpunkt auf der entsprechenden Primärstrukturseite, ohne daß ein zusätzlicher Zugriff erforderlich wird. Jedes Intervall muß in jede der beiden als B*-Baum realisierten Sekundärstrukturen eingefügt werden, was sich bekanntermaßen auf einen Pfad pro B*-Baum beschränkt. Wenn es zu einem Überlauf einer Ersetzungsliste kommt, wird diese in zwei oder mehr Ersetzungslisten aufgeteilt, was nur konstanten Aufwand erfordert. Die Intervalle in Stab-Mengen neu entstehender Primärstrukturknoten werden in den Sekundärstrukturen dargestellt. In den Endpunktsequenzen beider Sekundärstrukturen ist dazu höchstens eine ununterbrochene Endpunktsequenz mit (c+1) Intervallen, d.h. höchstens zwei neue Seiten mit Intervallen, einzufügen, was mit einem Aufwand von $O(H_B{}^*)$ durchgeführt werden kann. Die Folge der Blattseiten kann sich um eine, höchstens um zwei Seiten verringern, was nur konstanten Aufwand verursacht. Damit ergibt sich im schlechtesten Fall insgesamt ein Aufwand von $O(H + H_B{}^*)$, wobei $H_B{}^*$ die Höhe der Sekundärstrukturen bezeichnet.[11] In einer Primärstruktur mit externer Höhe $H = \lceil h / h_s \rceil$ und interner Höhe h kann, wie erwähnt, h höchstens $\lceil \log (N/i) \rceil + 1$ werden, wobei h_s die maximale Höhe eines Teilbaums der Primärstruktur auf einer Primärstrukturseite, i die minimale Länge der dargestellten Intervalle und N die Rastergröße bezeichnet. Deshalb ist der Aufwand für das Einfügen eines Intervalls in einen EIT, der n über einem Raster der Größe N definierte Intervalle minimaler Länge i darstellt, $O(\log (N/i) + \log_{(d+1)/2} (n/c))$ bzw. $O(\log N + \log n)$, wenn man i, c und d als Konstante betrachtet, wobei d den maximalen Verzweigungsgrad der Sekundärstrukturen und c die Seitenkapazität bezeichnet.

6.4. Löschen

Ähnlich wie beim Einfügen wird beim Löschen eines Intervalls aus der Menge I der Knoten der Primärstruktur, der das Intervall aufspießt, lokalisiert, um es dann anhand des aufspießenden Stab-Wertes und seines linken und rechten Endpunktes in den beiden Sekundärstrukturen zu lokalisieren und zu entfernen - wenn der linke und/oder rechte Endpunkt zu den äußersten e Endpunkten der Endpunktsequenz des Stab-Wertes zählt, wird jeder dieser Einträge ebenfalls auf der entsprechenden Primärstrukturseite gelöscht und durch den entsprechenden nächsten Eintrag aus der Sekundärstruktur ersetzt; bei einem nicht-aufgespießten Intervall wird dessen Eintrag aus der entsprechenden Ersetzungsliste entfernt. Wie beim EST werden Blattseiten, die unterfüllt werden, mit der Vorgängerseite (und/oder Nachfolgerseite) in der Folge der Blattseiten balanciert. Ist das nicht möglich, tolerieren wir die unterfüllte Blattseite, weil eine durchschnittliche Füllung der zwei (oder drei) Blattseiten von über 50% garantiert ist. Filtert ein Knoten der Primärstruktur durch das Löschen nur noch c Intervalle, werden diese in einer Ersetzungsliste auf einer neuen Blattseite zusammengefaßt. Dazu sind in beiden Sekundärstrukturen höchstens c in einer ununter-

---

[11] Wenn eine geringe Dichte der Intervalle dazu führt, daß die einzelnen Seitenfolgen, welche die einem Stab-Wert zugeordnete Endpunktsequenz darstellen, nicht zu lang werden, z.B. nicht länger als $H_B{}^*+1$ Seiten, kann man in der Praxis ohne den Indexteil des B*-Baums auskommen, der nur zu Update-Zwecken benötigt wird. In diesem Fall kommt man mit der B*-Datei aus: Die Intervalle sind anhand der linken bzw. rechten Endpunkte aufsteigend geordnet nach Stab-Werten und für jeden Stab-Wert nach aufsteigend geordneten Endwerten auf einer Folge von Seiten dargestellt.

brochenen Endpunktsequenz dargestellte Intervalle, also im wesentlichen eine Seite, zu entfernen. Es zählen höchstens c Intervalle "benachbarter" Ersetzungslisten zur neuen Ersetzungsliste - ihre Blattseiten sind gegebenfalls zu balancieren.

Durch analoge Überlegungen wie beim Einfügen ergibt sich im schlechtesten Fall auch für das Löschen eines Intervalls ein Aufwand von $O(H + H_B{}^*)$, wobei H die externe Höhe der Primärstruktur und $H_B{}^*$ die Höhe der Sekundärstrukturen angibt. Der Aufwand *DI* für das Löschen eines Intervalls in einem EIT, der n Intervalle in Seiten der Kapazität c darstellt, ist damit $O(\log (N/i) + \log_{(d+1)/2} (n/c))$ bzw. $O(\log N + \log n)$, wenn man i, c und d als Konstante betrachtet, wobei N wieder die Rastergröße, i die minimale Länge dargestellter Intervalle und d den maximalen Verzweigungsgrad der Sekundärstrukturen bezeichnet.

6.5. Speicherplatzbedarf

Der Speicherplatzbedarf eines EIT, der n Intervalle mit Mindestlänge i darstellt, läßt sich wieder gemäß der unterschiedlichen Seitentypen aufteilen in SR_{prim}, SR_{sec} und SR_{leaf} . Es existieren höchstens n / (c/2) = 2·n/c Blattseiten, weil alle n Intervalle höchstens anhand eines Eintrags auf Blattseiten der Kapazität c dargestellt sein können und Blattseiten durchschnittlich zu mehr als 50% gefüllt sind. Jedes der n Intervalle wird in jeder der beiden Sekundärstrukturen anhand eines Endpunktes dargestellt. Der Speicherplatzbedarf von als B*-Bäumen realisierten Sekundärstrukturen ist ebenfalls $O(n/c)$, wobei c die Seitenkapazität eines B*-Baums, bzw. der B*-Datei, bezeichnet. Der Speicherplatzbedarf für Primärstrukturseiten liegt höchstens bei $O(N/i)$, weil die interne Höhe der Primärstruktur durch $\lceil \log (N/i) \rceil + 1$ nach oben beschränkt ist (siehe auch Abschnitt 6.2). Damit ist $O(N/i + n/c)$ eine obere Schranke für den gesamten Speicherplatzbedarf im schlechtesten Fall, bzw. $O(N + n)$, wenn man i und c als Konstante betrachtet.

Einen linearen Speicherplatzbedarf im Vergleich zur Größe der Eingabe, also einen Speicherplatzbedarf von $O(n/c)$, kann man garantieren, wenn gewährleistet ist, daß höchstens $O(n/c)$ innere Knoten mit Stab-Werten in der Skelettstruktur existieren. Dann kann der Speicherplatzbedarf für die Primärstruktur offensichtlich nicht höher als $O(n/c)$ werden. Bei einer gleichmäßigen Verteilung von n Intervallen fester Länge ist diese Bedingung erfüllt (siehe auch Abschnitt 6.6), so daß in diesem Fall insgesamt höchstens ein Speicherplatzbedarf von $O(n/c)$ zu erwarten ist. Im folgenden wollen wir eine Modifikation der bisher vorgestellten Struktur skizzieren, die diesen Speicherplatzbedarf auch für beliebige Intervallmengen garantiert.

Die Idee besteht darin, alle Pfade in der Skelettstruktur so weit wie möglich zu *kontrahieren*. Die Primärstruktur besteht dann nur noch aus solchen Knoten, bei denen die Stab-Menge zusammen mit den "angrenzenden" Ersetzungslisten mehr als c Intervalle beinhaltet ("Ausprägungsbedingung"), und aus "notwendigen Verzweigungsknoten". Ein "notwendiger Verzweigungknoten" ist ein innerer Knoten, dessen linker und rechter Sohnknoten entweder die Ausprägungsbedingung erfüllen oder selbst wieder notwendige Verzweigungsknoten sind; ihm wird der Stab-Wert zugeordnet, der dem "obersten" Knoten des kontrahierten Pfades zugeordnet würde (welcher der Wurzel der nicht kontrahierten Struktur am nächsten liegt). Die Intervalle einer Stab-Menge, die zu einem Stab-Wert gehört, der aufgrund einer Pfadkontraktion nicht mehr in der Skelettstruktur auftritt, werden in der entsprechenden Ersetzungsliste dargestellt. Abb. 6-8 erläutert diesen Zusammenhang anhand eines Beispiels für einen EIT über dem Raster der Größe N = 128: In Abb. 6-8 (a) ist die Primärstruktur eines EIT *ohne* Pfadkontraktion dargestellt. Alle inneren Knoten, in deren Stab-Menge zusammen mit den angrenzenden Ersetzungslisten mehr als c Intervalle dargestellt seien, sind fettgedruckt. Im Vergleich dazu zeigt Abb. 6-8 (b) die entsprechende Primärstruktur eines EIT *mit* Pfadkontraktion. Bei den Knoten mit den Stab-Werten 32.1, 48.1, 64.1, 80.1 und 96.1 handelt es sich um notwendige Verzweigungsknoten. Die Ersetzungsliste mit dem Knotenintervall [112, 124) in Abb. 6-8 (b) "grenzt an" die Stab-Werte 112.1 und 124.1 und faßt beispielsweise die Intervalle zusammen, die in Abb. 6-8 (a) in den Ersetzungslisten mit den Knotenintervallen [112, 120) und [120, 124) sowie in der Stab-Menge zum Stab-Wert 120.1 enthalten sind.

Wenn eine Ersetzungsliste eines modifizierten EIT durch das Einfügen des (c+1)-sten Intervalls zu einem Überlauf kommt, wird ein neuer Knoten in die Primärstruktur aufgenommen. Er ist dadurch charakterisiert, daß er in der entsprechenden Struktur ohne Pfadkontraktion der oberste noch nicht in der modifizierten Struktur dargestellte Knoten ist, dessen Stab-Wert im Knotenintervall der Ersetzungsliste liegt und der die Ausprägungsbedingung erfüllt. Gegebenenfalls ist es erforderlich, einen entsprechenden notwendigen Verzweigungsknoten mit aufzunehmen. Ist die Ausprägungsbedingung nach dem Löschen eines Intervalls für einen inneren Knoten, der kein notwendiger Verzweigungsknoten ist, nicht mehr erfüllt, wird dieser Vorgang rückgängig gemacht. Man kann zeigen, daß der Aufwand für Updates in einem so modifizierten EIT $O(\log (N/i) + \log_{(d+1)/2} (n/c))$ bzw. $O(\log N + \log n)$ beträgt, wenn man i, c und d als Konstante betrachtet, wobei N wieder die Rastergröße, n die Anzahl und i die minimale Länge dargestellter Intervalle, c die Seitenkapazität und d den maximalen Verzweigungsgrad der Sekundärstrukturen bezeichnet.

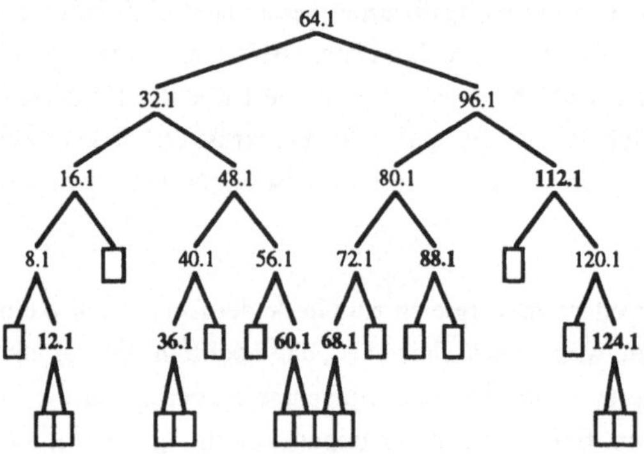

Abbildung 6-8 (a)

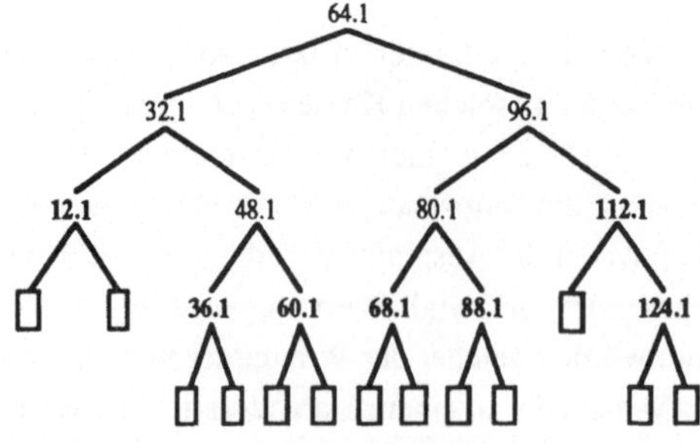

Abbildung 6-8 (b)

PE- und IS-Suchen können auf einem so modifizierten EIT wie vorher mit einem Aufwand von $O(\log (N/i) + t/c)$ durchgeführt werden, wobei N die Rastergröße, i die minimale Länge dargestellter Intervalle, t die Anzahl gefundener Intervalle und c die Seitenkapazität bezeichnet. Bei einer PE-Suche muß man jetzt aber in jedem Fall (also auch, wenn der Suchwert mit einem Stab-Wert übereinstimmt) den Pfad von der Wurzel bis zu dem Blatt verfolgen, dessen Knotenintervall den Suchwert beinhaltet, da diese Ersetzungsliste auch Intervalle enthalten kann, die kontrahierten Pfadteilen zugeordnet sind.

Durch die hier skizzierte Modifikation erhalten wir einen EIT mit einem Speicherplatzbedarf von $O(n/c)$: Für jeden Knoten der Primärstruktur wissen wir aufgrund der Ausprägungsbedingung, daß in seiner Stab-Menge und in den angrenzenden Ersetzungslisten mehr als c Intervalle dargestellt sind oder daß er ein notwendiger Verzweigungsknoten ist. Folglich existieren höchstens $O(n/c)$ Knoten in der Primärstruktur, welche die Ausprägungsbedingung erfüllen. Zu jedem Knoten, der die Ausprägungsbedingung erfüllt, kann es aber höchstens einen zusätzlichen Verzweigungsknoten geben, so daß selbst im schlechtesten Fall die Primärstruktur aus höchstens $O(n/c)$ Knoten besteht, deren Darstellung nicht mehr als $O(n/c)$ Seiten erfordert. Da der Aufwand zur Darstellung der Ersetzungslisten und der Aufwand zur Darstellung der Sekundärstrukturen wie vorher $O(n/c)$ ist, ergibt sich insgesamt ein Speicherplatzbedarf von $O(n/c)$.

6.6. Analytische Betrachtungen für gleichmäßig verteilte Intervalle fester Länge

Der Aufwand für PE- und IS-Suchen und der Speicherplatzbedarf in einem EIT hängt von der Verteilung der Menge I der Intervalle und von der Länge der dargestellten Intervalle ab.[12] Um das Suchverhalten eines EIT besser kennenzulernen, analysieren wir das bei PE- und IS-Suchen zu erwartende Verhalten für eine Menge I von n Intervallen fester Länge i, die gleichmäßig über einem Raster der Größe N verteilt sind. Dieses Verhalten läßt sich auf Intervallmengen mit unterschiedlichen Längen verallgemeinern.

Wie bereits in Abschnitt 6.5 erwähnt, ist bei einer Menge I von gleichmäßig über einem Raster verteilten Intervallen fester Länge i ein Speicherplatzbedarf von $O(n/c)$ zu erwarten: In der Primärstruktur entstehen auch ohne eine Modifikation des EIT wegen der gleichmäßigen Verteilung der Intervalle bei Überläufen von Ersetzungslisten nur Knoten, die in der Struktur, welche die gesamte Menge I darstellt, entweder die Ausprägungsbedingung erfüllen oder die notwendige Verzweigungsknoten sind. Der EIT, der eine derartige Menge I darstellt, besitzt diese Eigenschaft unabhängig von der Einfügereihenfolge der Intervalle bei einem dynamischen Aufbau der Struktur. Deshalb stimmt der EIT ohne Modifikation, der eine beliebige gleichmäßig verteilte Menge I von Intervallen fester Länge i darstellt, mit dem entsprechenden EIT mit Modifikation überein, so daß der entsprechende Speicherplatzbedarf bei $O(n/c)$ liegt. Deshalb legen wir den folgenden Betrachtungen einen EIT ohne Modifikation zugrunde.

Zunächst wollen wir die interne Höhe h und die externe Höhe $H = \lceil h / h_s \rceil$ der Primärstruktur genauer ermitteln. Die durchschnittliche Dichte s der darzustellenden Menge I von n Intervallen der Länge i, die über einem Raster der Größe N definiert sind, ist definiert als $s = (n \cdot i) / N$. Ein Stab-Wert eines Knotens der Primärstruktur spießt s Intervalle auf, solange sein Knotenintervall mindestens eine Länge von 2i besitzt. Sobald in der Primärstruktur Knoten mit einem Knotenintervall kleiner als 2i auftreten, ist die maximale interne Höhe von $\lceil \log (N/i) \rceil + 1$ erreicht, so daß sich die interne Höhe h der Primärstruktur ergibt als

---

[12] Das gilt auch für den hier nicht weiter betrachteten Update-Aufwand.

$$h = \min\left\{\left\lceil\log\frac{N}{i}\right\rceil + 1, \left\lceil\log\frac{n+s}{c+s}\right\rceil\right\}$$

und die externe Höhe H als

$$H = \min\left\{\left\lceil\frac{\left\lceil\log\frac{N}{i}\right\rceil + 1}{h_s}\right\rceil, \left\lceil\frac{\left\lceil\log\frac{n+s}{c+s}\right\rceil}{h_s}\right\rceil\right\}$$

Natürlich hängt h_s logarithmisch vom Verhältnis zwischen der Seitengröße C und der Anzahl $2 \cdot e$ der pro Primärstrukturknoten auf einer Primärstrukturseite dargestellten Intervallendpunkte (bzw. Intervalle) ab (siehe unten).

PE- und IS-Suchen

Zur Analyse des Aufwands bei PE- und IS-Suchen konzentrieren wir uns zunächst auf die Ermittlung der Anzahl kritischer Zugriffe, bei denen nicht gewährleistet ist, daß die besuchten Seiten zu mindestens 50% mit Ergebnisintervallen gefüllt sind.

Wir beginnen mit *PE-Suchen*. Weil sich die PE-Suche auf einen Pfad in der Skelettstruktur beschränkt, ist die Summe der Zugriffe auf Primärstrukturseiten und Blattseiten durch H + 1 beschränkt. Im allgemeinen besitzen die Knotenintervalle der Blattknoten in der Skelettstruktur (Ersetzungslisten) eines EIT mindestens eine Länge von i. Dadurch ist die Länge von Knotenintervallen innerer Knoten mindestens 2i, so daß der Abstand zweier benachbarter Stab-Werte mindestens i beträgt und jede PE-Suche höchstens die Endpunktsequenzen zweier Stab-Werte besuchen muß. Für den rechten dieser beiden Stab-Werte ist dabei die Sequenz seiner linken Endpunkte von links, für den linken die Sequenz seiner rechten Endpunkte von rechts zu durchlaufen, wobei jeweils höchstens 2, und insgesamt höchstens 4, kritische Zugriffe auf Seiten in den Sekundärstrukturen entstehen können. Damit sind bei einer PE-Suche höchstens H + 5 kritische Zugriffe zu erwarten.

Auch in dem Spezialfall, daß die Länge von Knotenintervallen von Primärstrukturknoten zwischen i und 2i liegt [13], ist kein höherer Suchaufwand zu erwarten: Weil Knotenintervalle von Primärstrukturknoten mindestens eine Länge von i besitzen, liegt der Mindestabstand zwischen benachbarten Stab-Werten bei i/2, so daß im ungünstigsten Fall bei einer PE-Suche die Ergebnisintervalle in drei benachbarten Stab-Mengen liegen können. (Wenn nur eine oder zwei Stab-Mengen betroffen sind, müssen höchstens ein oder zwei Endpunktsequenzen in den Sekundärstrukturen besucht werden, so daß wieder nicht mehr als 4 kritische Zugriffe in den Sekundärstrukturen entstehen können.) Abb. 6-9 veranschaulicht den Fall, daß Intervalle aus drei Stab-Mengen zum Suchergebnis zählen. Sei nun a das größte Schnittintervall, das sich ergibt, wenn man die Intervalle in der Stab-Menge des linken Stab-Wertes mit den Intervallen in der Stab-Menge des rechten Stab-Wertes paarweise schneidet. Man kann zeigen, daß dieses Intervall a von allen Intervallen eingeschlossen wird, die zur Stab-Menge des mittleren Stab-Wertes zählen. Deshalb ist gewährleistet, daß alle Intervalle in der Stab-Menge des mittleren Stab-Wertes zur Ergebnismenge gehören, wenn Intervalle

---

[13] Dieser Fall kann nur eintreten, wenn eine Ersetzungsliste, deren Knotenintervall eine Länge zwischen i und 2i besitzt, zu einem Überlauf kommt: Der durch den Überlauf neu entstehende innere Knoten der Skelettstruktur spießt alle Intervalle der ursprünglichen Ersetzungsliste auf, die "neu entstehenden" Ersetzungslisten, deren Knotenintervalle eine Länge zwischen i/2 und i aufweisen, bleiben leer.

von drei Stab-Mengen zum Suchergebnis zählen. Das bedeutet aber, daß bei einer PE-Suche, deren Suchwert zwischen dem linken und dem mittleren Stab-Wert liegt, die Ergebnisintervalle aus den Stab-Mengen des mittleren und rechten Stab-Wertes eine ununterbrochene Sequenz in der Sekundärstruktur über linken Endpunkten bilden; wenn der Suchwert zwischen dem mittleren und dem rechten Stab-Wert liegt, bilden die Ergebnisintervalle aus den Stab-Mengen des linken und mittleren Stab-Wertes eine ununterbrochene Sequenz in der Sekundärstruktur über rechten Endpunkten. Aus diesem Grund werden in jedem Fall höchstens 2 ununterbrochene Endpunktsequenzen in den Sekundärstrukturen betrachtet, wodurch höchstens 4 kritische Zugriffe in den Sekundärstrukturen entstehen können.

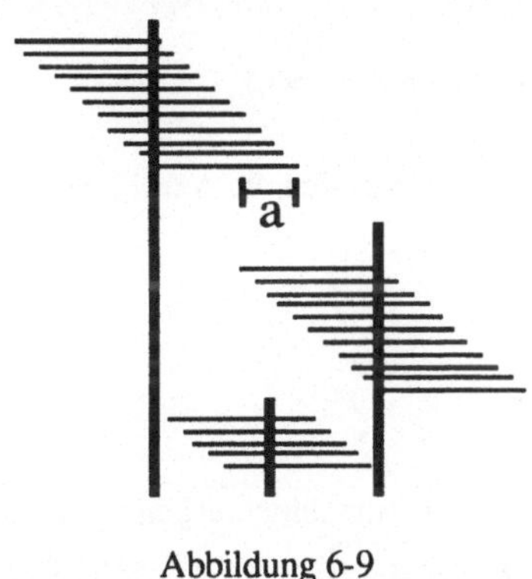

Abbildung 6-9

Bei *IS-Suchen*, in denen das Suchintervall kleiner ist als der Abstand benachbarter Stab-Werte, sind die Überlegungen analog zu denen bei der PE-Suche. Deshalb betrachten wir im folgenden IS-Suchen, deren Suchintervall größer ist als der Abstand benachbarter Stab-Werte. Die Summe der kritischen Zugriffe auf Primärstruktur- und Blattseiten ist, analog zu PE-Suchen, durch 2H + 2 beschränkt. Wenn der Abstand zweier benachbarter Stab-Werte mindestens i ist, können höchstens 4 kritische Zugriffe auf Sekundärstruktur-seiten entstehen, wenn man berücksichtigt, daß links und rechts vom Suchintervall jeweils höchstens eine Stab-Menge existieren kann, die man besuchen muß und deren Intervalle man nicht vollständig ausgeben kann. Für den Spezialfall, daß Knotenintervalle von Primärstrukturknoten eine Länge zwischen i und 2i besitzen, besucht man analog links und rechts neben dem Suchintervall höchstens 2 Stab-Mengen, deren Intervalle man nicht vollständig ausgeben kann, deren Stab-Werte aber benachbart sind. Links vom Suchintervall durchläuft man deshalb eine ununterbrochene Sequenz von rechten Endpunkten von rechts und rechts vom Suchintervall eine ununterbrochene Sequenz von linken Endpunkten von links, wofür insgesamt höchstens 4 kritische Zugriffe in den Sekundärstrukturen entstehen können. Damit sind bei IS-Suchen höchstens 2H + 6 kritische Zugriffe zu erwarten.

Neben diesen kritischen Zugriffen können bei PE- und IS-Suchen nur Zugriffe auf Blattseiten und Seiten in Sekundärstrukturen entstehen, für die jeweils mindestens c/2 der t Ergebnisintervalle ausgegeben werden können. Deshalb ist die Anzahl dieser Zugriffe durch t / (c/2) beschränkt. Insgesamt ergibt sich Satz 6.1:

Satz 6.1:

(a) Für eine PE-Suche ist in einem EIT, der eine Menge I gleichmäßig verteilter Intervalle fester Länge i darstellt, ein Aufwand von

$$PE \leq H + 5 + 2 \cdot \frac{t}{c}$$

Seitenzugriffen zu erwarten, wobei H die externe Höhe der Primärstruktur bezeichnet, t die Anzahl gefundener Intervalle und c die Seitenkapazität angibt.

(b) Für eine IS-Suche ist in einem EIT, der eine Menge I gleichmäßig verteilter Intervalle fester Länge i darstellt, ein Aufwand von

$$IS \leq 2H + 6 + 2 \cdot \frac{t}{c}$$

Seitenzugriffen zu erwarten (Bezeichnungen wie oben).

An dieser Stelle möchten wir hervorheben, daß sich die Anzahl der zu erwartenden *externen* Seitenzugriffe bei PE-Suchen auf

$$PE \leq H + 4 + 2 \cdot \frac{t}{c}$$

und bei IS-Suchen auf

$$IS \leq 2H + 4 + 2 \cdot \frac{t}{c}$$

reduziert, wenn man von der realistischen Annahme ausgeht, daß die Seite, die die Wurzel der Skelettstruktur enthält, ständig im Hauptspeicher gehalten werden kann und somit keinen gesonderten externen Zugriff erfordert.

Es wurden (theoretische) Simulationen mit denselben gleichmäßig verteilten Intervallmengen fester Länge durchgeführt wie beim EST: Auf einem Raster der Größe $N = 2^{20} = 1\,048\,576$ wurden PE- und IS-Suchen auf 10 000 und 100 000 gleichmäßig verteilten Intervallen mit festen Längen von 1 000 und 10 000 durchgeführt, was 0.1% und 1% der Rastergröße entspricht, bei Seitengrößen von 1 KByte und 4 KByte (siehe Abschnitt 5.7.2). Wie bei den entsprechenden Betrachtungen für den EST gehen wir wieder davon aus, daß die Seite, welche die Wurzel der Skelettstruktur enthält, ständig im Hauptspeicher gehalten werden kann und damit keinen gesonderten externen Zugriff erfordert. Es zeigte sich, daß unter dieser Voraussetzung in den betrachteten Fällen bei PE-Suchen höchstens $H + 4 = 6$ (beim EST waren es höchstens 4) *externe kritische Zugriffe* zu erwarten sind; bei IS-Suchen, die der EST nicht unterstützt, sind höchstens $2H + 4 = 8$ *externe kritische Zugriffe* zu erwarten. In diesen Beispielen unterstützt der EIT PE-Suchen auf gleichmäßig verteilten Intervallen fester Länge kaum schlechter als der EST; zusätzlich werden vom EIT IS-Suchen ähnlich gut unterstützt.

Die obigen Ergebnisse für eine gleichmäßig verteilte Intervallmenge fester Länge lassen sich auf eine gleichmäßig verteilte Intervallmenge mit mehreren festen Intervallängen verallgemeinern. Wir betrachten eine Menge I von $n = n_1 + \ldots + n_m$ Intervallen mit m verschiedenen Längen $i_1 < \ldots < i_m$, wobei n_j Intervalle die Länge i_j besitzen. Man kann zeigen, daß in einem EIT, der eine derartige Menge I von Intervallen darstellt, für eine PE-Suche höchstens ein Aufwand von

$$PE \leq H + 5 + 6 \cdot (m-1) + 2 \cdot \frac{t}{c} = H + 6m - 1 + 2 \cdot \frac{t}{c}$$

und für eine IS-Suche höchstens ein Aufwand von

$$IS \leq 2H + 6 + 6 \cdot (m-1) + 2 \cdot \frac{t}{c} = 2H + 6m + 2 \cdot \frac{t}{c}$$

Zugriffen[14] zu erwarten ist, wobei H wieder die externe Höhe der Primärstruktur, t die Anzahl gefundener Intervalle und c die Seitenkapazität bezeichnet. Dieser Zusammenhang beruht darauf, daß bei einer PE-Suche für jede der m Intervallängen drei verschiedene Stab-Mengen betroffen sein können, man aber, außer für die Intervalle der Länge i_1, nicht garantieren kann, daß die entsprechenden Stab-Werte in der aufsteigenden Sequenz der Stab-Werte benachbart sind.

Abschließend seien einige Anmerkungen zum Einfluß der Größe e auf das Verhalten des EIT, insbesondere auf das Suchverhalten, angeführt. Eine Wahl von e > 0 ist in jedem Fall anzuraten: Zu jedem Stab-Wert wird mindestens der kleinste linke und der größte rechte Endpunkt - zur Unterstützung aller im Anhang II dargestellten grundlegenden Suchen auch der größte linke und der kleinste rechte Endpunkt - der zugeordneten Sequenz von Intervallendpunkten auf derselben Primärstrukturseite repräsentiert. Hierdurch kann bei einer Suche für jeden besuchten Stab-Wert bereits in der Primärstruktur, ohne einen Zugriff auf die Sekundärstrukturen, entschieden werden, ob mindestens ein Intervall seiner Stab-Menge zum Suchergebnis zählt. Wenn genau diese Entscheidung interessiert, empfiehlt es sich, e = 1 zu wählen, um die Höhe h_s (eines maximalen vollständigen binären Baums auf einer Primärstrukturseite) möglichst groß und damit die externe Höhe $H = \lceil h / h_s \rceil$ möglichst klein werden zu lassen. Für den Fall e = 1 mit $h_s = \lfloor \log C \rfloor - 5$ [15] ergibt sich H für eine gleichmäßig verteilte Menge I von n Intervallen fester Länge i, die über einem Raster der Größe N definiert sind, als

$$H = \min \left\{ \left\lceil \frac{\left\lceil \log \frac{N}{i} \right\rceil + 1}{\lfloor \log C \rfloor - 5} \right\rceil, \left\lceil \frac{\left\lceil \log \frac{n+s}{c+s} \right\rceil}{\lfloor \log C \rfloor - 5} \right\rceil \right\}$$

wobei wieder s = (n·i) / N die Dichte der Intervallmenge I, C die Seitengröße (in Byte) und c die Seitenkapazität bezeichnet. Eine Wahl von e > 1 erscheint nur dann sinnvoll, wenn dadurch bei PE-Suchen kritische Zugriffe auf Sekundärstrukturseiten eingespart werden können (e > 1 unterstützt besonders PE-Suchen und IS-Suchen mit kleinen Suchintervallen). Im Fall e > 1 ist h_s von e abhängig. Mit den gleichen Bezeichnungen wie oben ergibt sich in diesem Fall mit $h_s = \lfloor \log (C / (1+2e)) \rfloor - 4$ [16] für gleichmäßig verteilte Intervalle die externe Höhe H entsprechend als

$$H = \min \left\{ \left\lceil \frac{\left\lceil \log \frac{N}{i} \right\rceil + 1}{\left\lfloor \log \frac{C}{1+2e} \right\rfloor - 4} \right\rceil, \left\lceil \frac{\left\lceil \log \frac{n+s}{c+s} \right\rceil}{\left\lfloor \log \frac{C}{1+2e} \right\rfloor - 4} \right\rceil \right\}$$

Bei gleichmäßig verteilten Intervallen fester Länge können bei einer PE-Suche, wie gezeigt, in den Sekundärstrukturen höchstens 2 ununterbrochene Endpunktsequenzen betroffen sein, so daß die erwartete Anzahl kritischer Zugriffe auf Sekundärstrukturen auch bei e = 1 recht niedrig ist. Deshalb empfiehlt sich insbesondere bei gleichmäßig verteilten Intervallen fester Länge und bei kurzen Intervallen eine Wahl von e = 1.

---

[14] Die Anzahl der *externen* Zugriffe reduziert sich unter der oben getroffenen Annahme auch in dieser Verallgemeinerung für PE-Suchen wieder um 1, für IS-Suchen wieder um 2.

[15] Diese Beziehung basiert auf der Annahme, daß bei einer Implementierung für e = 1 (a) zu jedem Stab-Wert ein linker und rechter Endpunkt, (b) Seitenadressen für die Söhne der Blattknoten einer Primärstrukturseite, (c) zu jedem Stab-Wert ein Intervallzähler und Seitenadressen auf die Seite mit dem kleinsten linken Endpunkt und die Seite mit dem größten rechten Endpunkt in den Sekundärstrukturen und (d) Seitenadressen für die Wurzeln der Sekundärstrukturen verwaltet werden.

[16] Diese Beziehung basiert auf der Annahme, daß bei einer Implementierung für e > 1 (a) zu jedem Stab-Wert e linke und e rechte Endpunkte und Intervall-Identifikatoren, (b) Seitenadressen für die Söhne der Blattknoten einer Primärstrukturseite, (c) zu jedem Stab-Wert ein Intervallzähler und Seitenadressen auf die Seite mit dem kleinsten linken Endpunkt und die Seite mit dem größten rechten Endpunkt in den Sekundärstrukturen und (d) Seitenadressen für die Wurzeln der Sekundärstrukturen verwaltet werden.

Bezieht man die Dichte s der darzustellenden Menge I von Intervallen in die Überlegungen ein, so ist bei sehr großem s für e > 1 (und s >> e) im allgemeinen kaum eine Verbesserung des Suchverhaltens zu erwarten, außer für den Fall, daß wenige lange und sehr viele kurze Intervalle auftreten. Wenn s_1 die Dichte bezeichnet, die durch die wenigen langen Intervalle verursacht wird, kann es vorteilhaft sein, $e = s_1 + 1$ zu wählen, so daß die langen Intervalle auf Primärstrukturseiten dargestellt werden. Für $s < (C / 2^h s^{+5})$ hat man die Möglichkeit, e = s zu wählen. In diesem Fall ist die Anzahl kritischer Zugriffe bei PE-Suchen konstant gleich H + 1, bei IS-Suchen höchstens gleich 2H + 2.[17] Wenn wegen $s < (C / 2^h s^{+5})$ neben einer Wahl von e = 1 auch eine Wahl von e = s möglich ist, kann man beispielsweise e = 1 wählen, wenn die Anzahl erwarteter kritischer Zugriffe bei PE-Suchen für e = 1 geringer ist als für e = s, d.h. wenn H + 5 für e = 1 geringer ist als H + 1 für e = s, wenn also gilt:

$$\left\lceil \frac{\left\lceil \log \dfrac{n+s}{c+s} \right\rceil}{\lfloor \log C \rfloor - 5} + 4 \right\rceil \leq \left\lceil \frac{\left\lceil \log \dfrac{n+s}{c+s} \right\rceil}{\left\lfloor \log \dfrac{C}{1+2e} \right\rfloor - 4} \right\rceil \quad \text{bzw.} \quad \left\lceil \frac{\left\lceil \log \dfrac{N}{i} \right\rceil + 1}{\lfloor \log C \rfloor - 5} + 4 \right\rceil \leq \left\lceil \frac{\left\lceil \log \dfrac{N}{i} \right\rceil + 1}{\left\lfloor \log \dfrac{C}{1+2e} \right\rfloor - 4} \right\rceil$$

Eine genauere analytische und experimentelle Untersuchung, wie die Größe e das Verhalten bei PE-Suchen und IS-Suchen sowie das Verhalten bei Updates und den Speicherplatzbedarf beeinflußt und unter welcher Bedingung welche Wahl von e zu dem effizientesten Verhalten führt, ist eine interessante noch offene Frage, die außerhalb dieser Arbeit weiter untersucht werden sollte.

6.7. Spezialfall: Verwaltung eindimensionaler Punkte

In einem EIT können neben eindimensionalen Intervallen auch zu eindimensionalen Punkten degenerierte Intervalle verwaltet werden, ohne daß eine Veränderung der Struktur oder der unterstützten Suchen notwendig ist. Wir setzen zunächst voraus, daß höchstens c Punkte denselben Wert besitzen.

Wenn in einem EIT nur *eindimensionale Punkte* dargestellt werden, werden keine Intervalle aufgespießt, so daß keine Stab-Mengen und damit auch keine Sekundärstrukturen existieren - alle Punkte werden in den Ersetzungslisten repräsentiert. Hierdurch wird das *gemeinsame Grundprinzip, daß dem EIT und dem EST zugrunde liegt*, deutlich: eine in Seiten aufgeteilte Skelettstruktur, die durch die Einführung von Blatt- bzw. Ersetzungslisten, die auf einer Folge von Blattseiten dargestellt werden, möglichst klein bleibt (siehe auch Abschnitt 5.8).

In einem EIT kann man *Bereichs-Suchen* mit einem Suchbereich $q = [q_l, q_r)$, die wichtigsten Suchen auf eindimensionalen Punkten, als IS-Suchen auf zu Punkten degenerierten Intervallen durchführen, so daß für diesen Spezialfall keine neue Art der Suche eingeführt werden muß. Allerdings ergibt sich hierdurch ein Aufwand von $2H + 2 + t / (c/2)$ Seitenzugriffen. Dieser Aufwand läßt sich durch eine Modifikation der IS-Suche, bei der im wesentlichen auf eine der beiden PE-Suchen innerhalb der IS-Suche verzichtet wird, sehr einfach auf $H + 2 + t / (c/2)$ Seitenzugriffe reduzieren: Wie bei einer Bereichs-Suche auf einem EST wird nur noch eine PE-Suche mit dem o.B.d.A. linken Endpunkt q_l des Suchbereichs $q = [q_l, q_r)$ durchgeführt, um die Ersetzungsliste zu lokalisieren, deren Knotenintervall q_l einschließt. Die Punkte dieser Ersetzungsliste, die im Suchbereich liegen, werden ausgegeben. Anschließend wird wieder die Folge der Ersetzungs-

---

[17] Bei einer Wahl von e = s kann man auf die Sekundärstrukturen verzichten: Während PE-Suchen keine Zugriffe auf Sekundärstrukturen erfordern, kann man auch im Hinblick auf IS-Suchen ohne Sekundärstrukturen auskommen, wenn man sie, analog zum internen Fall (siehe Abschnitt 2.5), so modifiziert, daß auch alle im Suchintervall liegenden Stab-Werte in der Primärstruktur besucht werden. Allerdings kann dann für sehr große Suchintervalle nicht mehr eine Höchstzahl von 2H + 2 kritischen Zugriffen garantiert werden.

listen so lange von links nach rechts durchlaufen, bis man die Ersetzungsliste erreicht, deren Knotenintervall den rechten Endpunkt q_r einschließt. Alle Intervalle in den hierbei besuchten Ersetzungslisten werden ausgegeben; die Punkte der letztgenannten Ersetzungsliste, die im Suchbereich liegen, werden ebenfalls ausgegeben. Die Berechnung der externen Höhe H der Primärstruktur im EIT stimmt mit der Berechnung der externen Höhe H der Skelettstruktur im EST überein (siehe Abschnitt 5.8), so daß sich in beiden Fällen für eine Bereichs-Suche auf eindimensionalen Punkten derselbe Aufwand ergibt. Es gilt:

Lemma 6.2: Der Aufwand für eine Bereichs-Suche in einem EIT, in dem nur eindimensionale Punkte dargestellt sind, ist $R \leq H + 2 + t / (c/2)$, wobei H wieder die externe Höhe der Primärstruktur, t die Anzahl gefundener Punkte und c die Seitenkapazität angibt.

Wenn mehr als c Punkte mit demselben Wert auftreten können, kann es vorkommen, daß eine Ersetzungsliste mehr als c Punkte mit dem gleichen Wert aufnehmen muß, auch wenn das zugehörige Knotenintervall bereits zu einem atomaren Intervall degeneriert ist und nicht mehr geteilt werden kann. Analog zum EST modifizieren wir den EIT in diesem Fall so, daß alle Punkte mit demselben Wert in einer Ersetzungsliste auf zwei oder mehreren Blattseiten verwaltet werden.

6.8. Ein modifizierter interner Interval Tree

Der ursprüngliche interne Interval Tree und die auf ihm unterstützten Suchen lassen sich in einfacher Weise, analog zum EIT, so modifizieren, daß auch bei Intervallschnitt-Suchen, die t Intervalle finden, auf einem Raster der Größe N eine Suchzeit von $O(\log N + t)$ garantiert werden kann, ohne daß Pfade auf der ersten Stufe des internen Interval Tree kontrahiert werden müssen.

Der interne Interval Tree wird dahingehend modifiziert, daß die *Listen der linken Endpunkte* benachbarter Stab-Werte (benachbart bezüglich der aufsteigend geordneten Folge von Stab-Werten) zusätzlich zu *einer Liste* verkettet werden. Diese Liste ist nach Stab-Werten, und für jeden Stab-Wert nach Endwerten geordnet. Die *Listen der rechten Endpunkte* benachbarter Stab-Werte werden auf dieselbe Weise miteinander zu *einer Liste* verkettet.

Eine Intervallschnitt-Suche mit einem Suchintervall $q = [q_l, q_r)$ auf einem so modifizierten Interval Tree mit dem Wurzelknoten v läßt sich folgendermaßen skizzieren:

> *is-query (v, q)* =
>
>> u_l := "$+\infty$";
>> u_r := "$-\infty$";
>>
>> *pe-query' (v, q, q_l, u_l)*;
>> *pe-query' (v, q, q_r, u_r)*;
>>
>> Durchlaufe die Liste der linken (oder rechten) Endpunkte zwischen den Stab-Werten u_l und u_r (einschließlich), und gib alle entsprechenden Intervalle aus
>
> **end** is-query.

```
pe-query' (v, q, p, u) =

        if p < v.x
        then if v.x liegt nicht in q
             then Durchlaufe die doppelt verkettete Endpunktliste von v von links, und gib alle
                  gefundenen Intervalle aus;
             else {v.x liegt in q}
                  if v.x < u then u := v.x fi;
             fi;
             if v ist kein Blatt then pe-query' (v.left, q, p, u) fi
        else if p > v.x
             then if v.x liegt nicht in q
                  then Durchlaufe die doppelt verkettete Endpunktliste von v von rechts, und
                       gib alle gefundenen Intervalle aus;
                  else {v.x liegt in q}
                       if v.x > u then u := v.x fi;
                  fi;
                  if v ist kein Blatt then pe-query' (v.right, q, p, u) fi
             else {p = v.x}
                  u := v.x
             fi
        fi
end pe-query'.
```

Die in *is-query* formulierte Intervallschnitt-Suche, die t über einem Raster der Größe N definierte Intervalle findet, kann offensichtlich mit einem Zeitaufwand von O(log N + t) durchgeführt werden, da sich die beiden modifizierten Punkteinschluß-Suchen *pe-query'* mit den Endpunkten des Suchintervalls auf einen Pfad von der Wurzel bis zu einem Blatt beschränken und damit höchstens einen Zeitaufwand von O(log N + t) verursachen. Der anschließende Durchlauf durch die Liste der linken oder rechten Endpunkte erfordert höchstens einen Aufwand von O(t).

Eine Punkteinschluß-Suche *pe-query* mit einem Suchwert q auf einem Interval Tree mit dem Wurzelknoten v kann man, der Vollständigkeit halber, folgendermaßen skizzieren:

```
pe-query (v, q) =

        if q < v.x
        then Durchlaufe die doppelt verkettete Endpunktliste von v von links, und gib alle
             gefundenen Intervalle aus;
             if v ist kein Blatt then pe-query (v.left, q) fi
        else if q > v.x
             then Durchlaufe die doppelt verkettete Endpunktliste von v von rechts, und gib alle
                  gefundenen Intervalle aus;
                  if v ist kein Blatt then pe-query (v.right, q) fi
             else {q = v.x}
                  Durchlaufe die doppelt verkettete Endpunktliste von v von links oder rechts,
                  und gib alle Intervalle aus;
             fi
        fi
end pe-query.
```

Auch diese Punkteinschluß-Suche erfordert offensichtlich einen Aufwand von O(log N + t).

7. Vergleich von XP-Baum, EST und EIT

In diesem Kapitel vergleichen wir die in den letzten drei Kapiteln vorgestellten externen Strukturen miteinander. Dieses geschieht, indem zunächst Charakteristika der drei Strukturen zusammengefaßt, einander gegenübergestellt und erläutert werden. Anschließend vergleichen wir den EST und den EIT als externe Strukturen zur Verwaltung von Intervallmengen detaillierter miteinander in bezug auf Gemeinsamkeiten und Unterschiede. Schließlich werden der XP-Baum, der EST und der EIT kurz unter dem Aspekt des Einsatzes als Intervall-Indexstrukturen in Datenbanksystemen betrachtet. Abschließend schlagen wir einige Empfehlungen vor, unter welchen Umständen welche der drei Strukturen zur Unterstützung von Suchen auf einer Menge von Intervallen einzusetzen ist.

XP-Baum, EST und EIT

In Tabelle 7-1 sind einige charakterisierende Eigenschaften des XP-Baums, des EST und des EIT zusammengefaßt und gegenübergestellt. Dabei handelt es sich um die Art der verwalteten Objekte, um die Art der Darstellung von Intervallen (mit/ohne Berücksichtigung der Ausdehnung), um die Arten von unterstützten und durchführbaren Suchen auf zweidimensionalen Punkten und Intervallen, um die Höhe des Speicherplatzbedarfs im Vergleich zur Anzahl dargestellter Objekte, um die dynamische Balanciertheit und die Einsetzbarkeit der Strukturen in hierarchisch geschachtelten Kombinationen mit anderen externen Strukturen.

	XP-Baum	*EIT*	*EST*
Verwaltete Objekte • Spezialfall • Spezialfall	zweidim. Punkte Intervalle eindim. Punkte	Intervalle eindim. Punkte	Intervalle eindim. Punkte
Intervalldarstellung anhand	der Endpunkte, ohne Ausdehnung	der Endpunkte, mit Ausdehnung	der Ausdehnung
Unterstützte Suchen • zweidim. Punkte • Intervalle *Durchführbare S.* • zweidim. Punkte • Intervalle	Halbbereichs-Suchen PE- und IS-Suchen Bereichs-Suchen alle interessanten S.	PE- und IS-Suchen alle interessanten S.	PE-Suchen PE-Suchen
Speicherplatzbedarf	linear	linear bei Modifikation	mehr als linear
Balanciertheit	nicht dyn. balanciert	dyn. balanciert	dyn. balanciert
Schachtelung, einsetzbar auf	äußerster Stufe	äußerster Stufe	allen Stufen

Tabelle 7-1

Der XP-Baum ist die einzige der drei Strukturen, die eine über einem Gitter definierte Menge von zweidimensionalen Punkten darstellt; Intervalle werden als Spezialfall verwaltet, indem jedes Intervall anhand seines linken und rechten Endpunktes in einen zweidimensionalen Punkt transformiert wird. Im XP-Baum, dessen Balance nicht dynamisch aufrechterhalten werden kann, werden Intervalle also ohne die Wahrung räumlicher Nachbarschaftsbeziehungen anhand ihrer Endpunkte als zweidimensionale Punkte dargestellt. Im Unterschied dazu sind der EST und der EIT externe Strukturen, die eine über einem Raster definierte Menge von Intervallen beliebiger Dichte - ohne Transformation - als eindimensionale ausgedehnte Objekte verwalten: im EIT erfolgt die Darstellung eines Intervalls anhand seiner Endpunkte unter Berücksichtigung der Ausdehnung, im EST wird ein Intervall anhand seiner Ausdehnung dargestellt. Hierdurch werden räumliche Nachbarschaftbeziehungen bei der Verwaltung berücksichtigt, welche die Durchführung von Suchen auf Intervallen unterstützen. Der EST und der EIT sind, im Unterschied zum XP-Baum, balancierte Strukturen, bei Updates wird die Balance effizient dynamisch aufrechterhalten. - Eindimensionale Punkte werden in allen drei Strukturen als Spezialfall von Intervallen aufgefaßt, bei denen der linke mit dem rechten Endpunkt übereinstimmt. Sie können deshalb, auch zusammen mit allgemeinen Intervallen, in jeder dieser Strukturen dargestellt werden.

Der XP-Baum unterstützt als einzige der drei Strukturen nicht nur Suchen auf Intervallen, er unterstützt auch Halbbereichs-Suchen und ermöglicht Bereichs-Suchen auf zweidimensionalen Punkten - in diesem Sinne ist er allgemeiner verwendbar als der EIT und der EST. Vergleicht man die drei Stukturen hinsichtlich der Art der Suchen, die sie auf Mengen von Intervallen unterstützen, so ist der EST als einzige der Strukturen auf die effiziente Unterstützung von Punkteinschluß-Suchen spezialisiert. Punkteinschluß-Suchen sind nicht nur im EST, sondern auch im EIT auf einen Pfad in der Struktur beschränkt; beim XP-Baum ist das im allgemeinen nicht der Fall. Der EIT und der XP-Baum unterstützen beide nicht nur Punkteinschluß-Suchen, sondern auch Intervallschnitt-Suchen - darüber hinaus können mit beiden Strukturen alle anderen interessanten Suchen auf Intervallen durchgeführt werden. Damit sind der EIT und der XP-Baum sehr allgemein zur Unterstützung von Suchen auf Intervallmengen einsetzbar. Auf Mengen von Intervallen fester Länge unterstützt der EIT neben Punkteinschluß-Suchen auch Intervallschnitt-Suchen recht gut, Punkteinschluß-Suchen sind in diesem Fall kaum weniger effizient als im EST. Suchen, die keine Objekte finden, sind in allen drei Strukturen sehr effizient.

In bezug auf den Speicherplatzbedarf weisen der EIT und der XP-Baum die gleiche Komplexität auf: Während der Speicherplatzbedarf eines (modifizierten) EIT und eines XP-Baums nur linear im Vergleich zur Anzahl dargestellter Intervalle ist, kann der EST (aufgrund einer höchstens logarithmischen Fragmentierung von Intervallen) mehr als linearen Speicherplatz benötigen - in praktischen Fällen ist allerdings, insbesondere bei kurzen Intervallen, eine recht geringe Fragmentierung, und damit auch ein in etwa linearer Speicherplatzbedarf, zu erwarten.

Der EST ist die einzige uns bekannte Struktur, welche die interessante Möglichkeit bietet, geschachtelte Strukturen (siehe auch Abschnitt 5.1 und Kapitel 9) zu konstruieren; der EIT und der XP-Baum können nur auf der äußersten Stufe hierarchisch geschachtelter Baumstrukturen eingesetzt werden.

Insgesamt kann man erkennen, daß der EIT in bezug auf die in Tabelle 7-1 aufgeführten charakterisierenden Eigenschaften eine *Mittelstellung* zwischen dem XP-Baum und dem EST einnimmt, da er sowohl Eigenschaften des XP-Baums als auch Eigenschaften des EST aufweist.

Detaillierterer Vergleich von EST und EIT

Wenn man zusätzlich zu den charakterisierenden Eigenschaften die Prinzipien untersucht, mit denen die drei Strukturen Mengen von Intervallen verwalten, kann man erkennen, daß *der EST und der EIT auf einem gemeinsamen Grundprinzip basieren*. Das wird besonders deutlich, wenn man die Verwaltung von zu eindimensionalen Punkten degenerierten Intervallen untersucht: Wie in den Abschnitten 5.8 und 6.7 ausführlich diskutiert wird, existieren in diesem Fall im EST keine Überdeckungslisten und im EIT keine Stab-Mengen, so daß beide Strukturen aus einer in Seiten aufgeteilten Skelettstruktur bestehen, die durch die Einführung von Blatt- bzw. Ersetzungslisten, die auf einer Folge von Blattseiten dargestellt werden, möglichst klein bleibt. Bei der Verwaltung von allgemeinen Intervallen werden die den einzelnen Knoten der Skelettstruktur zugeordneten Intervallmengen nicht getrennt voneinander verwaltet wie im internen Segment Tree und im internen Interval Tree, sondern sie werden unter Wahrung der Mengenzugehörigkeit gemeinsam verwaltet. Das Prinzip dieser Verwaltung und welchem bzw. welchen Knoten der Skelettstruktur ein Intervall zugeordnet wird ist im EST und im EIT unterschiedlich.

Das gemeinsame Grundprinzip wurde mit dem EST und dem EIT in zwei unterschiedliche Zielrichtungen weiterentwickelt: Der EST ist vollständig auf die effiziente Unterstützung von Punkteinschluß-Suchen spezialisiert. Punkteinschluß-Suchen sind sehr effizient - es wird nur auf wenige Seiten zugegriffen, die nicht zu mindestens 50% mit Ergebnisintervallen gefüllt sind. Um dieses zu erreichen, nimmt der EST Mehrfachabspeicherungen als Folge der Fragmentierung der Intervalle in Kauf. Allerdings garantiert der EST, daß die Fragmentierung auch im schlechtesten Fall nicht mehr als logarithmisch wird. Im Gegensatz zum EST ist der EIT auf eine breite Unterstützung von Suchen auf Mengen von Intervallen ausgerichtet: Er unterstützt nicht nur Punkteinschluß-Suchen, sondern auch Intervallschnitt-Suchen und ermöglicht darüber hinaus die Durchführung aller anderen interessanten Suchen auf Mengen von Intervallen. Auf Mengen von Intervallen gleicher Länge werden Punkteinschluß-Suchen vom EIT kaum weniger effizient unterstützt als vom EST, der speziell auf diese Aufgabe zugeschnitten ist; darüber hinaus werden vom EIT aber auch Intervallschnitt-Suchen recht gut unterstützt.

Die Dichte bzw. der Überlappungsgrad der Intervalle ist beim EST und beim EIT nicht von Bedeutung, auch eine hohe Dichte verursacht keine Schwierigkeiten. Darüber hinaus bereitet es im EST und im EIT kein Problem, Objektmengen darzustellen, in denen viele Objekte mit geringer Ausdehnung und wenige Objekte mit großer Ausdehnung enthalten sind.

Betrachtet man die externe Höhe von EST und EIT, so ist diese beim EST und beim EIT in unterschiedlicher Weise von der Länge der dargestellten Intervalle abhängig. Beim EIT ist die externe Höhe um so geringer, je länger die dargestellten Intervalle sind: Weil ein Intervall immer vollständig im Knotenintervall des inneren Knotens der Skelettstruktur liegen muß, dem es zugeordnet wird, kann die Skelettstruktur bei kürzeren Intervallen tiefer ausgebaut werden als bei längeren. Beim EST dagegen ist die externe Höhe bei kürzeren Intervallen aufgrund der niedrigeren Fragmentierung geringer als bei längeren Intervallen.

Die Effizienz, die bei Suchen auf dem EST und dem EIT für Mengen von Intervallen garantiert werden kann, ist um so größer, je einheitlicher die Längen der dargestellten Intervalle sind. Bei der Analyse des Suchaufwands für Punkteinschluß-Suchen auf Mengen von gleichmäßig verteilten Intervallen fester Länge ist beim EST und beim EIT eine interessante Analogie zu beobachten: Neben der Betrachtung höchstens einer Blatt- bzw. Ersetzungsliste, muß man im EIT höchstens auf eine Sequenz linker und eine Sequenz rechter Endpunkte, insgesamt also auf zwei Endpunkt-Sequenzen in den Sekundärstrukturen zugreifen; im EST muß man ebenfalls höchstens auf zwei gemeinsam verwaltete Überdeckungslisten zugreifen. Wenn man von der realistischen Annahme ausgeht, daß die Seite mit der Wurzel der Skelettstruktur des EST bzw. des EIT ständig im Hauptspeicher gehalten werden kann und somit keinen gesonderten externen Zugriff erfordert, führt das bei Intervallen fester Länge dazu, daß die erwartete Anzahl von externen kritischen Zugriffen (bei denen nicht garantiert werden kann, daß mindestens 50% des Seiteninhalts mit Ergebnisintervallen gefüllt ist) bei Punkteinschluß-Suchen in einem EST mit höchstens $H + 2$ und bei Punkteinschluß- und Intervallschnitt-Suchen in einem EIT mit höchstens $H + 4$ bzw. $2H + 4$ sehr gering ist, wobei H die externe Höhe der jeweiligen Struktur angibt. Weil außerdem in beiden Strukturen für intervalldarstellende Seiten eine durchschnittliche Seitenfüllung von mehr als 50% garantiert werden kann, ist in einem EST für Punkteinschluß-Suchen ein Suchaufwand von höchstens $H + 2 + t / (c/2)$ externen Zugriffen zu erwarten, wobei t die Anzahl gefundener Intervalle und c die Seitenkapazität angibt. Beim EIT liegt der entsprechende Aufwand mit höchstens $H + 4 + t / (c/2)$ kaum darüber. Auch für den Suchaufwand bei Intervallschnitt-Suchen im EIT läßt sich mit $2H + 4 + t / (c/2)$ eine entsprechende obere Schranke angeben. Bei diesen Angaben ist allerdings zu beachten, daß sich die externe Höhe H im EST und im EIT auf unterschiedliche Weise ergibt: Für eine gleichmäßig verteilte Menge von Intervallen fester Länge i und Dichte s ist im EST $H \leq \lceil \lceil \log 2n/c \rceil + 1 / h_s \rceil$ und im EIT $H \leq \{ \min \lceil (\lceil \log (N/i) \rceil + 1) / h_s \rceil,$ $\lceil \lceil \log ((n+s)/(c+s)) \rceil / h_s \rceil \}$ zu erwarten, wobei zusätzlich zu den oben verwendeten Bezeichnungen N die Rastergröße und n die Anzahl dargestellter Intervalle angibt. Die maximale Höhe h_s eines Teilbaums der Skelettstruktur auf einer Struktur- bzw. Primärstrukturseite wird in beiden Strukturen unterschiedlich ermittelt; im EIT hängt sie wesentlich von der Anzahl e der Intervalle ab, die pro Stab-Wert auf einer Primärstrukturseite anhand ihres linken und rechten Endpunktes dargestellt werden. Trotzdem ist die externe Höhe H, die sich in theoretischen Simulationen im EST und im EIT mit $e = 1$ für Mengen von 10 000 und 100 000 gleichmäßig verteilten Intervallen bei unterschiedlichen Längenverteilungen sowie Seitengrößen von 1 KByte und 4 KByte ergab, für beide Strukturen nicht höher als 2. - Für Bereichs-Suchen auf zu eindimensionalen Punkten degenerierten Intervallen entsteht im EST und im EIT ein Aufwand von $H + 2 + t / (c/2)$. Bei einer gleichmäßiger Verteilung der n Punkte auf einem Raster der Größe N auf Seiten der Kapazität c ist H in beiden Strukturen als $H \leq \lceil \lceil \log n/c \rceil + 1 / h_s \rceil$ zu erwarten.

XP-Baum, EST und EIT als Intervall-Indexstrukturen

In Datenbanksystemen unterstützen Indexstrukturen den Zugriff auf Daten, die innerhalb einer gegebenen Menge von Daten gewisse Bedingungen erfüllen. Bei Intervall-Indexstrukturen sind die zugrundeliegenden Daten Intervalle bzw. Daten, die (mindestens) durch ein Intervall und einen eindeutigen Identifikator charakterisiert sind (siehe auch Kapitel 2). Intervall-Indexstrukturen unterstützen den Zugriff auf solche Intervalle, die sich bezüglich eines Suchintervalls (bzw. Suchbereichs) oder eines Suchwertes in einer interessierenden Lage befinden.

Bei der Betrachtung von Indexstrukturen, und damit auch von Intervall-Indexstrukturen, kann man clusternde und nicht-clusternde Indexstrukturen unterscheiden. Eine *clusternde Indexstruktur* enthält vollständige Daten(sätze) und kontrolliert damit ihre physische Abspeicherung, während eine *nicht-clusternde Indexstruktur* lediglich Verweise auf Datensätze enthält. Nur Indexstrukturen, in denen alle vollständigen Datensätze genau einmal dargestellt sind, eignen sich als clusternde Indexstrukturen. Betrachtet man die drei in dieser Arbeit vorgestellten Intervall-Indexstrukturen unter diesem Aspekt, so scheidet der EST als clusternde Indexstruktur aufgrund der Fragmentierung von Intervallen aus. Der XP-Baum repräsentiert Indexinformationen und Daten auf derselben Seite. Deshalb empfiehlt es sich, Daten innerhalb des XP-Baums mit möglichst wenig Informationen zu charakterisieren - eine Darstellung von vollständigen Datensätzen erscheint im XP-Baum wenig sinnvoll. Im EIT besteht nur in Spezialfällen (wenn zu einem Stab-Wert in der Primärstruktur kein Intervall anhand eines Endpunktes bzw. wenn höchstens die jeweils äußersten Intervall-Endwerte dargestellt werden) eine klare Trennung zwischen Seiten, die Indexinformationen und Daten darstellen. Wenn man in *einer* als B*-Baum realisierten Sekundärstruktur die bisherige Repräsentation der Intervalle anhand von Intervallendpunkten und Identifikatoren in den Blättern, also den beiden B*-Dateien, durch die Darstellung vollständiger Datensätze ersetzt, kann man den EIT auch als clusternde Indexstruktur verwenden. Hierdurch kann sich der Update-Index dieses B*-Baums allerdings entsprechend vergrößern. - Bei zahlreichen Anwendungen im Bereich temporaler und geometrischer Datenbanksysteme ist zu erwarten, daß Suchen auf Intervall-Indexstrukturen oft Zwischenergebnisse von Anfragen liefern, die weiter verarbeitet werden, bevor auf die Datensätze zugegriffen werden muß. Das ist z.B. der Fall, wenn zur Beantwortung einer Anfrage zwei oder mehrere Indexe eingesetzt werden (die sich nicht alle auf die zeitlichen oder geometrischen Datenteile beziehen müssen). In diesen Fällen erscheint die Verwendung nicht-clusternder Indexstrukturen über "minimalen" zeitlichen oder geometrischen Informationen vorteilhaft: Ein Index, der nur die nötigsten Informationen enthält, erlaubt einen schnelleren Zugriff auf zeitliche und geometrische Informationen als ein Index, der die gesamten Datensätze enthält - ein direkter Zugriff auf Datensätze über clusternde Indexstrukturen ist hierbei nicht erforderlich.

Zur Verringerung der Anzahl von externen Seitenzugriffen, insbesondere bei durch Intervall-Indexstrukturen unterstützten Suchen, gehen wir von der Annahme aus (siehe Abschnitt 2.2), daß ein Teil des Hauptspeichers als interner Seitenpuffer organisiert ist, der eine feste Anzahl von Seiten der Intervall-Indexstrukturen aufnehmen kann. Je größer der zur Verfügung stehende Hauptspeicherplatz ist, desto größer kann dieser interne Seitenpuffer eingerichtet werden. Bei allen drei vorgestellten baumartigen Intervall-Indexstrukturen empfiehlt es sich, beginnend bei der "Wurzelseite" Ebenen von indexenthaltenden Seiten (des XP-Baums, der Strukturseiten des EST bzw. der Primärstrukturseiten des EIT) im internen Puffer zu verankern - je größer der interne Seitenpuffer ist, desto mehr Ebenen kann man im Hauptspeicher halten.

Ein sequentieller Durchlauf durch die in den Indexstrukturen dargestellten Intervalle, der beispielsweise bei der Durchführung von temporalen und geometrischen Join-Operationen hilfreich sein kann, ist nur im XP-Baum und im EIT möglich - im EST ist er wegen der Fragmentierung nicht mit vertretbarem Aufwand durchführbar. Allerdings erscheint es bei Intervallen, wie auch bei anderen ausgedehnten Objekten, schwierig und wenig sinnvoll, hierfür unabhängig von der Darstellung in der Indexstruktur eine Ordnung, und damit eine Reihenfolge der Intervalle, zu definieren. Im EIT durchläuft man alle Intervalle sequentiell, indem man einfach die Folge der Blätter einer Sekundärstruktur, also die B*-Datei, und die Folge der Blattseiten durchläuft. Im XP-Baum kann man einerseits alle Seiten (z.B. in Preorder- oder in Inorder-Reihenfolge) durchlaufen und die Intervalle in der sich dabei ergebenden Reihenfolge betrachten. Die sich ergebende Reihenfolge der Intervalle hängt bei einem dynamischen Aufbau des XP-Baums von der Einfügereihenfolge ab, weil unterschiedliche Einfügereihenfolgen zu unterschiedlichen Seitenaufteilungen führen. Andererseits kann man im XP-Baum Intervalle auch in "lexikographischer" Ordnung, nach aufsteigenden linken Endpunkten und für identische Endpunkte nach aufsteigenden Identifikatoren, ausgeben. Wenn die Größe des erwähnten internen Seitenpuffers mindestens der Höhe des XP-Baums entspricht, ist auch bei dieser Ordnung kaum ein höherer Aufwand zu erwarten. Dieses läßt sich erreichen, indem man auf jeder Ebene des XP-Baums die (eine) Seite mit dem zuletzt betrachteten Objekt so lange im Seitenpuffer behält, bis alle Objekte dieser Seite durchlaufen sind (siehe auch Abschnitt 4.5).

Einige Empfehlungen zur Auswahl einer Intervall-Indexstruktur

Abschließend fassen wir einige Empfehlungen zusammen, welche dieser Indexstrukturen unter welchen Umständen zur Unterstützung von Suchen auf Intervallen einzusetzen ist:

1) Ist eine Indexstruktur gesucht, die nicht nur als Index über Intervallen, sondern auch als Index über zweidimensionalen Punkten eingesetzt werden soll, kann von diesen drei Strukturen nur der XP-Baum verwendet werden.

2) Soll die Intervall-Indexstruktur nur Punkteinschluß-Suchen unterstützen, ist im allgemeinen der Einsatz des EST zu empfehlen, weil er speziell auf die effiziente Durchführung dieser Suchen spezialisiert ist. Wenn allerdings eine große Menge von (im Vergleich zur Rastergröße) langen Intervallen darzustellen ist, kann der Einsatz des EIT von Vorteil sein.

3) Wenn auf mit Zeitintervallen indizierten Daten einerseits auf Zeitintervallen nur Punkteinschluß-Suchen zu unterstützen sind und andererseits die Daten zusätzliche Eigenschaften erfüllen sollen, empfiehlt sich der Einsatz des EST, weil er als einzige Intervall-Indexstruktur die Konstruktion geschachtelter Strukturen ermöglicht (siehe auch Kapitel 9).

4) Um durch eine Intervall-Indexstruktur nicht nur Punkteinschluß-Suchen, sondern unterschiedliche Suchen auf Intervallen zu unterstützen, ist der XP-Baum oder der EIT zu verwenden.

4.1) Wenn nicht garantiert ist, daß kaum Updates erfolgen, ist im allgemeinen der dynamisch balancierbare EIT dem nicht dynamisch balancierbaren XP-Baum vorzuziehen.

4.2) Ist eine Intervall-Indexstruktur für Intervalle fester Länge gesucht, die zahlreiche Suchtypen unterstützt, empfiehlt sich im allgemeinen der EIT.

5) Soll die Indexstruktur auch einen sequentiellen Durchlauf durch Intervalle ermöglichen, kommen der XP-Baum und der EIT in Betracht. Der EIT kann außerdem als clusternde Intervall-Indexstruktur eingesetzt werden.

8. Indexstrukturen für ausgedehnte geometrische Objekte

Ein wichtiges Problem, das in Nicht-Standard-Datenbanksystemen, insbesondere in geometrischen Datenbanksystemen, auftritt, besteht darin, eine große Menge von ausgedehnten geometrischen Objekten so auf
Hintergrundspeichern zu verwalten, daß Schnitt-Suchen mit Suchbereichen und, als Spezialfall hiervon,
Punkteinschluß-Suchen effizient unterstützt werden; eine Unterstützung von Updates ist ebenfalls
wünschenswert und in manchen Anwendungen erforderlich. Zur Lösung dieses Problems erfolgten gerade
in den letzten Jahren rege Forschungsaktivitäten, die zur Entwicklung zahlreicher Indexstrukturen für zwei-
und mehrdimensionale ausgedehnte geometrische Objekte führten.

Ausgedehnte (geometrische) Objekte in ihrer einfachsten Form sind Intervalle. Intervalle können als
eindimensionale ausgedehnte Objekte interpretiert werden, so daß man Intervall-Indexstrukturen auch als
Indexstrukturen für eindimensionale ausgedehnte Objekte auffassen kann. Aus diesem Grund wollen wir in
diesem Kapitel die von uns entwickelten Intervall-Indexstrukturen in die Literatur über Indexstrukturen für
ausgedehnte Objekte einordnen. Zunächst nehmen wir eine Klassifikation von Indexstrukturen für zwei-
und mehrdimensionale ausgedehnte Objekte vor. Wir stellen insbesondere die Vor- und Nachteile der
einzelnen Klassen heraus und nennen in diesem Zusammenhang einige Charakteristika von einzelnen Vertretern der unterschiedenen Klassen. In diese Klassifikation von Indexstrukturen für ausgedehnte Objekte
ordnen wir anschließend den XP-Baum, den EST und den EIT als Indexstrukturen für eindimensionale
ausgedehnte Objekte ein. Da auch eindimensionale Varianten von zwei- und mehrdimensionalen Vertretern
zur Verwaltung von Intervallen herangezogen werden können, versuchen wir, den XP-Baum, den EST und
den EIT in diesem Kontext zu bewerten und abzugrenzen, indem wir die drei von uns entwickelten
Intervall-Indexstrukturen im Hinblick auf Gemeinsamkeiten und Unterschiede zu zwei- und mehrdimensionalen Vertretern der entsprechenden Klassen diskutieren.

Ein k-dimensionales ausgedehntes geometrisches Objekt sei eine endliche Vereinigung von zusammen-
hängenden Mengen, die aus unendlich vielen k-dimensionalen Punkten, $k \geq 1$, bestehen. In Datenbanksystemen werden ausgedehnte Objekte üblicherweise anhand der Randdarstellung [Re80] beschrieben. I
zweidimensionalen Fall sei ein Polygon, das nicht notwendigerweise konvex sein muß und Löcher
beinhalten kann, beispielsweise durch die Menge seiner (beliebig orientierten) Kanten in geeigneter
Reihenfolge gegeben, wobei jede Kante anhand ihrer Endpunkte charakterisiert ist. Im folgenden
beschränken wir uns im zweidimensionalen Raum auf die Betrachtung derartiger geradlinig begrenzter
Objekte und auf deren Verallgemeinerung in höheren Dimensionen.

In der Klassifizierung unterscheiden wir Strukturen, die ausgedehnte geometrische Objekte anhand einer
approximierenden Überdeckung verwalten (I), von Strukturen, welche die von uns betrachteten ausgedehnten Objekte ohne Approximation verwalten (II). Die erstgenannten Strukturen lassen sich unterteilen in
Strukturen, die auf einer Rasterapproximation in Verbindung mit Z-Werten [OrM84] beruhen (A), und
Strukturen, die mehrdimensionale ausgedehnte Objekte anhand der weit verbreiteten Approximationstechnik
der Bounding Boxes verwalten (B). Die meisten bekannten Indexstrukturen für zwei- und mehrdimensionale ausgedehnte Objekte (in Klasse (I B) und Klasse (II)) unterteilen den zugrundeliegenden
Datenraum in Teilräume. Einem Teilraum entspricht im allgemeinen jeweils eine Seite, in der die geometrischen Objekte, d.h. die gesamten Datensätze oder die "nötigsten" geometrischen Informationen
gespeichert werden (siehe auch Kapitel 7). Anders als bei punktförmigen Objekten (ohne Ausdehnung)
führt die Ausdehnung der Objekte zu dem Problem, daß ein Objekt bzw. seine Bounding Box mit mehr als
einem Teilraum einen nicht-leeren Durchschnitt haben kann. Bei der Verwaltung anhand von Bounding
Boxes unterteilen wir anhand verschiedener Möglichkeiten, dieses Problem zu lösen: Neben Strukturen, die

dieses Problem vermeiden, indem sie jede k-dimensionale Bounding Box in einen 2k-dimensionalen Punkt transformieren und diese Punkte in einer Struktur für mehrdimensionale Punkte verwalten (1), wurden andere Strukturen entwickelt, die Bounding Boxes direkt verwalten (2). Bei der direkten Verwaltung der Objekte anhand ihrer Bounding Boxes klassifizieren wir die Ansätze danach, ob die Bounding Boxes in allen Seiten dargestellt werden, deren zugeordnete Teilräume geschnitten werden (a), ob diese Mehrfachdarstellungen möglichst vermieden werden (b) oder ob ein linearer Speicherplatzbedarf im Vergleich zur Anzahl dargestellter Bounding Boxes garantiert werden kann (c).

(I)   Verwaltung ausgedehnter Objekte anhand von Approximationen

Die meisten Verfahren, die zur effizienten Unterstützung von Schnitt-Suchen auf zwei- und mehrdimensionalen ausgedehnten Objekten entwickelt wurden, approximieren ein ausgedehntes Objekt durch eine einfache Überdeckung. Schnitt-Suchen untergliedern sich dadurch in zwei Schritte: In einem ersten Schritt werden die Objekte herausgefiltert, deren approximative Überdeckung das Suchobjekt schneidet, bevor in einem zweiten Schritt jeder dieser Kandidaten daraufhin überprüft wird, ob auch das zugehörige Objekt das Suchobjekt schneidet. Die Leistungsfähigkeit der Verfahren, die ausgedehnte Objekte anhand von Approximationen verwalten, wird deshalb nicht nur durch die Charakteristika der einzelnen Verfahren bestimmt: Die Einfachheit der Überdeckung beeinflußt den zusätzlichen Speicherplatzbedarf und die Effizienz, mit welcher der filternde Schritt durchgeführt werden kann, während die Genauigkeit der Approximation die Anzahl der sich im filternden Schritt ergebenden Objekte und damit den Aufwand des zweiten Schrittes beeinflußt.

(A)   Verwaltung ausgedehnter Objekte mit Rasterapproximation und Z-Werten

Eine Möglichkeit, zwei- und mehrdimensionale ausgedehnte Objekte anhand von Approximationen zu verwalten, besteht darin, ein ausgedehntes Objekt durch ein orthogonales Gitter[18] fester Auflösung zu überdecken, wobei der Datenraum in Zellen gleicher Größe unterteilt wird. Zellen, die ein Objekt ganz oder teilweise überdeckt ("konservative Rasterapproximation"), können mit Hilfe von Z-Werten zu größeren Rechtecken zusammengefaßt und sehr kompakt dargestellt werden [OrM84, OrM88, Or89]. Ein Vorteil dieses Verfahrens liegt darin, daß Objekte beliebiger Form im allgemeinen recht genau angenähert werden. Die Höhe der Redundanz für ein Objekt, also die Anzahl dargestellter Z-Werte, ist nicht von der (lokalen) Dichte der Objektmenge, sondern nur von der Größe und Form des Objektes selbst abhängig. Problematisch ist allerdings, daß trotz der sehr kompakten Darstellung die Anzahl abzuspeichernder Z-Werte in Abhängigkeit von der Auflösung des Gitters sehr hoch sein kann. Außerdem kann nicht garantiert werden, daß die Z-Werte eines Objektes nach dem Einfügen neuer Objekte auf einer Seite dargestellt werden können, was sich negativ auf die Sucheffizienz auswirkt.

---

[18] Die teilenden Hyperebenen, die das Gitter bilden, verlaufen parallel zu den Achsen des Datenraums.

(B) Verwaltung ausgedehnter Objekte anhand von Bounding Boxes

Eine Approximation von ausgedehnten Objekten anhand ihrer Bounding Boxes ist für nicht-orthogonale Objekte[19] im allgemeinen ungenauer als eine Approximation mit der unter (A) vorgestellten Technik und kann in manchen Fällen zu einer groben Approximation führen. Die Bedeutung dieser Approximationstechnik liegt darin, daß Bounding Boxes die wichtigsten geometrischen Eigenschaften ausgedehnter Objekte - Ausdehnung und Lage - erhalten, ohne, im Gegensatz zur vorher betrachteten Approximation, zu ihrer Darstellung mehr als eine konstante Anzahl von Bytes zu benötigen.

(1) Transformationsansatz

Beim Transformationsansatz werden k-dimensionale Bounding Boxes in 2k-dimensionale Punkte transformiert, um sie in einer externen Struktur für mehrdimensionale Punkte zu verwalten. Die Bedeutung dieses Ansatzes liegt darin, daß man standardmäßig eine der vielen Strukturen zur Verwaltung mehrdimensionaler Punkte verwenden kann. Dazu zählen beispielsweise das Grid File [NiHS84], das Twin Grid File [HuSW88b] und das BANG-File [Fre89b]. In [OrM84] wurde ein auf Z-Werten basierendes Verfahren vorgeschlagen. Andere Verfahren, wie z.B. EXCELL [Tam82b], MOLHPE [KrS86], Quantil-Hashing [KrS89], das in [HuSW88a] vorgestellte Verfahren und PLOP-Hashing [KrS88b], basieren auf Hashing. Außerdem wurden baumartige Strukturen entwickelt wie beispielsweise der hB-Baum [LomS87], der Buddy-Hashbaum [See89, SeeK90] und der LSD-Baum [HenSW89, Hen90]. Eine ausführliche Übersicht, Klassifikation und Diskussion derartiger Strukturen zur Verwaltung mehrdimensionaler Punkte wurde in [KrS88a, KrSSS89, See89, SeeK90] vorgenommen. Deshalb beschränken wir uns an dieser Stelle auf Aspekte, die sich dadurch ergeben, daß die zu verwaltenden Punkte durch eine Transformation aus Bounding Boxes entstehen.

Eine k-dimensionale Bounding Box kann durch eine *Mitten-Transformation* (auch als *Zentrums-Transformation* bezeichnet) oder durch eine *Endpunkt-Transformation* (auch als *Ecken-Transformation* bezeichnet) in einen 2k-dimensionalen Punkt transformiert werden. Bei der Mitten-Transformation wird eine k-dimensionale Bounding Box, die durch ein Intervall $[l_i, r_i]$, $1 \leq i \leq k$, pro Dimension charakterisiert ist, in den 2k-dimensionalen Punkt $(c_1, ..., c_k, e_1, ..., e_k)$ mit $c_i = (l_i + r_i) / 2$ und $e_i = (r_i - l_i) / 2$, $1 \leq i \leq k$, transformiert, wobei c_i jeweils den Mittelpunkt und e_i die Entfernung zwischen dem Mittelpunkt und den Intervallendpunkten in der i-ten Dimension angibt. Eine Endpunkt-Transformation transformiert eine durch die Intervalle $[l_i, r_i]$, $1 \leq i \leq k$, charakterisierte k-dimensionale Bounding Box anhand der Intervall-Endpunkte in den 2k-dimensionalen Punkt $(l_1, ..., l_k, r_1, ..., r_k)$ bzw. $(l_1, r_1, ..., l_k, r_k)$; für k = 1 entsteht in beiden Fällen der zweidimensionale Punkt (l_1, r_1). Mehrdimensionale Suchbereiche und Suchpunkte müssen entsprechend der gewählten Transformation ebenfalls transformiert werden (siehe auch Abschnitt 4.7 und [HiN83, See89]).

Das Verhalten einiger nicht-baumartiger Strukturen für mehrdimensionale Punkte, wie beispielsweise das Verhalten des bekannten Grid Files und der auf Hashing basierenden Strukturen, hängt sehr stark von der Verteilung der Punkte ab. Das Grid File [NiH84] weist beispielsweise bei ungleichmäßig verteilten Punktmengen ein sehr schlechtes Verhalten aufgrund eines sehr stark anwachsenden Directories auf. Weil die Verteilung der durch eine Transformation entstehenden Punkte sehr ungleichmäßig ist, können Suchen mit Suchbereichen auf k-dimensionalen Bounding Boxes auf den entsprechenden 2k-dimensionalen

---

[19] Ein k-dimensionales geometrisches Objekt heißt orthogonal, wenn es als kartesisches Produkt von k Intervallen beschrieben werden kann, wobei jedes Intervall zu einem Punkt entarten darf.

Punkten in diesen nicht-baumartigen Strukturen sehr ineffizient werden. (Für diese Strukturen scheint sich daher eher die Mitten-Transformation zu empfehlen, weil diese bei unabhängigen Mittelpunkten und Ausdehnungen in den k Dimensionen zu einer gleichmäßigeren Verteilung der Punkte im 2k-dimensionalen Raum führt als eine Endpunkt-Transformation.) - Neuere Entwicklungen, wie das BANG-File [Fre89a, Fre89b], der LSD-Baum [HenSW89, Hen90] und der Buddy-Hashbaum [See89, SeeK90], tragen diesem Problem Rechnung. Das BANG-File erreicht mit einem Konzept geschachtelter Unterteilungen des Datenraums eine bessere Anpassung an die Verteilung von Punkten, insbesondere, wenn sich Punkte an wenigen Stellen des Datenraums konzentrieren. Im zweidimensionalen Fall entstehen die Teilräume durch eine Differenzbildung ineinandergeschachtelter Rechtecke; sie müssen also nicht rechteckig sein, wie beispielsweise beim Grid File. Der LSD-Baum und der Buddy-Hashbaum zeichnen sich dadurch aus, daß ihr Leistungsverhalten kaum durch die Verteilung mehrdimensionaler Punkte beeinflußt wird. Der LSD-Baum erreicht dieses, indem er den Datenraum in paarweise disjunkte Teilräume unterteilt, wobei die Position der unterteilenden Hyperebenen lokal optimal, d.h. optimal in bezug auf den zu unterteilenden Teilraum und unabhängig von anderen Teilraumgrenzen, gewählt wird. Die teilenden Hyperebenen müssen also nicht, wie etwa beim Grid File, gitterorientierte Positionen annehmen, die durch rekursives Halbieren des Datenraums hervorgehen. Diese flexible Datenraumaufteilung wird in einem binären Baum, der einem k-d Baum [Ben75] ähnlich ist, ohne Pfaddegenerierungen extern aufrechterhalten. Der Buddy-Hashbaum erreicht die weitgehende Unabhängigkeit von der Verteilung mehrdimensionaler Punkte dadurch, daß er leere Teile des Datenraums nicht partitioniert und den Datenraum in Teilräume unterteilt, die möglichst minimale Bounding Boxes für die dargestellten Objekte bilden. Wie beim LSD-Baum sind die teilenden Hyperebenen parallel zu den Achsen des Datenraums.

Allgemein besitzt der Transformationsansatz den Nachteil, daß sich durch die Transformation k-dimensionaler Bounding Boxes in 2k-dimensionale Punkte die Anzahl der Dimensionen erhöht und die Sucheffizienz bei wachsender Anzahl von Dimensionen abnimmt. Durch eine Transformation ausgedehnter Objekte gehen räumliche Nachbarschaften verloren, weil nah beieinanderliegende k-dimensionale Bounding Boxes als 2k-dimensionale Punkte beliebig weit voneinander entfernt liegen können, wodurch Suchen mit Suchbereichen auf Bounding Boxes zu ineffizienten Suchen auf den aus einer Transformation hervorgegangenen Punkten werden können. Punkteinschluß-Suchen auf k-dimensionalen Bounding Boxes sind auf den durch Transformation hervorgegangenen 2k-dimensionalen Punkten nicht auf einen Pfad in der Struktur zur Verwaltung mehrdimensionaler Punkte beschränkt, wenn diese Struktur einen baumartigen Index besitzt. - Aufgrund eines experimentellen Vergleiches der beiden Transformationstechniken mit Hilfe eines (gepackten) Buddy-Hashbaums kam Seeger [See89] zu dem Schluß, daß eine Endpunkt-Transformation, die sowohl beim BANG-File als auch beim LSD-Baum und beim Buddy-Hashbaum verwendet wird, im allgemeinen zu einer geeigneteren Darstellung von Rechtecken als zweidimensionalen Bounding Boxes führt als die Mitten-Transformation.

(2) Direkte Verwaltung ausgedehnter Objekte anhand von Bounding Boxes

Die Verfahren dieser Klasse unterteilen den Datenraum in Teilräume, die sich entweder überlappen dürfen oder disjunkt sein müssen. Anders als bei einer Transformation in mehrdimensionale Punkte kann bei einer direkten Darstellung von Bounding Boxes das Problem auftreten, daß eine Bounding Box mit mehr als einem Teilraum einen nicht-leeren Durchschnitt besitzt. Eine Unterteilung in disjunkte Teilräume hat den Nachteil, daß eine Bounding Box in allen Datenseiten dargestellt werden muß, deren zugehörige Teilräume sie schneidet (auch als Clipping oder Fragmentierung von Objekten bezeichnet). Läßt man dagegen ein Überlappen von Teilräumen zu, kann man zwar ohne Clipping auskommen, stattdessen kann eine Bounding

Box aber in mehr als einem Teilraum vollständig enthalten sein. In diesem Problemfeld lassen sich drei verschiedene Lösungsmöglichkeiten erkennen, anhand derer wir die Strukturen dieser Klasse einteilen: Wir unterscheiden Strukturen, in denen eine Bounding Box im allgemeinen mehrfach dargestellt wird, von Strukturen, die diese Mehrfachdarstellung möglichst vermeiden, und von Strukturen, die einen linearen Speicherplatzbedarf im Vergleich zur Anzahl dargestellter Bounding Boxes garantieren.

(a) Verwaltung mit Mehrfachdarstellung

Eine von Matsuyama u.a. in [MaHM84] vorgestellte, nicht dynamisch balancierbare Baumstruktur beruht auf einer Unterteilung des Datenraums, die auf einem k-d Baum basiert. Sie speichert zweidimensionale ausgedehnte Objekte einerseits auf der Seite, in deren Teilraum der Mittelpunkt ihrer Bounding Box liegt. Andererseits wird das Objekt auch allen Seiten zugeordnet, deren Teilraum es schneidet. Der wohl bekannteste Vertreter dieser Klasse ist der R^+-Baum [FaSR87, SelRF87]. Wie der R-Baum [Gut84] (siehe auch Klasse (I B 2 c)) besteht der R^+-Baum aus einer, einem B*-Baum ähnlichen, Hierarchie geschachtelter Bounding Boxes. Im Gegensatz zum R-Baum verhindert der R^+-Baum ein Überlappen von Bounding Boxes innerhalb einer Ebene der Struktur, indem er Clipping zuläßt. Hierdurch vermeidet der R^+-Baum Effizienzverluste, die beim R-Baum durch ein Überlappen von Bounding Boxes entstehen (siehe auch Klasse (I B 2 c)). Allerdings führt das Clipping im schlechtesten Fall zu einem sehr schlechten Update-Verhalten des R^+-Baums, man kann für das Einfügen und Löschen eines Objektes keine Obergrenze für die Anzahl von Seitenzugriffen angeben.

Strukturen dieser Klasse, wie z.B. der R^+-Baum, besitzen den Vorteil, daß Punkteinschluß-Suchen auf einen Pfad in der Baumstruktur beschränkt sind. Dadurch werden Punkteinschluß-Suchen gewissermaßen optimal unterstützt. Allerdings entstehen bei einer hohen Dichte nicht nur hinsichtlich des Speicherplatzbedarfs, sondern auch hinsichtlich der Effizienz von Updates und Suchen Probleme. Bei Suchen mit Suchbereichen können Objekte mehrfach gefunden werden, so daß Mehrfachausgaben explizit vermieden werden müssen. Außerdem verhindert bzw. erschwert die Mehrfachdarstellung einen sequentiellen Durchlauf und eine sinnvolle Clusterung dargestellter Objekte.

(b) Verwaltung mit möglichst geringer Mehrfachdarstellung

Um die Nachteile der Ansätze mit Mehrfachdarstellung möglichst zu reduzieren und dabei möglichst wenig Nachteile von clipping-freien Ansätzen in Kauf zu nehmen, schlugen Six und Widmayer mit dem Mehrschichtenprinzip [SiW88] einen Kompromiß vor, der Clipping - und damit Mehrfachdarstellungen - in begrenztem Umfang zuläßt. Beim Mehrschichtenprinzip wird eine Menge von k-dimensionalen Bounding Boxes durch mehrere, z.B. drei, externe Strukturen (Schichten) zur Verwaltung mehrdimensionaler Punkte dargestellt, wobei die Bounding Boxes in einer Schicht praktisch wie Punkte behandelt werden können. Zur Verwaltung mehrdimensionaler Punkte wurde ursprünglich das Grid-File [SiW88], später PLOP-Hashing [See89] verwendet. Beim Einfügen eines Objektes wird zunächst versucht, die Bounding Box der ersten Schicht zuzuordnen. Würde sie hier mehrere Teilräume schneiden, wird sie an die nächste Schicht weitergegeben; nur auf der letzten Schicht wird Clipping angewendet.

Mit dem Mehrschichtenprinzip wurde ein generelles Prinzip vorgestellt, mit dem aus externen Strukturen zur Verwaltung mehrdimensionaler Punkte externe Strukturen zur Verwaltung ausgedehnter Objekte gewonnen werden können. Diese sich so ergebenden Strukturen für ausgedehnte Objekte besitzen den Vorteil, daß in ihnen nur solche Objekte geclippt werden, die als Ganzes nur bei wenigen Operationen betroffen sind: Von unumgänglichen Clip-Operationen werden höchstens große Objekte betroffen, kleine Objekte werden (bei geeigneter Unterteilung des Datenraums in den einzelnen Schichten) nicht geclippt. Allerdings ist mit jeder Schicht ein zusätzlicher Verwaltungs-Overhead verbunden, was insbesondere die Effizienz von Operationen verschlechtern kann, die wenige Objekte betreffen. Die Charakteristika der zugrundeliegenden Struktur für mehrdimensionale Punkte bestimmen das Verhalten innerhalb einer Schicht.

(c)   Verwaltung, die linearen Speicherplatzbedarf garantiert

Im Unterschied zu den in (a) und (b) genannten Verfahren wurden auch Strukturen entwickelt, die ohne Transformation und ohne Clipping arbeiten und einen linearen Speicherplatzbedarf garantieren. Sie vermeiden eine Mehrfachdarstellung von zwei- oder mehrdimensionalen Bounding Boxes, und die dadurch resultierenden Probleme, indem sie in unterschiedlicher Weise ein Überlappen von Teilräumen innerhalb einer Ebene der Struktur zulassen. Eine dieser Strukturen ist der Spatial kd-Baum [Oo87]. Ähnlich wie die in [MaHM84] vorgestellte Struktur basiert er auf einem k-d Baum und ordnet zweidimensionale ausgedehnte Objekte dem Teilraum zu, in dem der Mittelpunkt der Bounding Box liegt. Anders als die in [MaHM84] vorgestellte Struktur unterstützt der Spatial kd-Baum Suchen nicht durch eine Mehrfachdarstellung von Objekten. Stattdessen vermerkt er bei jeder Teilung des Datenraums, die zur Verwaltung der Mittelpunkte vorgenommen wird, zusätzlich, wie weit die Bounding Boxes der zugehörigen Objekte über die Grenzen der Trennungslinie hinausragen. Mit dem Fieldtree [FraB89] wurde eine weitere Struktur entwickelt, die zweidimensionale ausgedehnte Objekte ohne Clipping verwaltet. In einem gerichteten Graphen ist auf jeder Ebene der Datenraum regelmäßig in nicht notwendig disjunkte Quadrate (Felder) aufgeteilt, wobei eine tiefere Ebene nicht unbedingt eine Verfeinerung einer höheren Ebene darstellt. Ein Objekt wird anhand fester Regeln einem Feld zugeordnet, in dem es vollständig enthalten ist.

Der wohl bekannteste Vertreter dieser Klasse ist der R-Baum [Gut84]. Beim R-Baum handelt es sich um eine dynamische, einem B*-Baum ähnliche, Hierarchie geschachtelter Bounding Boxes, die ein Überlappen von Bounding Boxes auch innerhalb einer Hierarchieebene zuläßt. Diese Hierarchie geschachtelter Bounding Boxes basiert auf einer heuristischen Optimierung mit dem Ziel der Minimierung der Fläche der Bounding Boxes in inneren Knoten. Weil die Baumstruktur ausgeglichen ist und jede Bounding Box genau einmal in einem Blatt repräsentiert wird, sind Einfügungen worst-case effizient. Ein großes Problem des R-Baums entsteht durch das Überlappen von Bounding Boxes innerhalb einer Ebene: Es führt dazu, daß das Suchverhalten im schlechtesten Fall, insbesondere durch einen dynamischen Aufbau der Struktur, linear in der Anzahl dargestellter Bounding Boxes werden kann. Das Überlappen von Bounding Boxes und der damit verbundene Effizienzverlust kann bereits recht groß werden, wenn in einer Menge von vielen kleinen Objekten auch wenige große darzustellen sind. Das Verhalten beim Löschen eines Objektes ist im schlechtesten Fall gleichermaßen ineffizient. Mit dem R*-Baum [BecKSS90] wurde eine neue Variante des R-Baums vorgestellt, die eine kombinierte Optimierung der Fläche, des Umfangs und der Überdeckung von Bounding Boxes auf inneren Ebenen der Struktur vornimmt. Außerdem erreicht sie eine dynamische Reorganisation, indem sie beim Überlauf eines Knotens erzwingt, daß eine feste Anzahl "äußerster" Bounding Boxes (bezüglich des Abstandes ihrer Mittelpunkte zum Mittelpunkt der Bounding Box im Directory) neu eingefügt werden muß. In experimentellen Vergleichen [BecKSS90] erwies sich der R*-Baum gegenüber dem R-Baum und seinen Varianten, darunter der in [Gr89] entwickelten Variante, als überlegen.

Im GBD-Baum [OhS90] wird, ähnlich wie im Spatial kd-Baum, ein ausgedehntes Objekt anhand des Mittelpunktes seiner Bounding Box genau einem Teilraum zugeordnet, wobei im GBD-Baum Teilräume durch fortgesetztes Halbieren, im zweidimensionalen Fall abwechselnd in beiden Dimensionen, entstehen. Anders als im Spatial kd-Baum werden Suchen im GBD-Baum dadurch unterstützt, daß jedem durch diesen Prozeß entstehenden und in einer Baumstruktur (mit beliebigem Verzweigungsgrad) verwalteten Teilraum die Bounding Box aller in ihm liegenden Bounding Boxes zugeordnet ist, wodurch eine Hierarchie geschachtelter Bounding Boxes entsteht. Obwohl Updates im GBD-Baum effizienter durchgeführt werden können als im R-Baum, führen Objekte mit großer Ausdehnung hinsichtlich der Sucheffizienz zu den gleichen Problemen wie im R-Baum, weil sich auch im GBD-Baum Bounding Boxes auf einer Ebene überlappen können.

Die Strukturen dieser Klasse vermeiden die Probleme, die durch Mehrfachdarstellungen von Objekten entstehen. Allerdings führen Überlappungen von Teilräumen innerhalb einer Ebene zu Effizienzverlusten beim Suchen. Die Überlappungen innerhalb einer Ebene sind auch der Grund dafür, daß die bisher genannten Strukturen nicht garantieren können, daß Punkteinschluß-Suchen auf einen Pfad in der Baumstruktur beschränkt sind.

Mit dem R-File [HuSW90] wurde eine weitere dynamische Struktur entwickelt, die jede Bounding Box genau einmal darstellt. Nach einer dem BANG-File für Punkte [Fre89b] ähnlichen Philosophie entsteht durch fortgesetztes Halbieren von Teilräumen eine Hierarchie von Gitterzellen. Zur Unterstützung von Suchen mit Suchbereichen wird jeder Zelle ein Bounding Interval zugeordnet, das die Koordinaten der dieser Zelle zugeordneten Bounding Boxes in der Split-Dimension aufrechterhält. Anders als bei den bisher genannten Strukturen dieser Klasse sind im R-File Suchen nach einer einzelnen Bounding Box (Exact Match) auf einen Pfad in der Struktur beschränkt. In experimentellen Vergleichen mit dem R-Baum [HuSW90] für Mengen zweidimensionaler Bounding Boxes, die neben vielen kleinen Rechtecken wenige große enthalten, zeigte sich das R-File dem R-Baum überlegen hinsichtlich der Speicherplatzausnutzung und der Anzahl erforderlicher Seitenzugriffe bei Einfügungen und Suchen mit Suchbereichen.

(II) Verwaltung ausgedehnter Objekte ohne Approximation

Neben den Approximationsansätzen der Klasse (I) wurden Verfahren entwickelt, die ausgedehnte Objekte ohne Approximation darstellen. In dieser Klasse (II) fassen wir zwei Verfahren zusammen. Beide Verfahren lassen Clipping - und damit Mehrfachdarstellungen von Objekten - zu. Tamminen und Sulonen [TamS82, Tam82a] haben mit EXCELL ein Prinzip vorgestellt, das auf mehrdimensionalem erweiterbaren Hashing basiert und nicht nur zur Unterstützung von Suchen auf Punktmengen, sondern auch zur Unterstützung von Suchen auf ausgedehnten Objekten herangezogen werden kann. Dieses allgemeine Prinzip wird für jedes zu lösende Problem separat spezifiziert - zur Lösung des Point-In-Regions Suchproblems erfolgt beispielsweise ein Clipping von Kanten der darzustellenden Gebietsaufteilung.

Zur direkten Unterstützung von Suchen auf ausgedehnten Objekten beliebiger Form wurde die dynamische Struktur des Zellbaums [GünB89] entwickelt. Ausgedehnte Objekte werden - ohne Approximation - als Vereinigung konvexer Punktmengen, sogenannter Zellen, anhand vollständiger Datensätze in den Blättern dieses ausgeglichenen Baums abgespeichert, die inneren Knoten entsprechen einer Hierarchie geschachtelter konvexer Polyeder. Die Flächenaufteilung in einem inneren Knoten zur Beschreibung der Sohn-Polyeder ist eine BSP-Aufteilung [FuKN80], die einen d-dimensionalen Raum durch beliebig orientierte (d-1)-dimensionale Hyperebenen rekursiv in disjunkte Teilräume zerlegt, wobei jeder Teilraum unabhängig von seiner Vergangenheit und unabhängig von anderen Teilräumen zerlegt wird. Weil ausgedehnte Objekte in konvexe Komponenten zerlegt werden müssen, die ihrerseits, ähnlich wie beim R^+-Baum, entlang der Polyederränder partitioniert werden, kann ein Objekt im Zellbaum zur Erzeugung mehrerer Zellen führen. Dadurch ergibt sich für das Einfügen und Entfernen eines Objektes ein schlechtes Verhalten im worst case. Die mit der Mehrfachdarstellung verbundenen Probleme werden besonders deutlich, wenn die Objektgröße stark variiert, z.B. wenn die Objektmenge aus vielen kleinen und wenigen großen Objekten besteht; sie verstärken sich mit zunehmender Größe der Objektmenge. Zur Verringerung dieser Probleme stellte Günther eine Erweiterung des Zellbaums um spezielle Datenseiten (Oversize Shelves) vor [Gün89], die inneren Knoten zur Darstellung großer Objekte zugeordnet werden. Darüber hinaus gibt es, wie beim R^+-Baum, keine Obergrenze für die Anzahl von Knoteneinträgen - wenn keine geeignete teilende Hyperebene gefunden werden kann, z.B. bei einer hohen Dichte der Objekte, werden Überlaufseiten zugeordnet. Beides verschlechtert die Effizienz von Suchen im schlechtesten Fall.

XP-Baum, EST und EIT als Indexstrukturen für eindimensionale ausgedehnte Objekte

In diese Klassifikation von Indexstrukturen für (zwei- und mehrdimensionale) ausgedehnte Objekte wollen wir die von uns entwickelten Indexstrukturen für Intervalle als eindimensionale ausgedehnte Objekte einordnen. In diesem Zusammenhang möchten wir hervorheben, daß man Intervalle nicht nur als die allgemeinste Form eindimensionaler ausgedehnter Objekte, sondern gleichzeitig auch als ihre eindimensionalen Bounding Boxes interpretieren kann.

Der XP-Baum ist offensichtlich ein Vertreter der Klasse (I B 1), weil Intervalle vor ihrer Verwaltung in zweidimensionale Punkte transformiert werden. Wie bei dem BANG-File, dem LSD-Baum und dem Buddy-Hashbaum, einigen neueren mehrdimensionalen Vertretern dieser Klasse, wird hierzu die, von Seeger für zweidimensionale Bounding Boxes empfohlene, Endpunkt-Transformation verwendet. Experimentelle Untersuchungen ergaben, daß es aufgrund einer Endpunkt-Transformation zwar zu Degenerierungen der nicht dynamisch balancierten XP-Bäume kommt, daß aber die Sucheffizienz trotzdem praktisch die gleiche ist wie bei einer entsprechenden balancierten Struktur. Wie bei den mehrdimensionalen Vertretern dieser Klasse beschränkt sich eine Punkteinschluß-Suche im allgemeinen nicht auf einen Pfad in der Baumstruktur. Trotzdem werden Suchen auf Intervallen effizient unterstützt, denn der XP-Baum garantiert, daß die Anzahl von Seitenzugriffen bei Punkteinschluß-Suchen, wie auch bei Intervallschnitt-Suchen, proportional zur Höhe des XP-Baums und zur Anzahl von Suchergebnissen ist. Suchen in balancierten oder schwach balancierten XP-Bäumen sind deshalb gewissermaßen worst-case effizient, während einige mehrdimensionale Strukturen dieser Klasse, wie z.B. das Grid File, ein schlechtes worst-case Verhalten aufweisen.

Interpretiert man Intervalle als eindimensionale Bounding Boxes, sind der EST und der EIT der Klasse (I B 2) zuzuordnen, weil sie, wie die anderen Strukturen in dieser Klasse, auf eine Transformation von Bounding Boxes in Punkte verzichten. Innerhalb dieser Klasse läßt sich der EST in die Klasse (I B 2 a) einordnen: Wie die zwei- und mehrdimensionalen Vertreter dieser Klasse ist der EST auf die gute Unterstützung von Punkteinschluß-Suchen spezialisiert, die er, wie diese, durch eine Mehrfachdarstellung von Intervallen aufgrund von Fragmentierung erreicht. Zur direkten Verwaltung von Intervallen als eindimensionalen ausgedehnten Objekten ist der EST auch der Klasse (II) zuzuordnen. Deren hier genannte zwei- und mehrdimensionale Vertreter stellen ausgedehnte Objekte ebenfalls mehrfach dar. Im EST kann höchstens eine logarithmische Fragmentierung auftreten; in praktischen Fällen, insbesondere bei kurzen

Intervallen, ist im EST nur eine geringe Fragmentierung und damit ein in etwa linearer Speicherplatzbedarf zu erwarten. Alle Suchen, die keine Intervalle finden, werden vom EST, wie auch vom EIT und vom XP-Baum, sehr effizient unterstützt - das ist bei den zwei- und mehrdimensionalen Vertretern der entsprechenden Klassen nicht unbedingt der Fall. Anders als bei dem in [MaHM84] vorgestellten zweidimensionalen Vertreter der Klasse (I B 2 a) handelt es sich beim EST um eine dynamisch balancierbare Struktur. Die Update-Algorithmen im EST sind, anders als beim R^+-Baum und beim Zellbaum als mehrdimensionalen Vertretern der Klassen (I B 2 a) und der Klasse (II), effizient. Im Unterschied zu beiden zuletzt genannten Strukturen ist im EST, wie auch im EIT, die Dichte der Bounding Boxes nicht von Bedeutung, auch Intervallmengen mit hoher Dichte verursachen keine Schwierigkeiten. Im Gegensatz zum Zellbaum besitzt der EST den Vorteil, daß er Mengen von Intervallen, die aus vielen großen und wenigen kleinen Objekten bestehen, ohne eine Sonderbehandlung großer Intervalle problemlos darstellen kann. Außerdem ermöglicht der EST, im Gegensatz zu allen anderen uns bekannten Strukturen zur Verwaltung ausgedehnter Objekte, eine hierarchische Schachtelung von Strukturen (siehe auch Kapitel 9).

Der EIT zur Verwaltung von Intervallen, die als eindimensionale Bounding Boxes aufgefaßt werden, zählt innerhalb der Klasse (I B 2) zur Klasse (I B 2 c), weil er, wie die zwei- und mehrdimensionalen Vertreter dieser Klasse, einen linearen Speicherplatzbedarf im Vergleich zur Anzahl dargestellter Bounding Boxes garantiert. Im Unterschied zu den zwei- und mehrdimensionalen Vertretern dieser Klasse wird jedes Intervall im EIT nicht einmal, sondern zweimal dargestellt. Intervallmengen, die aus wenigen Intervallen mit großer Ausdehnung und vielen Intervallen mit geringer Ausdehnung bestehen, können im EIT problemlos dargestellt werden - bei anderen mehrdimensionalen Vertretern dieser Klasse, insbesondere beim R-Baum als dem bekanntesten Vertreter, können derartige Mengen zu großen Problemen führen. Ein weiterer Unterschied zum R-Baum besteht darin, daß für das Verhalten des EIT die Einfügereihenfolge der eindimensionalen Bounding Boxes nicht von Bedeutung ist. Nicht nur das Einfügen eines Intervalls, auch das Löschen eines Intervalls läßt sich im dynamisch balancierbaren EIT effizient durchführen - beispielsweise im R-Baum kann das Löschen eines Objektes sehr ineffizient werden. Anders als bei vielen zwei- und mehrdimensionalen Vertretern dieser Klasse, bei denen ein Überlappen von Teilräumen innerhalb einer Ebene der Struktur zu Effizienzverlusten beim Suchen führt (z.B. beim Spatial kd-Baum, beim Fieldtree sowie beim R-Baum und seinen Varianten und dem GBD-Baum), kommt es beim EIT nicht zu Überlappungen auf einer Ebene, so daß der EIT Suchen mit Suchintervallen und Suchpunkten, insbesondere Intervallschnitt-Suchen und Punkteinschluß-Suchen, effizient unterstützt. Der EIT garantiert, daß Punkteinschluß-Suchen, anders als in vielen mehrdimensionalen Strukturen in dieser Klasse wie z.B. dem R-Baum und seinen Varianten, immer auf einen Pfad in der als Index fungierenden Baumstruktur beschränkt sind. Zur direkten Verwaltung von Intervallen als eindimensionalen ausgedehnten Objekten läßt sich der EIT, wie der EST, auch der Klasse (II) zuordnen. Anders als beim Zellbaum als einem mehrdimensionalen Vertreter dieser Klasse sind Updates effizient. Gegenüber den zwei- und mehrdimensionalen Vertretern dieser Klasse besitzt der EIT den Vorteil, daß sein Speicherplatzbedarf linear ist im Vergleich zur Anzahl dargestellter Intervalle, so daß die typischen durch Mehrfachdarstellungen entstehenden Probleme vermieden werden können.

9. Zusammenfassung und abschließende Bemerkungen

In diesem letzten Abschnitt fassen wir die geleistete Arbeit zusammen und zeigen Anwendungen für die entwickelten externen Algorithmen und die Intervall-Indexstrukturen auf; wir versuchen dabei, ihre Bedeutung einzuschätzen und weisen auf einige offene Punkte hin.

Die nach unserer Meinung wichtigsten Beiträge dieser Arbeit seien kurz zusammengefaßt, bevor wir die im einzelnen erzielten Ergebnisse genauer betrachten:

(1) Interne Algorithmen, Algorithmen mit sublinearem internen Speicherplatzbedarf und externe Algorithmen mit konstantem internen Speicherplatzbedarf wurden zur Lösung eines geometrischen Mengenproblems, des Points-in-Regions Mengenproblems, in der Plane-Sweep Technik und der Divide-And-Conquer Technik entwickelt und in bezug auf Zeit- und Speicherplatzbedarf analysiert. Es wurde zum ersten Mal ein systematischer Vergleich von Plane-Sweep und Divide-And-Conquer für interne, sublineare und externe Fälle vorgenommen.

(2) Mit dem externen Priority Search Tree (XP-Baum), dem externen Segment Tree (EST) und dem externen Interval Tree (EIT) haben wir drei verschiedene Indexstrukturen zur Unterstützung von Suchen auf großen Mengen von Intervallen vorgestellt. Mit der Entwicklung dieser drei Strukturen haben wir gezeigt, wie man die Prinzipien der aus der algorithmischen Geometrie bekannten worst-case effizienten internen Strukturen des Priority Search Tree, des Segment Tree und des Interval Tree in angemessener Weise auf Hintergrundspeicher übertragen kann.

Das Points-in-Regions Mengenproblem

In einem ersten Teil der Arbeit haben wir unterschiedliche interne und externe Lösungen eines geometrischen Mengenproblems - des PiR-Problems - vorgestellt, das als geometrische Join-Operation in geometrischen Datenbanksystemen auftritt. Wir haben interne Algorithmen, Algorithmen mit sublinearem internen Speicherplatz im Vergleich zur Größe der Eingabe und externe Algorithmen mit konstantem internen Speicherplatzbedarf in der PS-Technik und der DAC-Technik entwickelt und bezüglich ihres Zeit- und Speicherplatzbedarfs analysiert. Der einem sehr einfachen PS-Algorithmus zur Lösung des PiR-Problems gegenübergestellte DAC-Algorithmus löst das Problem einerseits sehr allgemein (nicht-konvexe Gebiete, Gebietsaufteilungen nur für einen Teil der Ebene), andererseits behandelt er aber auch Spezialfälle (Punkte auf Kanten, identische x-Koordinaten) elegant und direkt. Insbesondere wird zum ersten Mal eine allgemeine Technik vorgestellt und analysiert, mit deren Hilfe man beliebig große Mengen von Punkten mit identischen x-Koordinaten behandeln kann - es wurde bewiesen, daß selbst eine "unbalancierte" Aufteilung nicht zu einer mehr als logarithmischen Höhe des entsprechenden rekursiven Aufrufbaums führt. Das Auftreten identischer x-Koordinaten wurde bei der planaren DAC-Technik bisher immer als Problem betrachtet und jeweils problemspezifisch gelöst.

Die Bedeutung der Entwicklung der *internen DAC-Lösung* des PiR-Problems liegt vor allem darin, daß sie zeigt, daß sich die in [Güt86] vorgestellte planare DAC-Technik nicht nur auf orthogonale Objekte anwenden läßt, sondern daß sie sich auch auf beliebig orientierte Objekte ausdehnen läßt. Mit der Entwicklung der *externen DAC-Lösung* des PiR-Problems zeigen wir nicht nur, wie man aus einer internen DAC-Lösung eines Problems eine externe DAC-Lösung gewinnen kann, die mit konstanten internen Speicherplatz auskommt bzw. das Problem für sehr große Mengen von Objekten löst. Wichtiger erscheint uns, daß anhand dieser externen DAC-Lösung des PiR-Problems deutlich wird, daß sich mit der in [GütS87] entwickelten Technik alle internen DAC-Lösungen in externe DAC-Lösungen transformieren lassen, bei denen im Merge-Schritt im wesentlichen parallele Durchläufe von einfachen Listenstrukturen durchgeführt werden, wie z.B. beim orthogonalen Liniensegmentschnitt-Problem, beim Maßproblem und beim Rechteckschnitt-Mengenproblem [Güt84, GütW84, GütS87].

Zum ersten Mal wurde ein systematischer Vergleich von Plane-Sweep und Divide-And-Conquer für interne, sublineare und externe Fälle durchgeführt. Bei diesem Vergleich wurde deutlich, daß gerade externe DAC-Lösungen einige Vorteile gegenüber externen PS-Lösungen besitzen, selbst wenn worst-case effiziente interne PS-Lösungen existieren, und wenn man sowohl dynamische interne als auch dynamische externe Sweep-Line Strukturen kennt. Es stellt sich heraus, daß man bei genügend internem Speicherplatz die sublineare Version von PS oder DAC benutzen sollte. Ein offenes Problem ist allerdings noch, welche von beiden vorzuziehen ist; dieses kann wohl nur experimentell ermittelt werden. Für den Fall, daß die Objektmengen sehr groß werden bzw. nur wenig interner Speicherplatz zur Verfügung steht, scheint externes DAC klare Vorteile zu besitzen. Diese Tendenz sollte sich für andere Probleme, bei denen keine externe Sweep-Line Struktur bekannt ist, noch verstärken. Auch in diesem Fall fehlen noch experimentelle Untersuchungen auf sehr großen Mengen von Objekten; empirische Vergleiche auf wenigen kleinen Objektmengen [Te89] erlauben noch keine eindeutigen Schlußfolgerungen.

Wenn man geometrische Mengenprobleme, z.B. in geometrischen Datenbanksystemen, mittels PS- und DAC-Algorithmen löst, die konstanten oder sublinearen Speicherplatz benötigen, hat das den Nachteil, daß für jedes geometrische Problem ein spezieller Algorithmus implementiert werden muß. Eine flexiblere Lösung von Mengenproblemen mit extern dargestellten Objektmengen und eine Lösung von Suchproblemen, die im Bereich von Nicht-Standard-Datenbanksystemen auftreten, kann man durch den Einsatz von Indexstrukturen erreichen. Der Schwerpunkt dieser Arbeit liegt in der Entwicklung von Indexstrukturen für große Mengen von Intervallen, die in verschiedenen Nicht-Standard-Datenbanksystemen eingesetzt werden können.

Der XP-Baum, der EST und der EIT

Im zweiten Teil der Arbeit haben wir mit dem XP-Baum, dem EST und dem EIT drei externe Strukturen zur Unterstützung von Suchen auf großen Mengen von Intervallen vorgestellt, die Intervalle auf unterschiedliche Weise verwalten - ihre Bedeutung sehen wir insbesondere in der Verwendung als Intervall-Indexstrukturen in Nicht-Standard-Datenbanksystemen. Mit der Entwicklung dieser drei Strukturen haben wir gezeigt, daß und wie man die Prinzipien, die den worst-case effizienten internen Strukturen des Priority Search Tree, des Segment Tree und des Interval Tree zugrunde liegen, in angemessener Weise auf Hintergrundspeicher übertragen kann.

Mit dem XP-Baum haben wir als erstes eine einfache und vielseitig einsetzbare externe Struktur entwickelt und experimentell untersucht, die zweidimensionale, über einem Gitter definierte Punkte darstellt. Intervalle werden nach einer Endpunkt-Transformation als Spezialfall von zweidimensionalen Punkten aufgefaßt. Als Indexstruktur über zweidimensionalen Punkten unterstützt der XP-Baum Halbbereichs-Suchen, Bereichs-Suchen können durchgeführt werden. Punkteinschluß-, Intervallschnitt-, Intervalleinschluß- und Intervallbereichs-Suchen auf Intervallen können in Halbbereichs-Suchen auf zweidimensionalen Punkten transformiert werden, so daß ein XP-Baum als Indexstruktur über Intervallen diese Suchen ebenfalls unterstützt. Darüber hinaus können alle anderen interessanten Suchen auf Intervallen durchgeführt werden, indem sie in Halbbereichs- oder Bereichs-Suchen transformiert werden. Nach unserer Einschätzung eignen sich XP-Bäume insbesondere für solche Anwendungen, deren Objektmengen nur "ein bißchen" dynamisch sind, wie das etwa bei geometrischen Indexstrukturen in geometrischen Datenbanksystemen oft der Fall ist: Für eine große Menge von Objekten wird eine ursprünglich balancierte Indexstruktur aufgebaut, anschließend werden viele Suchen und wenige Updates durchgeführt. Solange XP-Bäume balanciert oder schwach balanciert bleiben, garantieren sie gewissermaßen eine worst-case effiziente Durchführung von Suchen. Obwohl die Struktur eines XP-Baums degeneriert, wenn eine in eine Punktmenge transformierte Intervallmenge dargestellt wird, beschränken sich diese Degenerierungen nur auf kleine Teile der Struktur. In experimentellen Untersuchungen hat sich gezeigt, daß sich die nicht dynamisch balancierten XP-Bäume fast immer wie ihre balancierten Gegenstücke verhalten. Die experimentellen Untersuchungen ergaben, daß der XP-Baum Halbbereichs-Suchen auf zweidimensionalen Punkten sowie Punkteinschluß- und Intervallschnitt-Suchen auf Intervallen gut unterstützt. Alle Suchen, die keine oder wenige Objekte finden, sind sehr schnell; allgemein sind Suchen sehr schnell oder weisen eine hohe "Ergebnisrate" auf.

Anschließend haben wir den EST und den EIT vorgestellt, die jeweils eine Menge von über einem Raster definierten Intervallen beliebiger Dichte - ohne Transformation - als eindimensionale ausgedehnte Objekte darstellen. Im Unterschied zum XP-Baum haben wir mit dem EST und dem EIT zwei voll dynamische, d.h. effizient dynamisch balancierbare, Intervall-Indexstrukturen entwickelt. Wir haben gezeigt, daß beide Strukturen, die auch zu eindimensionalen Punkten degenerierte Intervalle verwalten und Bereichs-Suchen hierauf unterstützen, auf demselben Grundprinzip basieren. Der EST und der EIT stellen eine Fortentwicklung dieses Prinzips in unterschiedliche Zielrichtungen dar: Während der EST vollständig auf eine effiziente Unterstützung von Punkteinschluß-Suchen spezialisiert ist, ist der EIT auf eine breite Unterstützung von Suchen auf Intervallen ausgerichtet.

Der EST unterstützt Punkteinschluß-Suchen sehr effizient. Wir haben gezeigt, daß für gleichmäßig verteilte Mengen von Intervallen fester Länge höchstens zwischen 1 und 4 externe Zugriffe auf Seiten zu erwarten sind, deren Inhalt nur teilweise zum Suchergebnis zählt - alle anderen besuchten Seiten sind zu mindestens 50% mit Ergebnisintervallen gefüllt. Allgemein sind bei Punkteinschluß-Suchen nur wenige Zugriffe auf Seiten nötig, die kleine Überdeckungslisten darstellen. Der EST garantiert eine Seitenfüllung von 50%, die erwartungsgemäß bei etwa 70% liegen wird. Die Spezialisierung auf die gute Unterstützung von Punkteinschluß-Suchen auf Intervallen führt dazu, daß, anders als beim XP-Baum und beim EIT, nicht mehr ein linearer Speicherplatzbedarf im Vergleich zur Anzahl dargestellter Intervalle garantiert werden kann. Obwohl ein einzelnes Intervall auf allen Ebenen der Skelettstruktur, deren Knotenintervalle kürzer als die Intervallänge sind, durchschnittlich einen Eintrag verursacht (mit Ausnahme der obersten dieser Ebenen, wo es durchschnittlich weniger als einen Eintrag verursacht), ist in praktischen Fällen eine geringe Fragmentierung und damit auch ein annähernd linearer Speicherplatzbedarf zu erwarten. Die Algorithmen, welche die Balance der Struktur unter Updates aufrechterhalten, sind effizient. Der EST eröffnet, als einzige uns bekannte externe Struktur, die wichtige Möglichkeit, externe Strukturen hierarchisch zu schachteln und damit andere externe Strukturen "einzubetten" (siehe unten).

Allgemein haben wir mit der Entwicklung des EST eine Technik vorgestellt, mit der interne Baumstrukturen mit Knotenlisten auf Hintergrundspeicher übertragen werden können. In diesem Zusammenhang haben wir ein interessantes theoretisches Problem, das "Cover-Balancing Problem" gelöst: Gegeben sei ein Baum, dessen Knoten Gewichte zugeordnet sind; unterteile den Baum in Teilbäume, deren Gewichte in einem vorgegebenen Bereich liegen, und erhalte diese Aufteilung unter Gewichtsveränderungen an beliebigen Knoten aufrecht. Dieses steht im Gegensatz zu klassischen Balancierproblemen, bei denen Updates nur in den Blättern auftreten.

Mit dem EIT haben wir eine dynamisch balancierte Struktur vorgestellt, die eine Menge von Intervallen beliebiger Dichte mit linearem Speicherplatzbedarf darstellen kann; anders als beim EST ist dies auch im schlechtesten Fall möglich. Im Unterschied zum EST unterstützt der EIT nicht nur Punkteinschluß-Suchen, sondern auch Intervallschnitt-Suchen - darüber hinaus können alle anderen interessanten Suchen auf Intervallen durchgeführt werden, die auch der nicht dynamisch balancierbare XP-Baum ermöglicht. Für gleichmäßig verteilte Intervallmengen fester Länge haben wir gezeigt, daß der EIT Punkteinschluß-Suchen kaum schlechter unterstützt als der auf diese Suchen spezialisierte EST, Intervallschnitt-Suchen werden ähnlich gut unterstützt. Die Seitenfüllung liegt im EIT bei mehr als 50%, zu erwarten ist eine Seitenfüllung von etwa 70%. Außerdem haben wir dargelegt, wie sich der ursprüngliche interne Interval Tree mit der Intervallschnitt-Suche, analog zum EIT, leicht so modifizieren läßt, daß bei Intervallschnitt-Suchen asymptotisch dieselbe Suchzeit garantiert werden kann wie bei Punkteinschluß-Suchen, ohne daß Pfade kontrahiert werden müssen.

Ein Vergleich der drei Strukturen verdeutlichte, daß der EIT sowohl Eigenschaften des XP-Baums als auch Eigenschaften des EST aufweist und deshalb hinsichtlich der untersuchten charakterisierenden Eigenschaften eine Mittelstellung zwischen dem XP-Baum und dem EST einnimmt. Aus den unterschiedlichen Eigenschaften, die auch in einem detaillierteren Vergleich der beiden auf demselben Prinzip basierenden Strukturen des EST und des EIT deutlich wurden, und nach Einbeziehung des Datenbankkontextes ließen sich einige Empfehlungen dafür ableiten, welche Struktur unter welchen Bedingungen ausgewählt werden sollte.

Da Intervalle als eindimensionale ausgedehnte Objekte aufgefaßt werden können, haben wir außerdem die drei von uns entwickelten Intervall-Indexstrukturen in die Literatur über Indexstrukturen für zwei- und mehrdimensionale ausgedehnte Objekte eingeordnet und in diesem Zusammenhang diskutiert. Zu diesem Zweck haben wir zunächst eine Klassifikation der Indexstrukturen für (zwei- und mehrdimensionale) ausgedehnte Objekte vorgenommen.

Anwendungen für den XP-Baum, den EST und den EIT

Als wichtigste Anwendungen für die drei in dieser Arbeit vorgestellten Strukturen sehen wir die Unterstützung von Suchen auf großen Mengen von Intervallen, insbesondere Zeitintervallen, in Form von Intervall-Indexstrukturen in Nicht-Standard-Datenbanksystemen. Das Gebiet der temporalen Datenbanken scheint eines der interessantesten Anwendungsgebiete zu sein, da hier eine effiziente Implementierung entscheidend von der effizienten Unterstützung von Suchen auf Zeitintervallen abhängt.

Im Gegensatz zu allen anderen uns bekannten externen Strukturen bietet der EST eine in diesem Zusammenhang besonders interessante Möglichkeit: Er ermöglicht eine "Einbettung" anderer externer Strukturen, also eine Schachtelung externer Strukturen, indem große COVER-Mengen als beliebige Indexstrukturen organisiert werden können. Dadurch unterstützt der EST besonders gut Suchen auf durch ein (Zeit-) Intervall indizierten Objekten, bei denen nicht nur mit einem (Zeit-) Punkt nach Punkteinschlüssen auf diesen (Zeit-) Intervallen gesucht wird, sondern bei denen die Objekte gleichzeitig andere Eigenschaften erfüllen sollen. In temporalen Datenbanken ist beispielsweise jedes Objekt mit einem Gültigkeits-Zeitintervall versehen. Ein EST über Gültigkeits-Zeitintervallen unterstützt insbesondere Suchen der Form

"Ermittle alle Objekte mit der Eigenschaft x, die zum Zeitpunkt t gültig waren!"

Der EST hat dabei die Aufgabe, diese Suche auf die zur Zeit t gültigen Objekte einzuschränken. Kleine COVER-Mengen, die als Listen dargestellt sind, werden durchlaufen, um Objekte mit der Eigenschaft x aufzufinden. Große COVER-Mengen können als beliebige Indexstrukturen organisiert sein, die Suchen bezüglich der Eigenschaft x gut unterstützen, so daß alle Objekte mit der Eigenschaft x effizient ermittelt werden können.

Die Bedeutung des XP-Baums und des EIT liegt darin, daß sie nicht nur Punkteinschluß-Suchen unterstützen: Auf Objekten, die durch ein Zeitintervall indiziert sind, können beispielsweise alle denkbaren Arten von Suchen mit einem Suchzeitpunkt und einem Suchzeitintervall durchgeführt werden; diese werden teilweise recht gut unterstützt. Der XP-Baum ist eher für weniger dynamische, der EIT auch für dynamische Objektmengen geeignet.

Insbesondere für Anwendungen im temporalen Bereich, bei denen neben Zeitintervallen auch Zeitpunkte auftreten und dargestellt werden müssen, erscheint es interessant, daß in allen drei von uns vorgestellten Strukturen eindimensionale Punkte als Spezialfall von Intervallen aufgefaßt werden, so daß sie deshalb, auch zusammen mit allgemeinen Zeitintervallen, in jeder dieser Strukturen ohne Schwierigkeiten verwaltet werden können.

Wenn der XP-Baum, der EST und der EIT, beispielsweise in temporalen Datenbanken, als Indexstruktur über Zeitintervallen eingesetzt werden, tritt der Fall ein, daß Zeitintervalle dargestellt werden müssen, die bis zum gegenwärtig aktuellen Zeitpunkt reichen. Der aktuelle Zeitpunkt verändert sich im Laufe der Zeit, so daß sich einerseits die Länge von Intervallen und andererseits die Größe des Rasters verändert, über dem die Intervalle und die Intervall-Indexstrukturen definiert sind. Dieses erscheint zunächst als problematisch, weil in allen drei Strukturen Intervalle fest definierter Länge dargestellt werden und weil das Raster, über dem die Strukturen definiert sind, eine feste Größe besitzt. Das erste Problem löst man dadurch, daß man "alte" und "aktuelle" Zeitintervalle getrennt voneinander verwaltet - eine getrennte Verwaltung wurde auch von Ahn und Snodgrass [Ahn86, AhnS88] vorgeschlagen. Wir verwalten Zeitintervalle "wachsender Länge" so lange separat, bis ihr rechter Endzeitpunkt fest definiert wird; erst dann wechseln sie in die "eigentliche" Intervall-Indexstruktur für alte Intervalle. Zur Unterstützung der Suchen auf Intervallen, die bis zum aktuellen Zeitpunkt reichen, kann man diese Zeitintervalle in einem B*-Baum über den aufsteigend sortierten Anfangszeitpunkten darstellen; um das Löschen von Intervallen aus dieser aktuellen Verwaltung zu unterstützen, kann man die aktuellen Intervalle zusätzlich anhand ihrer Identifikatoren indizieren. Das zweite Problem, das durch eine Vergrößerung des Rasters entsteht, kann man in allen drei Fällen z.B. dadurch lösen, daß man die Zeit jeweils in Zeitraster gleicher Größe N unterteilt, wodurch Raster $[i \cdot N, \ldots, (i+1) \cdot N)$ mit $i = 0, 1, 2, \ldots$ entstehen. Entsprechend dem Fortschreiten der Zeit wird ein Raster nach dem anderen hinzugenommen. Auf jedem Raster der Größe N ist eine Intervall-Indexstruktur definiert. Die einzelnen Strukturen kann man bei allen vorgestellten Intervall-Indexstrukturen nacheinander, etwa durch eine Hinzunahme bzw. Modifikation eines geeigneten Wurzelelementes, jeweils zu einer neuen Intervall-Indexstruktur zusammenfügen.

Wie bereits erwähnt, kann man mit dem XP-Baum, dem EST und dem EIT auch Suchen auf zwei- oder mehrdimensionalen ausgedehnten geometrischen Objekten unterstützen. Dazu verwenden wir die weit verbreitete Technik, ausgedehnte Objekte näherungsweise anhand ihrer *Bounding Box* zu repräsentieren. Im zweidimensionalen Fall läßt sich jede Bounding Box durch zwei Intervalle definieren. Ein Anwendungsgebiet ist der VLSI-Entwurf. Nach [Ros85] ist hier beispielsweise das *Point-in-Rectangle Suchproblem*, das alle Rechtecke ermittelt, die einen gegebenen Suchpunkt beinhalten, die am häufigsten auftretende Suche. Am Beispiel dieses Point-in-Rectangle Suchproblems sollen verschiedene Techniken skizziert werden, wie man mit den von uns vorgestellten Strukturen Suchen auf Mengen von Rechtecken unterstützen kann, etwa als geometrische Indexstrukturen in geometrischen Datenbanksystemen. (1) Die Rechtecke seien beispielsweise anhand ihres x-Intervalls mit Zusatzinformation über das y-Intervall in einem EST dargestellt. Um Suchen effizienter zu gestalten, sollten Rechtecke in großen COVER-Mengen anhand ihres y-Intervalls ebenfalls in einer Baumstruktur dargestellt werden, z.B. wieder einem EST, einem EIT oder einem XP-Baum. Hierdurch erhält man einen zunächst eindimensionalen Index auf Rechtecken, der "bei Bedarf", d.h. für große COVER-Mengen, die nächste Dimension einbezieht und dadurch zu einer zweistufigen Baumstruktur bzw. zu einem zweidimensionalen Index auf Rechtecken ausgebaut wird: Die erste Stufe unterstützt Punkteinschluß-Suchen auf den x-Intervallen, die zweite Stufe auf den y-Intervallen der Rechtecke. (2) Ein einzelner XP-Baum, EST oder EIT stellt einen eindimensionalen Index auf den zweidimensionalen Rechtecken dar, der über den x-Intervallen in bezug auf die Point-in-Rectangle Suche als *filternde Struktur* fungiert: Eine Suche auf dieser Struktur filtert die Rechtecke aus der Gesamtmenge, welche die Suchbedingung hinsichtlich einer Dimension, hier der x-Intervalle, erfüllen, so daß im allgemeinen eine Obermenge der gesuchten Rechteckmenge ermittelt wird. Wird die Darstellung um Zusatzinformationen über das y-Intervall erweitert, können die überflüssigen Rechtecke bereits während der Suche ausgeschlossen werden; der Aufwand bei dieser Technik wird durch die Größe der erwähnten Obermenge bestimmt.

Für das im ersten Teil dieser Arbeit betrachtete Points-in-Regions Mengenproblem wurden innerhalb des geometrischen Datenbanksystems GRAL, das auf der geo-relationalen Algebra basiert [Güt88, Güt89], verschiedene Techniken empirisch miteinander verglichen [Te89]. Neben jeweils einem sublinearen und einem externen PS- und DAC-Algorithmus wurde u.a. auch der XP-Baum als zweidimensionaler Index auf zweidimensionalen Punkten und als eindimensionaler Index auf den Bounding Boxes der Gebiete eingesetzt. Der Vergleich läßt vermuten, daß PS- und DAC-Lösungen nur konkurrenzfähig sind, wenn die Menge der Punkte und die Menge der Gebiete nicht in externen Strukturen dargestellt sind oder wenn man den bei beiden Techniken nötigen vorbereitenden Sortierschritt, dessen Aufwand den Gesamtaufwand erheblich beeinflußt, nicht bei jeder Lösung des Problems ausführen muß, sondern für jede Relation in diesem geo-relationalen System eine entsprechende sortierte Folge abspeichert. Ein denkbares Anwendungsgebiet wäre die Kartographie, in der alle gespeicherten Daten wie Städte oder Länder, und damit auch die sortierten Folgen, über größere Zeiträume unverändert bleiben. Es zeigte sich, daß die, im Vergleich zu speziell zugeschnittenen PS- bzw. DAC-Algorithmen wesentlich flexibler einsetzbaren, geometrischen Indexstrukturen, wie z.B. auch der XP-Baum, besonders gut bei der Lösung dieses Mengenproblems abschnitten. Diese Untersuchungen anhand des PiR-Problems lassen den Schluß zu, daß sich geometrische Indexstrukturen nicht nur zur Lösung von Suchproblemen, sondern auch zur Implementierung externer geometrischer Algorithmen zur Lösung von Mengenproblemen eignen, beispielsweise zur Implementierung von PS-Lösungen von geometrischen Mengenproblemen auf Mengen von extern dargestellten Rechtecken.

Abschließend möchten wir auf einige noch nicht genannte, interessante offene Punkte hinweisen:

(1)   Experimentelle Untersuchungen haben wir bereits für den XP-Baum durchgeführt. Neben den theoretischen Simulationen, anhand derer wir das Suchverhalten des EST und des EIT für verschiedene Mengen von gleichmäßig verteilten Intervallen fester Länge verdeutlicht haben, erscheint es interessant, auch diese beiden von uns entwickelten Intervall-Indexstrukturen experimentell zu untersuchen. Es sollte vor allem die Effizienz, mit der Suchen auf unterschiedlichen Intervallmengen durchgeführt werden können, untersucht werden, daneben auch der entstehende Update-Aufwand und der Speicherplatzbedarf. Für beide Strukturen interessiert insbesondere der Einfluß, den die Intervallängen, die Verteilung der darzustellenden Intervalle auf dem Raster sowie die Dichte und Größe der Intervallmenge bei unterschiedlichen Seitengrößen hat.

(2)   Ergänzend zu dem im 7. Kapitel dieser Arbeit unternommenen Vergleich von XP-Baum, EST und EIT wäre in diesem Zusammenhang ein experimenteller Vergleich der drei Intervall-Indexstrukturen wünschenswert, insbesondere für Intervallmengen, die in temporalen und geometrischen Datenbanksystemen auftreten.

(3)   Im 8. Kapitel dieser Arbeit haben wir eine Klassifikation für ausgedehnte geometrische Objekte vorgenommen, in die wir den XP-Baum, den EST und den EIT als Indexstrukturen für eindimensionale ausgedehnte geometrische Objekte eingeordnet haben. Im Rahmen weiterführender Untersuchungen wäre es eine interessante Aufgabe, den experimentellen Vergleich der drei Intervall-Indexstrukturen untereinander auf eindimensionale Varianten von externen Vertretern für zwei- und mehrdimensionale geometrische Objekte der entsprechenden Klassen - also Varianten, die ebenfalls Intervalle verwalten - auszudehnen. Dieses erscheint auch vom praktischen Standpunkt her gesehen sehr interessant, insbesondere im Hinblick auf einen Einsatz der vorgestellten Intervall-Indexstrukturen bei der Implementierung von temporalen und geometrischen Datenbanksystemen.

Literaturverzeichnis

[Ahn86]   Ahn, I., Towards an Implementation of Database Management Systems with Temporal
             Support. Proc. of the 2nd Int. Conf. on Data Engineering, 1986, 374-381.

[AhnS88]   Ahn, I. und R. Snodgrass, Partioned Storage for Temporal Databases. *Information Systems
             13 (1988)*, 169-391.

[AhoHU74]   Aho, A.V., J.E. Hopcroft und J.D. Ullman, The Design and Analysis of Computer
             Algorithms. Addison-Wesley, 1974.

[Al83]   Allan, J.F., Maintaining Knowledge about Temporal Intervals. *Communications of the
             ACM 26 (1983)*, 832-843.

[BarP85]   Barbic, F. und B. Pernici, Time Modeling in Office Information Systems. Proc. of the ACM
             SIGMOD Int. Conf. on Management of Data, 1985, 51-62.

[BayM72]   Bayer, R. und E.M. McCreight, Organization and Maintenance of Large Ordered Indexes.
             Acta Informatica 1 (1972), 173-189.

[BecKSS90]   Beckmann, N., H.-P. Kriegel, R. Schneider und B. Seeger, The R*-Tree: An Efficient and
             Robust Access Method for Points and Rectangles. Proc. of the ACM SIGMOD Int. Conf. on
             Management of Data, 1990, 322-331.

[Ben75]   Bentley, J.L., Multidimensional Binary Search Trees Used for Associative Searching.
             Communications of the ACM 18 (1975), 509-517.

[Ben77]   Bentley, J.L., Solutions to Klee's Rectangle Problems. Carnegie Mellon University,
             Department of Computer Science, unveröffentlichtes Manuskript, 1977.

[Ben79a]   Bentley, J.L., Multidimensional Binary Search Trees in Database Applications. *IEEE
             Transactions on Software Engineering, Vol. SE-5 (1979)*, 333-340.

[Ben79b]   Bentley, J.L., Decomposable Searching Problems. *Information Processing Letters 8 (1979)*,
             244-251.

[BhG89]   Bhargava, G. und S.K. Gadia, Achieving Zero Information-Loss in a Classical Database
             Environment. Proc. of the 15th Int. Conf. on Very Large Databases, 1989, 217-224.

[BlG90a]   Blankenagel, G. und R.H. Güting, Internal and External Algorithms for the Points-in-
             Regions Problem - the INSIDE Join of Geo-Relational Algebra. *Algorithmica 5 (1990)*, 251-
             276.

[BlG90b]   Blankenagel, G. und R.H. Güting, XP-Trees: External Priority Search Trees.
             FernUniversität Hagen, Informatik-Bericht 92, eingereicht zur Veröffentlichung, 1990.

[BlG90c]   Blankenagel, G. und R.H. Güting, External Segment Trees. FernUniversität Hagen,
             Informatik-Bericht 96, eingereicht zur Veröffentlichung, 1990.

[Bu83]   Burkhard, W., Interpolation-Based Index Maintenance. *BIT 23 (1983)*, 274-294.

[ClC87]   Clifford, J. und A. Croker, The Historical Relational Data Model (HRDM) and Algebra
             Based on Lifespans. Proc. of the 3rd Int. Conf. on Data Engineering, 1987, 528-537.

[ClT85]   Clifford, J. und A.U. Tansel, On an Algebra for Historical Relational Databases: Two Views.
             Proc. of the ACM SIGMOD Int. Conf. on Management of Data, 1985, 247-265.

[Col86]   Cole, R., Searching and Storing Similar Lists. *Journal of Algorithms 7 (1986)*, 202-220.

[Com79]   Comer, D., The Ubiquitous B-tree. *ACM Computing Surveys 11 (1979)*, 121-137.

[Ed80]   Edelsbrunner, H., Dynamic Rectangle Intersection Searching. Technische Universität Graz, Institut für Informationsverarbeitung, Report F47, 1980.

[Ed83]   Edelsbrunner, H., A New Approach to Rectangle Intersections, Part II. *International Journal of Computer Mathematics 13 (1983)*, 221-229.

[EdG86]   Edelsbrunner, H. und L.J. Guibas, Topologically Sweeping an Arrangement. Proc. of the 18th Annual ACM Symposium on Theory of Computing, 1986, 389-403.

[EdGS86]   Edelsbrunner, H., L.J. Guibas und J. Stolfi, Optimal Point Location in a Monotone Subdivision. *SIAM Journal on Computing 15 (1986)*, 317-340.

[EdM81]   Edelsbrunner, H. und H.A. Maurer, On the Intersection of Orthogonal Objects. *Information Processing Letters 13 (1981)*, 177-181.

ElWK90]   Elmasri, R., G.T.J. Wuu und Y.J. Kim, The Time Index: An Access Structure for Temporal Data. Proc. of the 16th Int. Conf. on Very Large Databases, 1990, 1-12.

[FaSR87]   Faloutsos, C., T. Sellis und N. Roussopoulos, Analysis of Object Oriented Spatial Access Methods. Proc. of the ACM SIGMOD Int. Conf. on Management of Data, 1987, 426-439.

[FiB74]   Finkel, R.A. und J.L. Bentley, Quad Trees: A Data Structure for Retrieval on Composite Keys. *Acta Informatica 4 (1974)*, 1-9.

[Fra81]   Frank, A., Applications of DBMS to Land Information Systems. Proc. of the 7th Int. Conf. on Very Large Databases, 1981, 448-453.

[FraB89]   Frank, A.U. und R. Barrera, The Fieldtree: A Data Structure for Geographic Information Systems. Proc. of the 1st Symposium on the Design and Implementation of Large Spatial Databases, Lecture Notes in Computer Science 409, Springer, 1989, 29-44.

[Fre89a]   Freeston, M.W., A Well-behaved File Structure for the Storage of Spatial Objects. Proc. of the 1st Symposium on the Design and Implementation of Large Spatial Databases, Lecture Notes in Computer Science 409, Springer, 1989, 287-300.

[Fre89b]   Freeston, M.W., Advances in the Design of the BANG-File. In: W. Litwin, H.-J. Schek (Hrsg.), Proc. of the 3rd Int. Conf. on Foundations of Data Organization and Algorithms, Lecture Notes in Computer Science 367, 1989, 322-336.

[FriMNT87]   Fries, G., K. Mehlhorn, S.Näher und A. Tsakalidis, A log log n Data Structure for Three-Sided Range Queries. *Information Processing Letters 25 (1987)*, 269-273.

[FuKN80]   Fuchs, H., Kedem, Z. und Naylor, B., On Visible Surface Generation by Priori Tree Structures. *Computer Graphics 14 (1980)*.

[Gr89]   Greene, D., An Implementation and Performance Analysis of Spatial Data Access Methods. Proc. of the 5th Int. Conf. on Data Engineering, 1989, 606-615.

[Gün89]   Günther, O., Oversize Shelves: A New Concept to Minimize Redundancy in Dynamic Spatial Database Indices. FAW Technical Report FAW-TR-89013, 1989.

[GünB89]   Günther, O. und J. Bilmes, The Implementation of the Cell Tree: Design Alternatives and Performance Evaluation. Proc. of Datenbanksysteme in Büro, Technik und Wissenschaft (BTW '89), Informatik-Fachberichte 204, Springer, 1989, 246-265.

[Güt84]   Güting, R.H., Dynamic c-oriented Polygonal Intersection Searching. *Information and Control 63 (1984)*, 143-163.

[Güt86]   Güting, R.H., Divide-and-Conquer in Planar Geometry. *International Journal of Computer Mathematics 18 (1986)*, 247-263.

[Güt88]   Güting, R.H., Geo-Relational Algebra: A Model and Query Language for Geometric Database Systems. In: J.W. Schmidt, S. Ceri und Missikoff (Hrsg.), Proc. of the Int. Conf. on Extending Database Technology, 1988, 506-527.

[Güt89]   Güting, R.H., Gral: An Extensible Relational Database System for Geometric Applications. Proc. of the 15th Int. Conf. on Very Large Databases, 1989, 33-44.

[GütK80]   Güting, R.H. und H-P. Kriegel, Multidimensional B-Tree: An Efficient Dynamic File Structure for Exact Match Queries. Informatik-Fachberichte 33, Springer, 1980, 375-388.

[GütK81]   Güting, R.H. und H.-P. Kriegel, Dynamic k-dimensional Multiway Search Under Time-Varying Access Frequencies. Lecture Notes in Computer Science 104, Springer, 1981, 135-145.

[GütS87]   Güting, R.H. und W. Schilling, A Practical Divide-and-Conquer Algorithm for the Rectangle Intersection Problem. *Information Sciences 42 (1987)*, 95-112.

[GütW84]   Güting, R.H. und D. Wood, Finding Rectangle Intersections by Divide-and-Conquer. *IEEE Transactions on Computers C-33 (1984)*, 671-675.

[GuiS78]   Guibas, L. J. und R. Sedgewick, A Dichromatic Framework for Balanced Trees. Proc. of the 19th Annual IEEE Symposium on Foundations of Computer Science, 1978, 8-21.

[Gut84]   Guttman, A., R-Trees: A Dynamic Index Structure for Spatial Searching. Proc. of the ACM SIGMOD Int. Conf. on Management of Data, 1984, 47-57.

[Hä78]   Härder, T., Implementierung von Datenbanksystemen. Hanser, München, 1978.

[HelSW75]   Held, G.D., M.R. Stonebraker und E. Wong, INGRES - A Relational Data Base System. Proc. of the 1975 National Computer Conference, Vol. 44, AFIPS Press, Reston, Va. 1975, 409-416.

[Hen90]   Henrich, A., Der LSD-Baum: eine mehrdimensionale Zugriffsstruktur und ihre Einsatz-möglichkeiten in Datenbanksystemen. Diss. FernUniversität Hagen, 1990.

[HenSW89]   Henrich, A., H.-W. Six und P. Widmayer, The LSD Tree: Spatial Access to Multidimensional Point and Non Point Objects. Proc. of the 15th Int. Conf. on Very Large Databases, 1989, 45-53.

[Hi85]   Hinrichs, K.H., The Grid File System: Implementation and Case Studies of Applications. Diss. ETH Zürich, Nr. 7743, 1985.

[HiN83]   Hinrichs, K.H. und J. Nievergelt, The Grid File: A Data Structure Designed to Support Proximity Queries on Spatial Objects. In: Nagl, M. und J. Perl (Hrsg.) Proc. of the Int. Workshop on Graphtheoretic Concepts in Computer Science, Trauner, 1983, 100-113.

[HuSW88a]   Hutflesz, A., H.-W. Six und P. Widmayer, Globally Order Preserving Multidimensional Linear Hashing. Proc. of the 4th Int. Conf. on Data Engineering, 1988, 572-579.

[HuSW88b]   Hutflesz, A., H.-W. Six und P. Widmayer, The Twin Grid File: Space Optimizing Access Schemes. Proc. of the ACM SIGMOD Int. Conf. on Management of Data, 1988, 183-190.

[HuSW90]   Hutflesz, A., H.-W. Six und P. Widmayer, The R-File: An Efficient Access Structure for Proximity Queries. Proc. of the 6th Int. Conf. on Data Engineering, 1990, 372-379.

[IcKO88]   Icking, Ch., R. Klein und Th. Ottmann, Priority Search Trees in Secondary Memory. Proc. of the Int. Workshop on Graphtheoretic Concepts in Computer Science (WG'87), Lecture Notes in Computer Science, Vol 314, Springer, 1988, 84-93.

[Ki83]   Kirkpatrick, D.G., Optimal Search in Planar Subdivisions. *SIAM Journal on Computing 12 (1983)*, 28-35.

142

[KoS86] Kowalski, R. und M. Sergot, A Logic-based Calculus of Events. *New Generation Computing 4 (1986)*, 67-95.

[Kr82] Kriegel, H.-P., Variants of Multidimensional B-Trees as Dynamic Index Structure for Assoziative Retrieval in Database Systems. Proc. of the 8th Conf. on Graphtheoretic Concepts in Computer Science, Hanser Publishing Company, 1982, 110-128.

[KrS86] Kriegel, H.-P. und B. Seeger, Multidimensional Order Preserving Linear Hashing with Partial Expansions. Proc. of the 4th Int. Conf. on Database Theory, Lecture Notes in Computer Science 243, Springer, 1986, 203-220.

[KrS88a] Kriegel, H.-P. und B. Seeger, Techniques for Design and Implementation of Efficient Spatial Access Methods. Proc. of the 14th Int. Conf. on Very Large Databases, 1988, 360-371.

[KrS88b] Kriegel, H.-P. und B. Seeger, PLOP-Hashing: A Grid File without Directory. Proc. of the 4th Int. Conf. on Data Engineering, 1988, 369-376.

[KrS89] Kriegel, H.-P. und B. Seeger, Multidimensional Quantile Hashing Is Very Efficient for Non-uniform Distributions. *Information Sciences 48 (1989)*, 99-117.

[KrSSS89] Kriegel, H.-P., M. Schiwietz, R. Schneider und B. Seeger, Performance Comparison of Point and Spatial Access Methods. Proc. of the 1st Symposium on the Design and Implementation of Large Spatial Databases, Lecture Notes in Computer Science 409, Springer, 1989, 89-114.

[LeW81] Leeuwen, J.v. und D. Wood, The Measure Problem for Rectangular Ranges in d-Space. *Journal of Algorithms 2 (1981)*, 282-300.

[LigB89] Ligozat, G. und H. Bestougeff, On Relations Between Intervals. *Information Processing Letters 32 (1989)*, 177-182.

[LipT77] Lipton, R.J. und R.E. Tarjan, Applications of a Planar Separator Theorem. Proc. of the 18th Annual IEEE Symposium on Foundations of Computer Science, 1977, 162-170.

[LomS87] Lomet, D.B. und B. Salzberg, The hB-Tree: A Robust Multi-Attribute Indexing Method. Technical Report TR-87-05, Wang Institute of Graduate Studies, 1987.

[LorJ88] Lorentzos, N.A. und R.G. Johnson, An Extension of the Relational Model to Support Generic Intervals. In: J.W. Schmidt, S. Ceri und Missikoff (Hrsg.), Proc. of the Int. Conf. on Extending Database Technology, 1988, 528-542.

[Luua87] Lum, V., P. Dadam, R. Erbe, J. Guenauer, P. Pistor, G. Walch, H. Werner und J. Woodfill, Designing DMBS Support for the Temporal Dimension. *ACM Transactions on Database Systems 12 (1987)*, 115-130.

[MaHN84] Matsuyama, T., L.V. Hao und M. Nagao, A File Organization for Geographic Information Systems Based on Spatial Proximity. *Computer Vision, Graphic, and Image Processing 26 (1984)*, 303-318.

[McC80] McCreight, E.M., Efficient Algorithms for Enumerating Intersecting Intervals and Rectangles. XEROX Palo Alto Research Center, Report CSL-80-9, 1980.

[McC82] McCreight, E.M., Priority Search Trees. XEROX Palo Alto, Alto Research Center, Report CSL-81-5, 1982.

[McC85] McCreight, E.M., Priority Search Trees. *SIAM Journal on Computing 14 (1985)*, 257-276.

[McK86] McKenzie, E., Bibliography: Temporal Databases. *SIGMOD RECORD 15, (1986)*.

[McKS87] McKenzie, E. und R. Snodgrass, Extending the Relational Algebra to Support Transaction Time. Proc. of the ACM SIGMOD Int. Conf. on Management of Data, 1985, 467-478.

[Me84]   Mehlhorn, K., Data Structures and Algorithms 3: Multi-dimensional Searching and Computational Geometry. Springer, 1984.

[NaA89]   Navathe, S.B. und R. Ahmed, A Temporal Relational Model and a Query Language. *Information Sciences 49 (1989)*, 147-175.

[NeS79]   Newman, W.M. und R.F. Sproull, Principles of Interactive Computer Graphics. McGraw-Hill, 1979.

[NiHS84]   Nievergelt, J., H. Hinterberger und K.C. Sevcik, The Grid File: An Adaptable, Symmetric Multikey File Structure. *ACM Transactions on Database Systems 9 (1984)*, 38-71.

[OhS90]   Ohsawa, Y. und M. Sakauchi, A New Tree Type Data Structure with Homogeneous Nodes Suitable for a Very Large Spatial Database. Proc. of the 6th Int. Conf. on Data Engineering, 1990, 296-303.

[Oo87]   Ooi, B.C., Spatial kd-Tree: A Data Structure for Geographic Database. Informatik-Fachberichte 136, Springer, 1987, 247-258.

[Or89]   Orenstein, J.A., Redundancy in Spatial Databases. Proc. of the ACM SIGMOD Int. Conf. on Management of Data, 1989, 294-305.

[OrM84]   Orenstein, J.A. und T.H. Merett, A Class of Data Structures for Associative Searching. Proc. of the 3th ACM SIGACT-SIGMOD Symposium on Principles of Database Systems, 1984, 181-190.

[OrM88]   Orenstein, J.A. und F. Manola, PROBE Spatial Data Modeling and Query Processing in an Image Database Application. *IEEE Transactions on Software Engineering, Vol. 14 (1988)*, 611-629.

[Oto86]   Otoo, E.J., Balanced Multidimensional Extendible Hash Tree. Proc. of the 5th ACM SIGACT-SIGMOD Symposium on Principles of Database Systems, 1986, 100-113.

[Ott86]   Ottmann, Th., Verarbeitung und Verwaltung geometrischer Daten. Proc. GI-Jahrestagung, Informatik-Fachberichte 126, Springer, 1986, 437-439.

[OttWi90]   Ottmann, Th. und P. Widmayer, Algorithmen und Datenstrukturen. Reihe Informatik, Bd. 70, BI-Wissenschaftsverlag, 1990.

[OttWo86]   Ottmann, Th. und D. Wood, Space-Economical Plane-Sweep Algorithms. *Computer Vision, Graphics, and Image Processing 34 (1986)*, 35-51.

[OuS81]   Ouksel, M., und P. Scheuermann, Multidimensional B-Trees: Analysis of Dynamic Behavior, *BIT (1981)*, 401-418.

[OvSBK90]   Overmars, M.H., M.H.M. Smid, M.T. de Berg und M.L. van Kreveld, Maintaining Range Trees in Secondary Memory - Part I: Partitions. *Acta Informatica 27 (1990)*, 423-452.

[Pr79]   Preparata, F.P., A Note on Locating a Set of Points in a Planar Subdivision. *SIAM Journal on Computing 8 (1979)*, 542-545.

[PrS85]   Preparata, F.P. und M.I. Shamos, Computational Geometry: An Introduction. Springer, 1985.

[Re80]   Requicha, A.A.G., Representation for Rigid Solids: Theory, Methods and Systems. *ACM Computing Surveys 12 (1980)*, 437-463.

[Ros85]   Rosenberg, J.B., Geographical Data Structures Compared: A Study of Data Structures Supporting Region Queries. *IEEE Transactions on Computer Aided Design 4 (1985)*, 53-67.

RotS87]   Rotem, D. und A. Segev, Physical Organization of Temporal Data. Proc. of the 3rd Int. Conf. on Data Engineering, 1987, 547-553.

[Sam88]   Samet, H., Hierarchical Representations of Collections of Small Rectangles. *ACM Computing Surveys 20 (1988)*, 271-309.

[Sam89]   Samet, H., The Design and Analysis of Spatial Data Structures. Addison-Wesley, 1989.

[SarT86]   Sarnak, N. und R.E. Tarjan, Planar Point Location Using Persistent Search Trees. *Communications of the ACM 29 (1986)*, 669-679.

[SchS90]   Schäfers, L. und G. Schlagerter, Towards Full Support of Modeling and Querying Temporal Aspects in Relational Database Systems. FernUniversität Hagen, Informatik-Bericht 94, 1990.

[See89]   Seeger, B., Entwurf und Implementierung mehrdimensionaler Zugriffsstrukturen. Diss. Universität Bremen, 1989.

[SeeK90]   Seeger, B. und H.-P. Kriegel, The Buddy-Tree: An Efficient and Robust Access Method for Spatial Data Base Systems. Proc. of the 16th Int. Conf. on Very Large Databases, 1990.

[SelRF87]   Sellis, T., Roussopoulos, N. und C. Faloutsos, The R^+-tree: A Dynamic Index for Multi-dimensional Objects. Proc. of the 13th Int. Conf. on Very Large Databases, 1987, 507-518.

[Sha78]   Shamos, M.I., Computational Geometry. Diss. Yale University, 1978.

[ShaH76]   Shamos, M.I. und D. Hoey, Geometric Intersection Problems. Proc. of the 17th Annual IEEE Symposium on Foundations of Computer Science, 1976, 208-215.

[ShoK86]   Shoshani, A. und K. Kawagoe, Temporal Data Management. Proc. of the 12th Int. Conf. on Very Large Databases, 1986, 79-88.

[SiW88]   Six, H.-W. und P. Widmayer, Spatial Searching in Geometric Databases. Proc. of the 4th Int. Conf. on Data Engineering, 1988, 496-503.

[Sm89]   Smid, M., Dynamic Data Structures on Multiple Storage Media. Diss. Universiteit van Amsterdam, 1989.

[SmO90]   Smid, M.H.M. und M.H. Overmars, Maintaining Range Trees in Secondary Memory - Part II: Lower Bounds. *Acta Informatica 27 (1990)*, 453-480.

[Sn87]   Snodgrass, R., The Temporal Query Language TQuel. *ACM Transactions on Database Systems 12 (1987)*, 247-298.

[SnA85]   Snodgrass, R. und I. Ahn, A Taxomy of Time in Databases. Proc. of the ACM SIGMOD Int. Conf. on Management of Data, 1985, 236-246.

[SzW83]   Szygmansky, T.G. und C.J. van Wyk, Space Efficient Algorithms for VLSI Artwork Analysis. Proc. of the 20th IEEE Design Automation Conference, 1983, 734-739.

[Tam82a]   Tamminen, M., Efficient Spatial Access to a Database. Proc. of the ACM SIGMOD Int. Conf. on Management of Data, 1982, 200-206.

[Tam82b]   Tamminen, M., The Extendible Cell Method for Closest Point Problems. *BIT 22 (1982)*, 27- 41.

[TamS82]   Tamminen, M. und R. Sulonen, The EXCELL Method for Efficient Geometric Access to Data. Proc. of the 19th ACM IEEE Design Automation Conference, 1982, 345-351.

[Tan87]   Tansel, A.U., A Statistical Interface for Historical Relational Databases. Proc. of the 3rd Int. Conf. on Data Engineering, 1987, 538-546.

[Te89]   Teschner, J., Vergleich von Methoden zur Ausführung des Inside-Join in einem Geo-Datenbanksystem. Universität Dortmund, Fachbereich Informatik, Diplomarbeit, 1989.

[Ti80]   Tilove, R.B., Set Membership Classification: A Unified Approach to Geometric Intersection Problems. *IEEE Transactions on Computers C-29 (1980)*, 874-883.

[We74]   Wedekind, T., On the Selection of Access Paths in a Data Base System. In: J.W. Klimbie und K.L. Koffeman (Hrsg.), North Holland, Amsterdam, 1974, 385-397.

Anhang I: Grundlegende Suchen auf Intervallen mit dem XP-Baum

In den folgenden Darstellungen bedeutet:

Transformation eines Intervalls i = [i_l, i_r) in einen Punkt p = (p.x, p.y)

 $p.x = i_l$ und $p.y = i_r$ oder   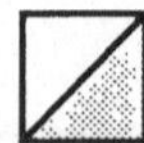 $p.x = i_r$ und $p.y = i_l$

Die zur Beschreibung der Suchbereiche angegebenen Bedingungen beziehen sich immer auf die Transformation $p.x = i_l$ und $p.y = i_r$.

Sortierung der y-Koordinaten im XP-Baum:

   absteigende Sortierung   oder      aufsteigende Sortierung

A: Suchen mit einem Suchintervall q = [q_l, q_r), die elementaren Beziehungstypen zwischen zwei Intervallen entsprechen

(1)   **q   before   p** $p.x > q_r$ (and $p.y > q_r$)

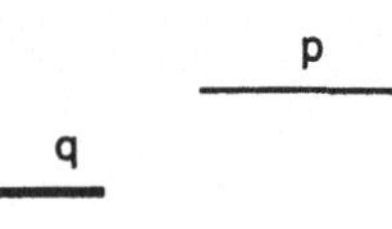
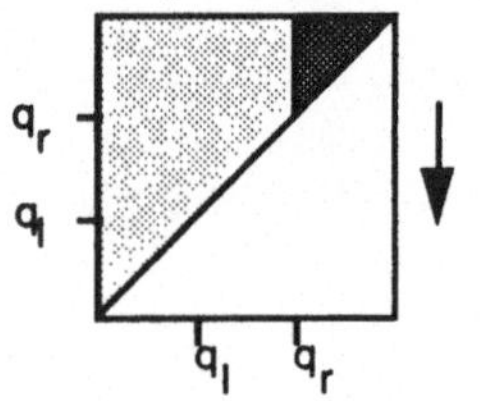

(2)   **q   meets   p** $p.x = q_r$ (and $p.y > q_r$)

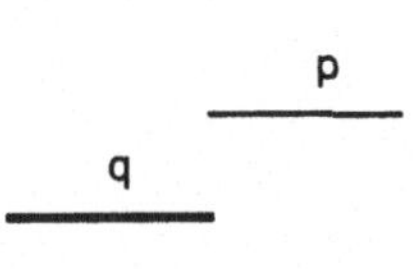
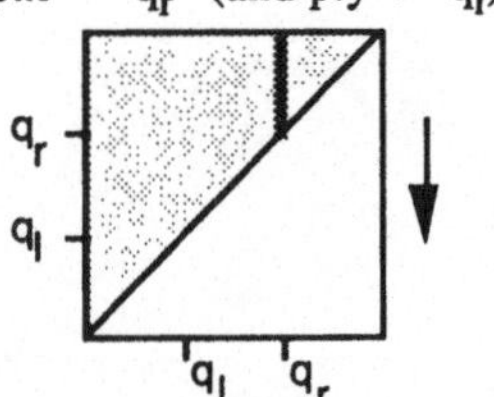

(3)   **q   left overlaps   p** $p.x > q_l$ and $p.x < q_r$ and $p.y > q_r$

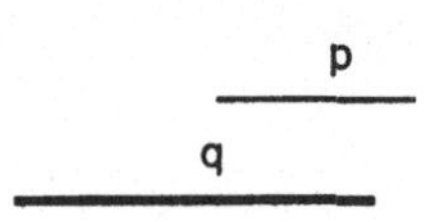
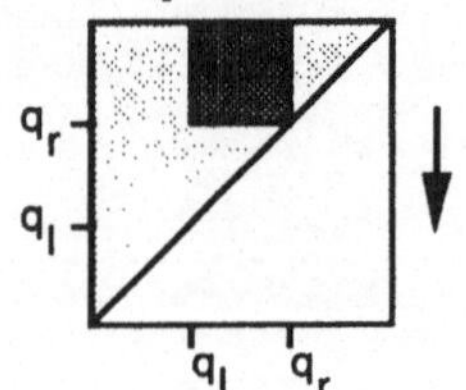

(4) **q   left covers   p** $p.x > q_l$ and $p.x < q_r$ and $p.y = q_r$

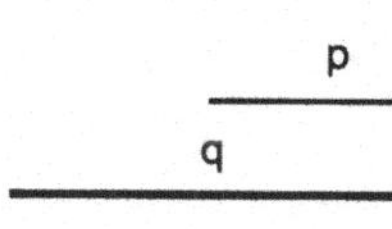

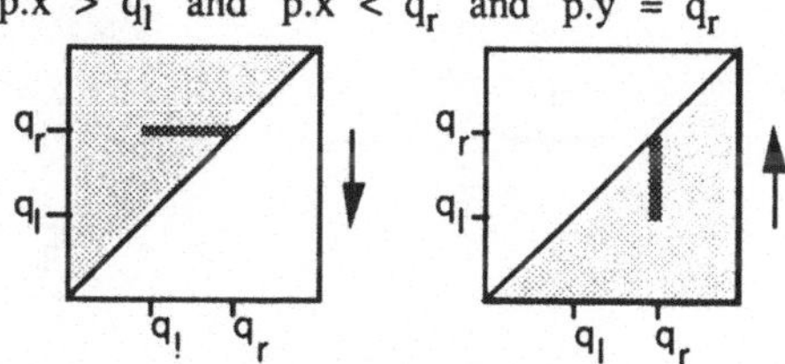

(5) **q   covers   p** $p.x > q_l$ and $p.x < q_r$ and

$p.y > q_l$ and $p.y > q_r$

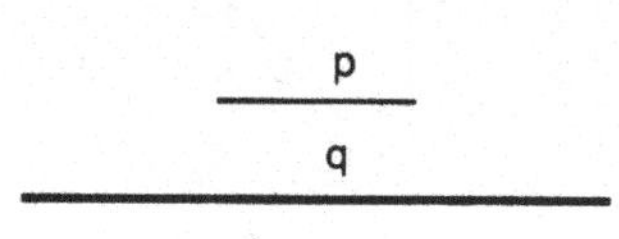

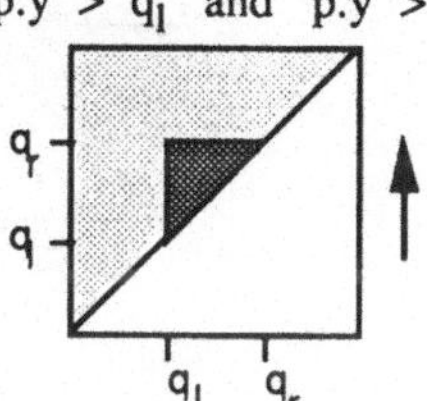

(6) **q   right covered   p** $p.x = q_l$ and $p.y > q_r$

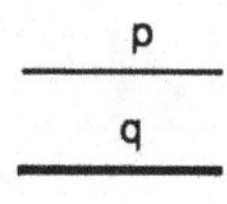

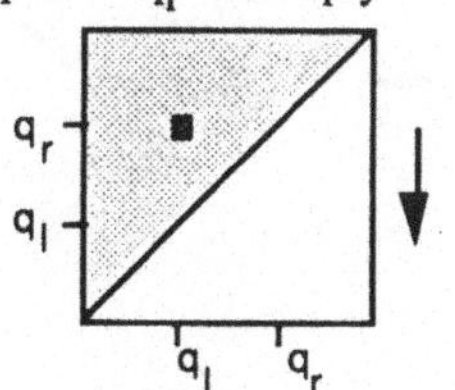

(7) **q   =   p** $p.x = q_l$ and $p.y = q_r$

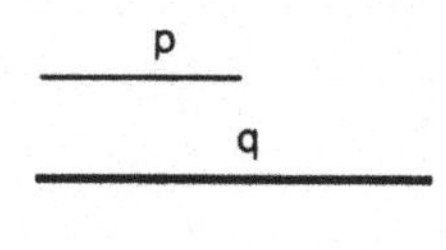

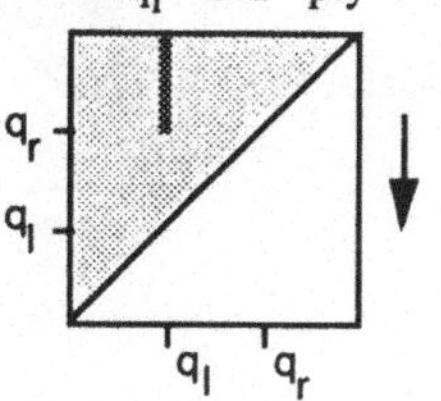

(8) **q   right covers   p** $p.x = q_l$ and $p.y > q_l$ and $p.y < q_r$

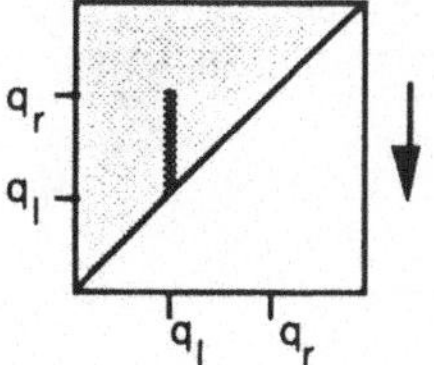

(9)   **q   covered   p**

$p.x < q_l$ and $p.y > q_r$

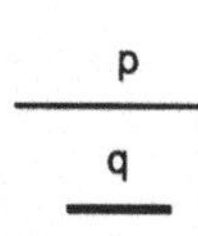

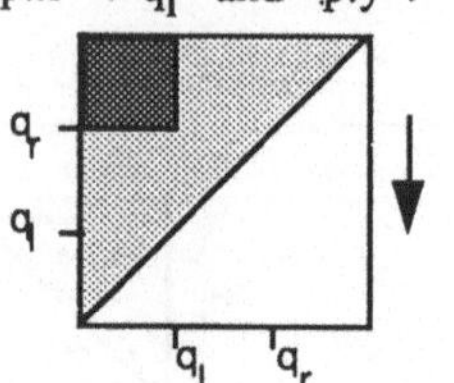

(10)   **q   left covered   p**

$p.x < q_l$ and $p.y = q_r$

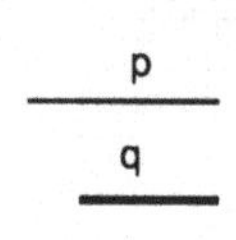

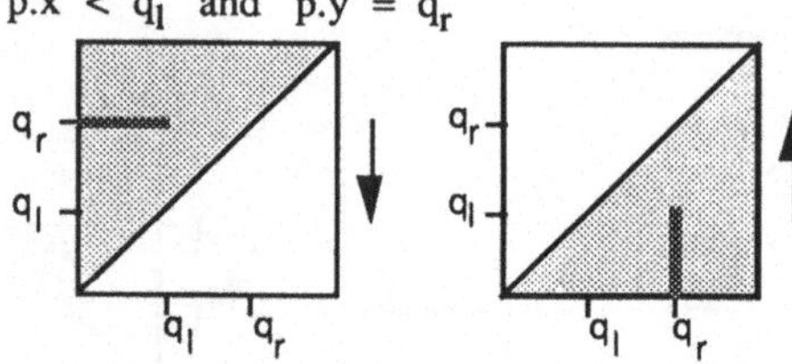

(11)   **q   right overlaps   p**

$p.x < q_l$ and $p.y > q_l$ and $p.y < q_r$

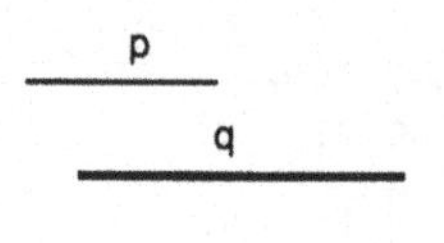

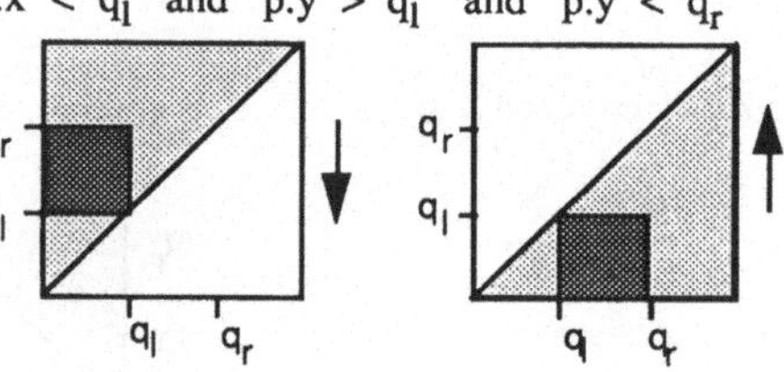

(12)   **q   met   p**

$(p.x < q_l$ and$)$ $p.y = q_l$

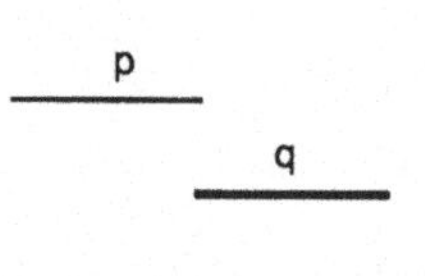

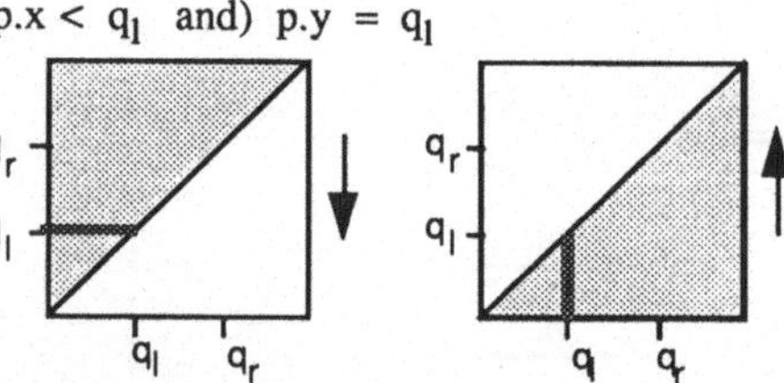

(13)   **q   after   p**

$(p.x < q_l$ and$)$ $p.y < q_l$

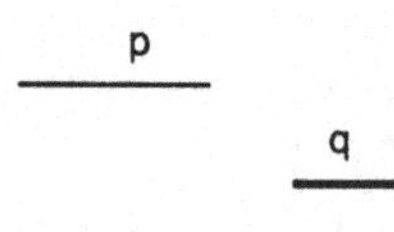

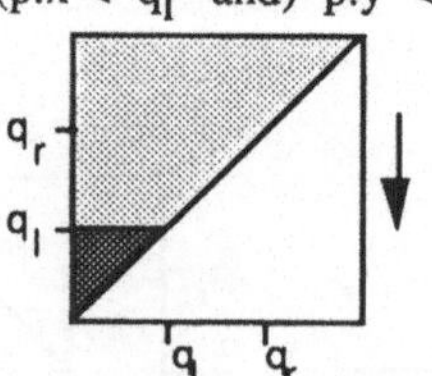

B: Suchen mit einem Suchpunkt q, die elementaren Beziehungstypen zwischen einem Punkt und einem Intervall entsprechen

(1)   q   before   p

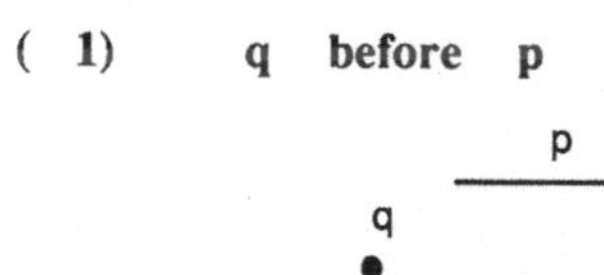

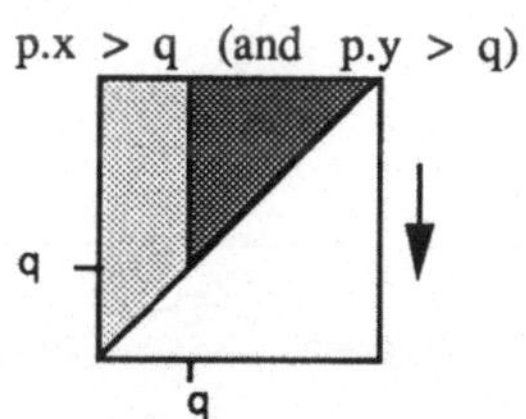

(2)   q   meets   p

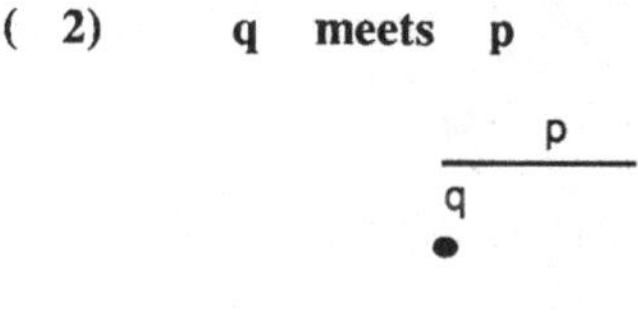

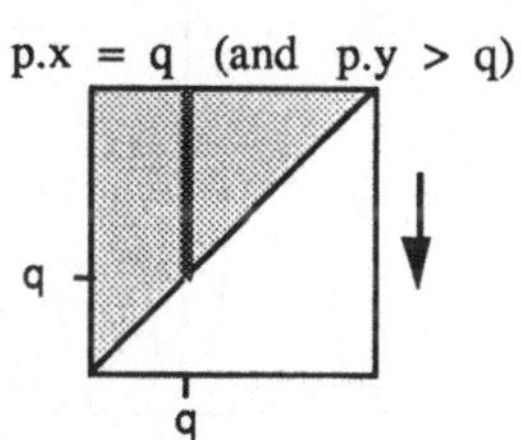

(3)   q   in   p

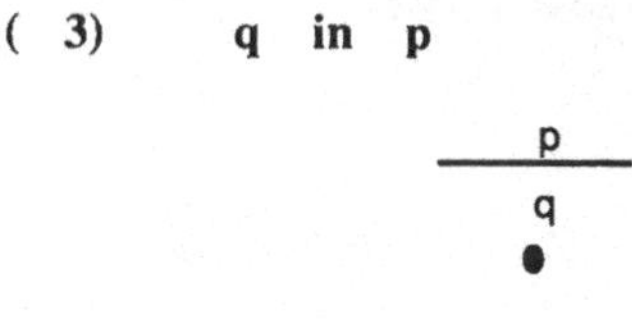

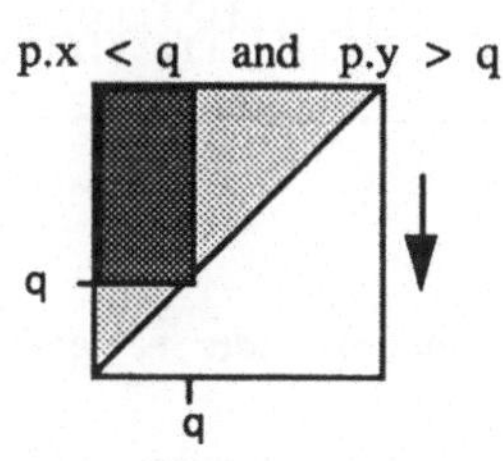

(4)   q   met   p

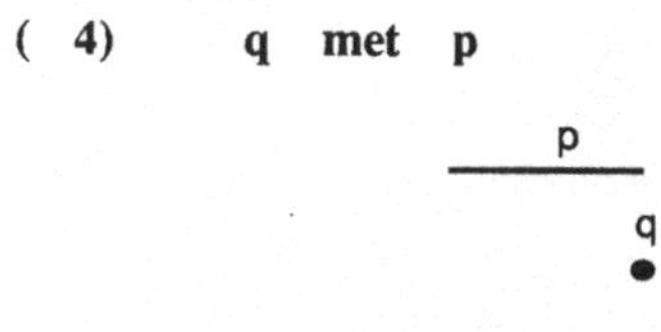

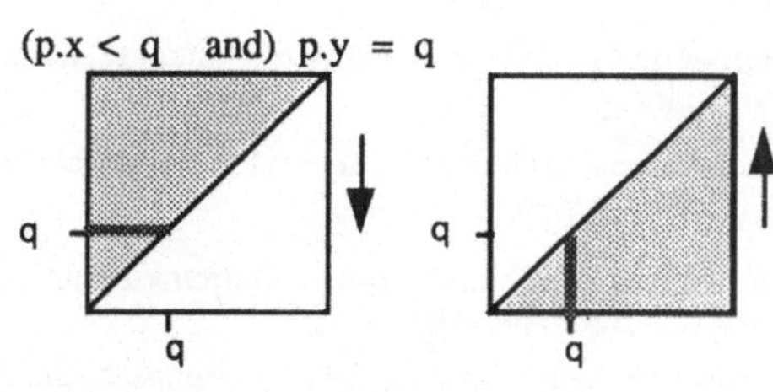

(5)   q   after   p

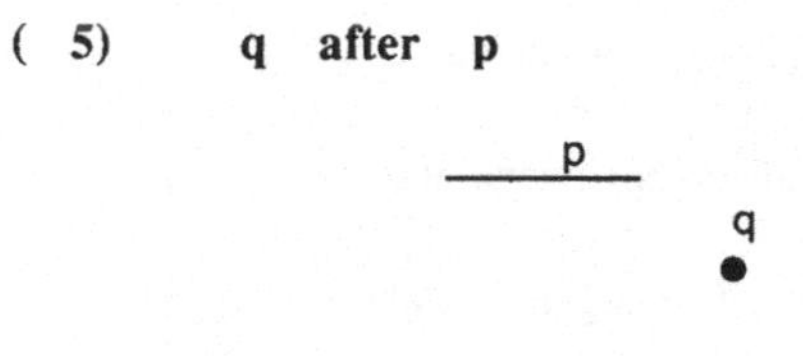

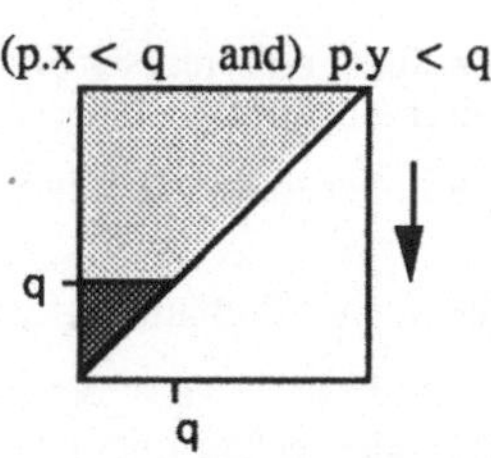

Anhang II: Grundlegende Suchen auf Intervallen mit dem EIT

A: Suchen mit einem Suchintervall q, die elementaren Beziehungstypen zwischen zwei Intervallen entsprechen

(1)   q   before   p

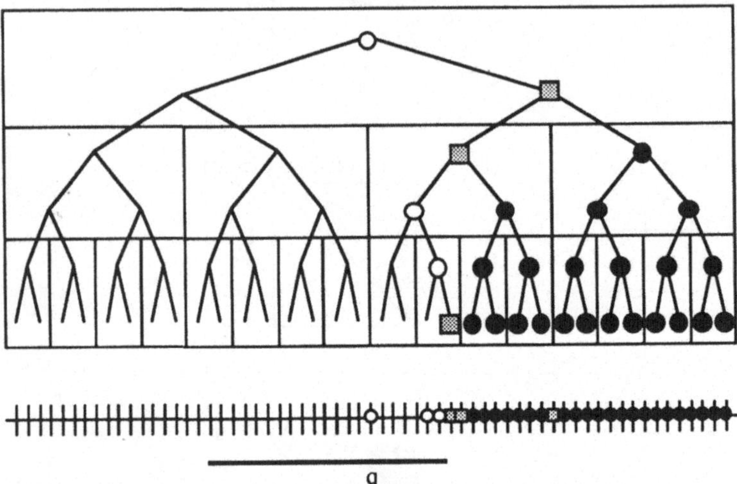

<table>
<tr><td>●</td><td>vollständiges Durchlaufen linker oder rechter Endpunkte mit vollständiger Ausgabe</td></tr>
<tr><td>■</td><td>teilweises Durchlaufen linker Endpunkte, außen beginnend, mit vollständiger Ausgabe</td></tr>
<tr><td>◆</td><td>teilweises Durchlaufen rechter Endpunkte, außen beginnend, mit vollständiger Ausgabe</td></tr>
<tr><td>◉</td><td>teilweises Durchlaufen linker oder rechter Endpunkte, innen beginnend, mit vollständiger Ausgabe</td></tr>
<tr><td>▦</td><td>teilweises Durchlaufen linker Endpunkte, innen beginnend, mit vollständiger Ausgabe</td></tr>
<tr><td>◈</td><td>teilweises Durchlaufen rechter Endpunkte, innen beginnend, mit vollständiger Ausgabe</td></tr>
<tr><td>◎</td><td>teilweises Durchlaufen linker oder rechter Endpunkte, innen bzw. außen beginnend, mit teilweiser Ausgabe</td></tr>
<tr><td>▨</td><td>teilweises Durchlaufen linker Endpunkte, innen bzw. außen beginnend, mit teilweiser Ausgabe</td></tr>
<tr><td>◇</td><td>teilweises Durchlaufen rechter Endpunkte, innen bzw. außen beginnend, mit teilweiser Ausgabe</td></tr>
<tr><td>○</td><td>kein Durchlaufen linker oder rechter Endpunkte</td></tr>
</table>

(2) **q meets p**

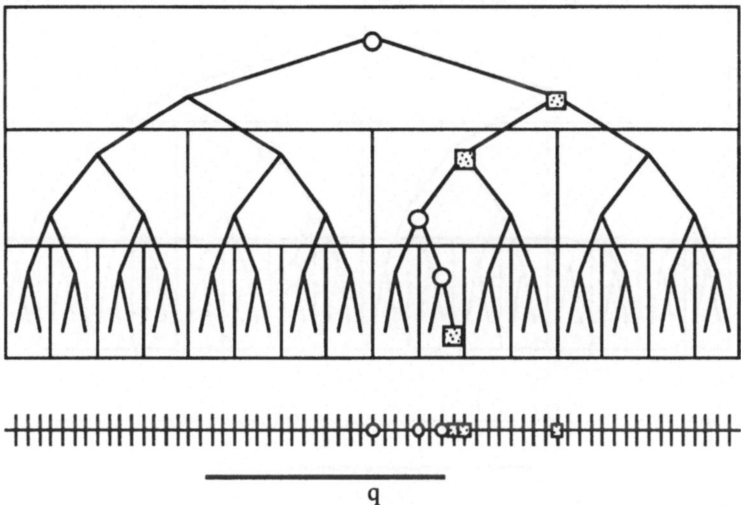

(3) **q left overlaps p**

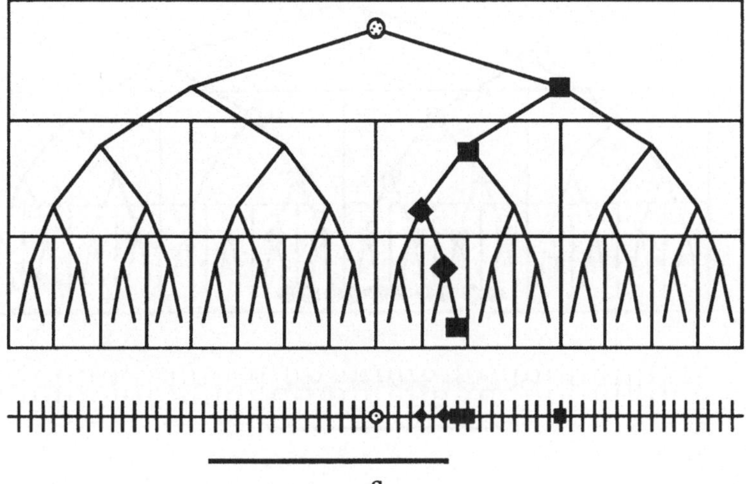

(4)   **q   left covers   p**

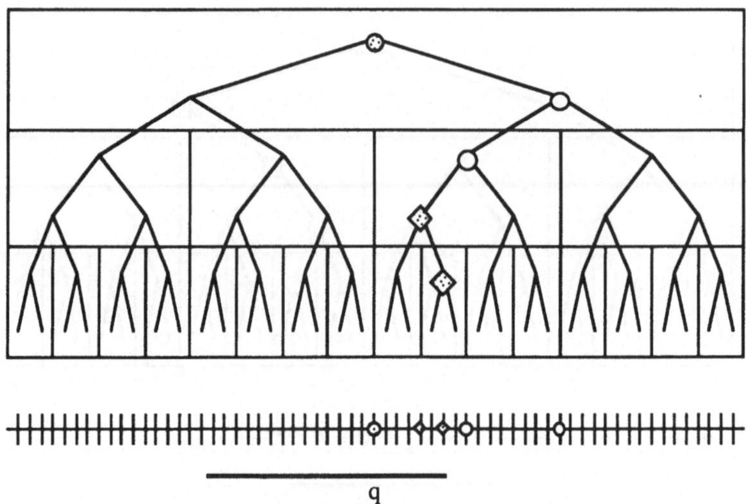

(5)   **q   covers   p**

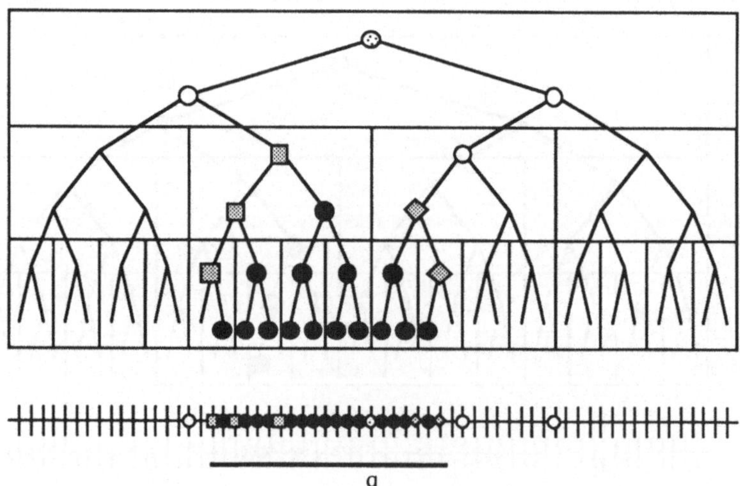

(6)   **q   right covered   p**

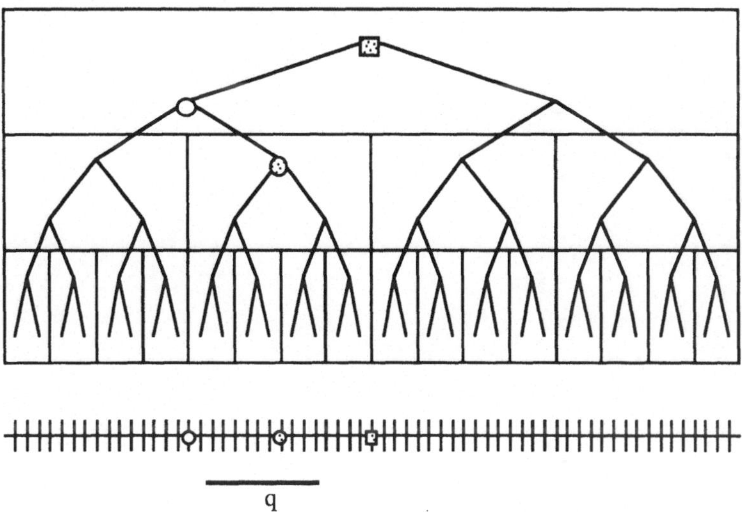

(7)   **q   =   p**

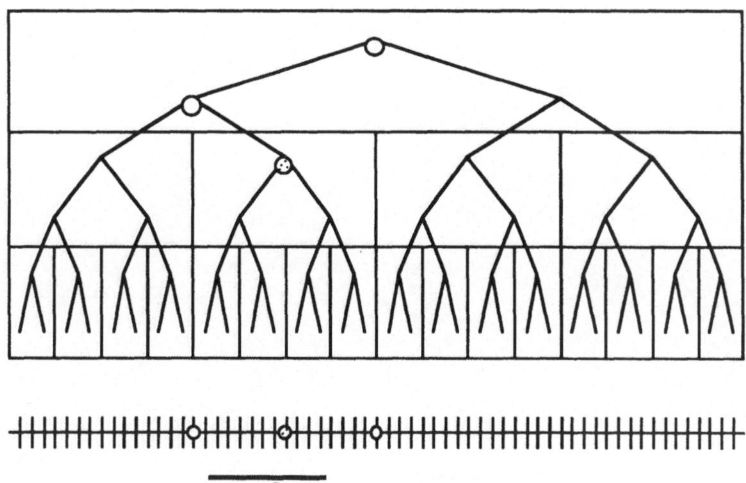

(8)   q   right covers   p

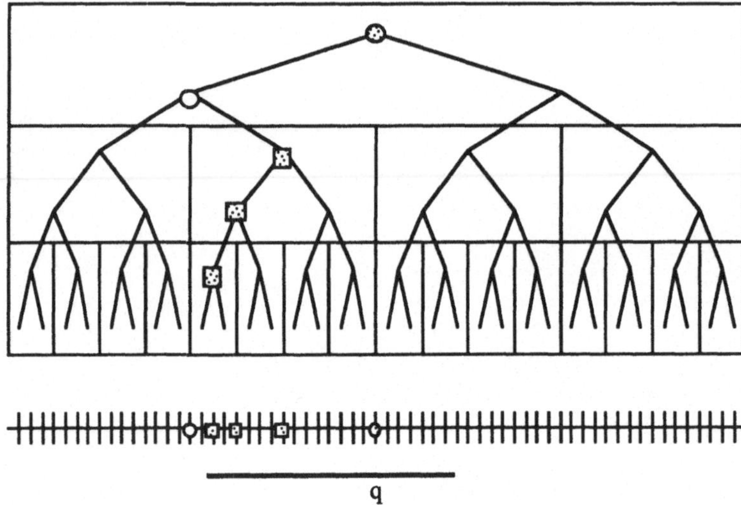

(9)   q   covered   p

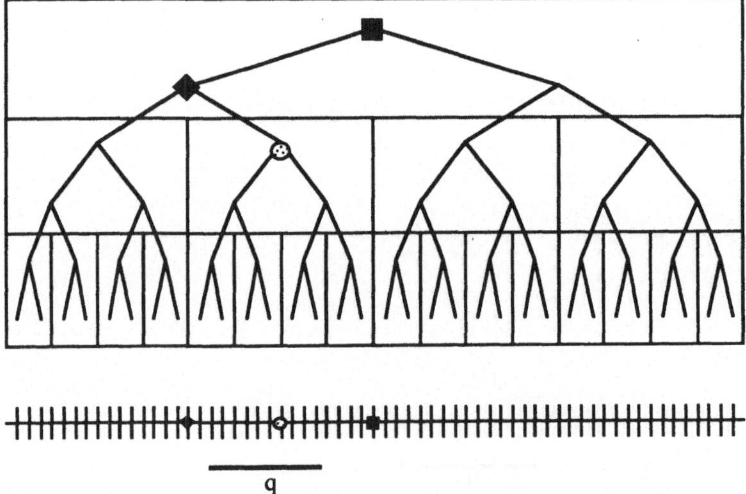

(10) q left covered p

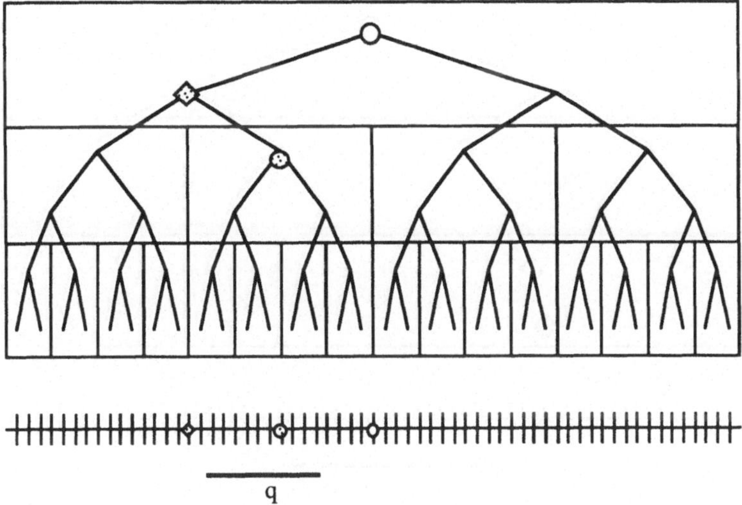

(11) q right overlaps p

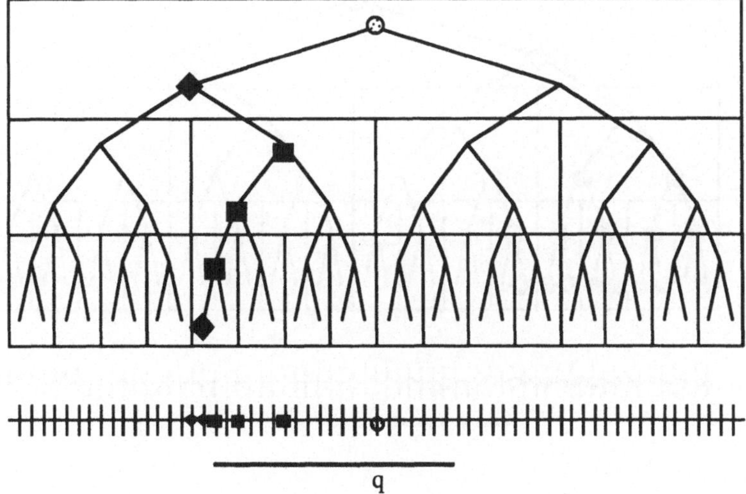

(12)   q   met   p

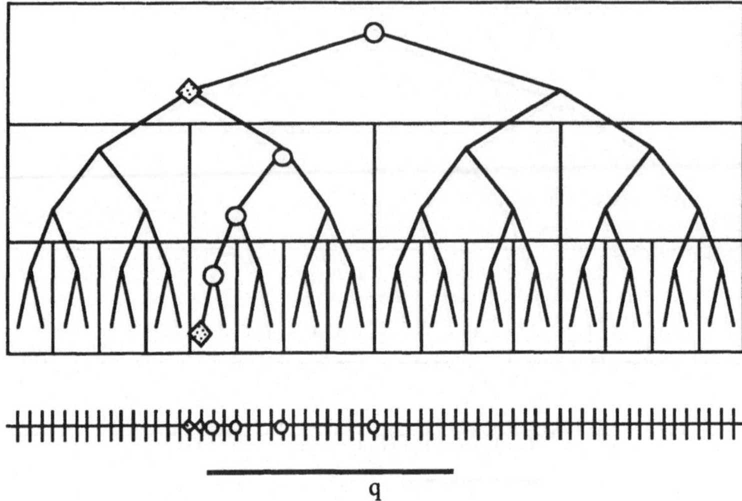

(13)   q   after   p

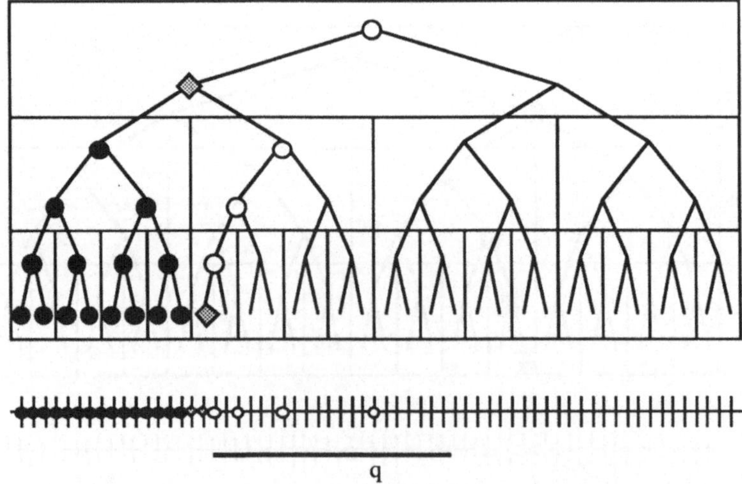

B: Suchen mit einem Suchpunkt q, die elementaren Beziehungstypen zwischen einem Punkt und einem Intervall entsprechen

(1) q before p

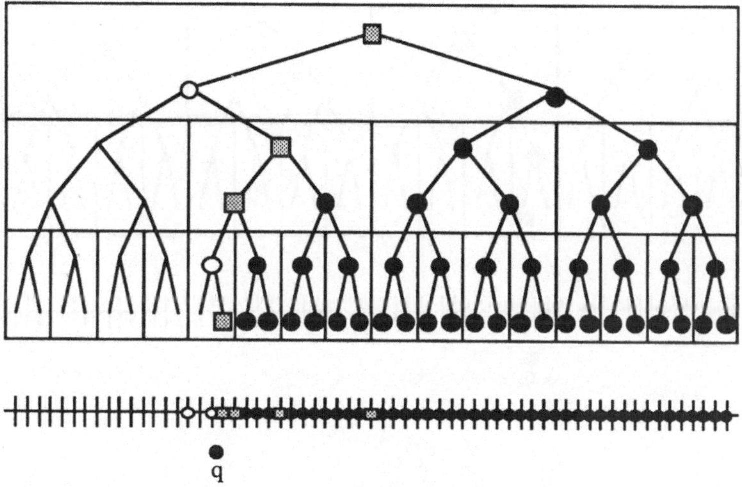

(2) q meets p

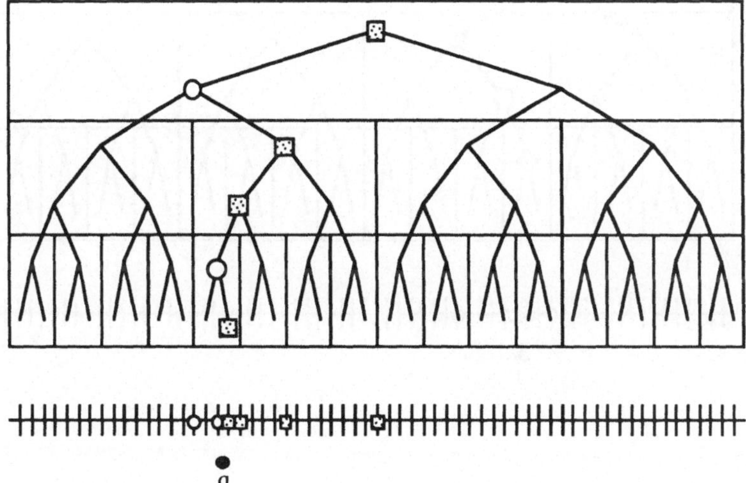

(3)   q in p

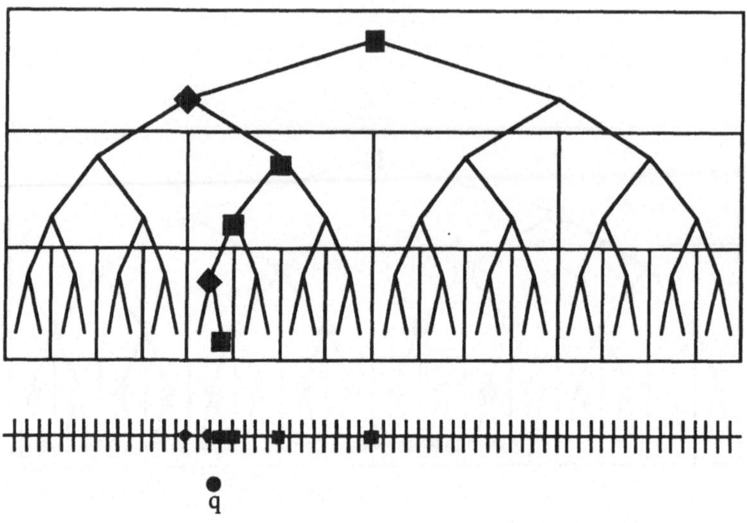

(4)   q met p

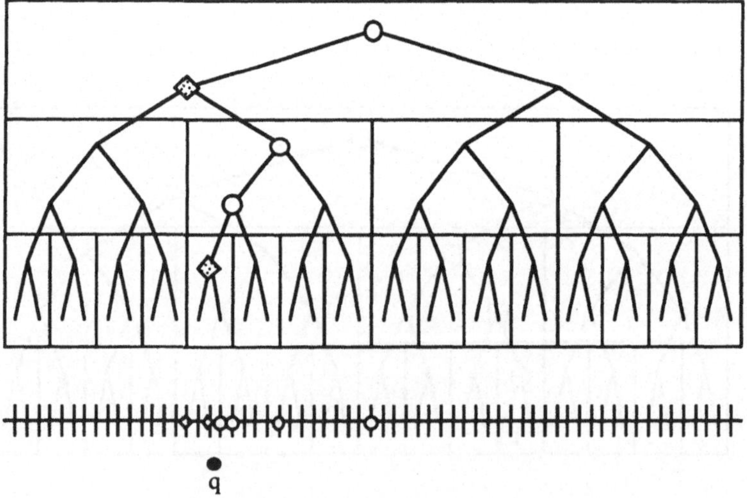

(5)   q   after   p

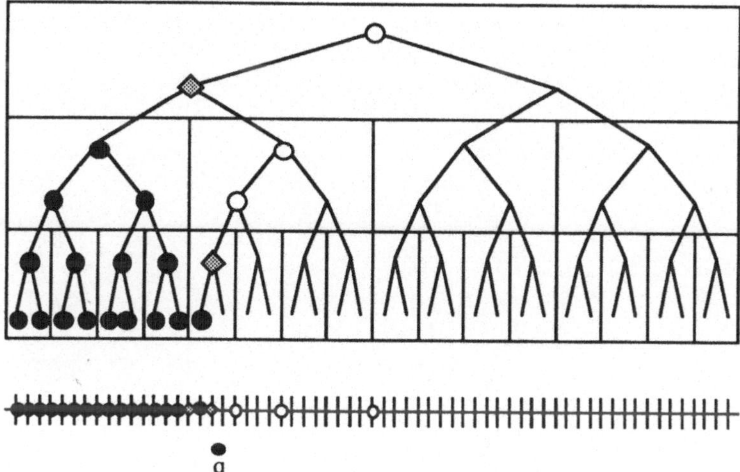